# THE ELEPHANT IN THE BOARDROOM
## The Causes of Leadership Derailment

# 董事会上的大象
## ——领导脱轨之根源探析

亚德里安·弗南汉姆（Adrian Furnham） 著

马宇立 译

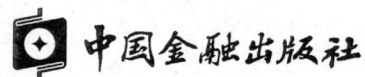

责任编辑：杨冠一
责任校对：潘　洁
责任印制：丁淮宾

© Adrian Furnham 2010
All rights reserved. No production, copy or transmission of this publication may be made without written permission.
First published in English by Palgrave Macmillan, a division of Macmillan Publishers Limited under the title The Elephant In the Boardroom by Adrian Furnham. This edition has been translated and published under licence from Palgrave Macmillan. The author has asserted his right to be identified as the author of this Work.
北京版权合同登记图字 01－2010－5831
《董事会上的大象——领导脱轨之根源探析》中文简体字版专有出版权属中国金融出版社所有，不得翻印。

## 图书在版编目（CIP）数据

董事会上的大象——领导脱轨之根源探析（Dongshihui Shang de Daxiang: Lingdao Tuogui zhi Genyuan Tanxi）/（美）弗南汉姆（Furnham，A）著；马宇立译．—北京：中国金融出版社，2011.8
ISBN 978－7－5049－6029－0

Ⅰ.①董…　Ⅱ.①弗…②马…　Ⅲ.①管理学　Ⅳ.①C93

中国版本图书馆 CIP 数据核字（2011）第 137462 号

出版
发行　中国金融出版社
社址　北京市丰台区益泽路 2 号
市场开发部　（010）63266347，63805472，63439533（传真）
网上书店　http://www.chinafph.com
　　　　　（010）63286832，63365686（传真）
读者服务部　（010）66070833，62568380
邮编　100071
经销　新华书店
印刷　北京松源印刷有限公司
装订　平阳装订厂
尺寸　160 毫米×230 毫米
印张　15.25
字数　208 千
版次　2011 年 8 月第 1 版
印次　2011 年 8 月第 1 次印刷
定价　35.00 元
ISBN 978－7－5049－6029－0/F.5589
如出现印装错误本社负责调换　联系电话（010）63263947

# 前　言

　　有关领导才能这一命题的书籍浩如烟海。有人估计在题目中出现领导才能字样的书籍远远超过 10 万部。自然，书店中商务与管理类图书的书架因此而不堪重负。

　　这些书籍的内容相去甚远。有些是对伟大领袖的历史性分析，有些是当今领导者的传记，还有很多政界与商界人物的自传。自传的作者至少是自认为了不起的领导。有关领导的书籍描写了开拓者、政要、伟大将领以及宗教领袖。通过描写这些人的生平与事迹，作者主要希望能找到使他们成为伟大领袖的因素。

　　但是，所谓"伟大"实际上因时间与文化而异。每一代人似乎都有自己心目中的英雄与伟人。正如一个人的佳肴却是另一个人的毒药，对某些人而言的卓越领袖可能对其他人来讲是"巫医"或骗子。原因部分在于伟大人物退出公众视野后会出现某种修正趋势。因而，在伟大人物去世几年后，有些作品中会提到他行为不检点、决策错误、横行霸道的做法，等等，他们的缺点因而得到了更为客观、更为清醒的阐述。

　　我们看到在过去的十年中，出现了领导者负面描写的书籍与文章。提到此类领导者时，上述作品使用了不同的词汇：糟糕、脱轨、破坏、邪恶、失败、低能、有毒，等等。

　　当然，不同类型领导者的问题在"病原"与表象并不一样。有些属于道德腐化堕落，有些仅是天分不足。有些属于亚临床障碍，有些只是受到过度提拔。还有些确实邪恶，或至少是精神错乱。

　　本书讨论的是那些可能成为伟大的商业领导者，即那些人们一般认为具有、实际上也确实具有不凡能力、魅力与决心的人，那些似乎命里注定踌躇满志、才高八斗、潜力巨大并因此获得关注与提拔的人。几乎所有的脱轨领导者都有令人惊叹的履历，上面写满了成功的历史。但是，后来有些地方出了问题。作为任何机构的领导者都需要有坚定的决心与一流的能力，需要付出努力。机构领导者要有勇气与自信，长于社交技巧，还要有很多其他能力。与此相对，糟糕的领导者决策不善、不会调动员工的积极性，也从不吸取教训。他们的失败缘于做不到最基本的事情：寻找、建立并激发一个团队去完成他们确定的、有价值的、恰当的、明确的目标，去迎接挑战。

失败或脱轨的领导者无法完成这样的任务，他们对目标执行不力。他们交不上"答卷"，他们逃避责任、决策不力，简直就是不知道该怎么做事。他们不学习好的管理经验，用人不善，对不良工作表现不能正视。他们最常见的问题就是用人与沟通问题。难怪学者们对情商的概念越来越感兴趣。

下属们对领导者的脱轨也发挥了作用。有些人选择视而不见，纵容领导者的不端行为；有些人则对任何人都要求、期待过高，让其承担无法担当的重任；还有些人引发过多的压力，造成领导者不堪重负。成功的机构管理妥善，它们有很多好的管理实践与程序：其运作受到监督并因此进步，其动力来源于定期调整的、现实合理的目标。良好的管理与机构的表现相得益彰。

管理失败的代价是高昂的。根据各方面估计，一位高管给企业带来的经济损失在100万~200万英镑/美元/欧元之间。这一数字在很大程度上来自于猜测，但是考虑到方方面面需要计算在内的因素，这一数字也应该说是很现实的。我们需要计算招聘的成本、选拔与培训后备人员的费用以及所有跟随某个经理而离开该机构的人力资源成本。糟糕的领导者是周围所有人的压力来源，是身心健康的大敌。他们自己就能破坏甚至毁灭整个机构。

关键问题在于失败的实例。各类研究者都曾作出过估计，有的是基于机构数据，有的则只是向受访者询问一个简单的问题："你曾经为之效力过的老板中，有几个人你还愿意再为他/她打工？"霍根与凯塞尔（2009）回顾了12项已发表的估计数字，结果显示为30%~67%，平均数为47%。他们指出，"我们认为，三分之二的经理令人难以忍受，半数经理最终都将失败"（第5页）。

大家不需要经过心理学或精神病学的专门培训就可以理解本书的议题。我们的观点是，作为成年人，多数人都能意识到自己的能力与特点。有时，面对特定的任务，他们可能感到不适应、缺乏安全感或者压力过大。如何应对这一切，从长远来看将关系到他们是否会失败。另外，我们都会形成认知周围世界的方法，它们被称做计划或策略。这些方法可能是现实的，也可能有点古怪。但它们会影响人们对日常每件事的反应。我们将看到，脱轨的领导者经常特立独行，对世界持不同观点。

本书的某些部分曾在我撰写、编辑或投稿的其他作品中出现过。但是我对此议题已经思考很久，因此本书的绝大部分内容都是我新近的观点。

我要感谢很多人给予了我灵感。首先，我最想感谢的是鲍伯·霍根，他是本领域的先驱。他博览群书、思想深刻，是学术界的斗士。他不留情面地批评所有不认真进行研究、糊弄了事的人。我如饥似渴地拜读了他所有的书籍与论文。

我还要感谢以各种方式帮助了我的人：我那些天资过人的博士生们（迪诺、乔安娜、托马斯、维瑞恩）以及老朋友们（大卫、克里斯）。当然，我永远最感谢的就是艾利森与巴尼迪克特。我为你们感到自豪。

**亚德里安·弗南汉姆**
于伦敦

# 目　　录

## 第一部分

**第一章　关于脱轨、低能及失败领导者的研究** …………………… 1
　概要 ……………………………………………………………… 1
　领导者脱轨：过时了，大众化，还是一时流行？ …………… 2
　领导者研究词汇的不准确性 …………………………………… 3
　社会力量 ………………………………………………………… 5
　核心假设 ………………………………………………………… 6
　清单与思考 ……………………………………………………… 26
　结论 ……………………………………………………………… 29

**第二章　早期研究与思考** ……………………………………………… 30
　概要 ……………………………………………………………… 30
　研究低能领导者的历史 ………………………………………… 30
　现代流行研究 …………………………………………………… 36
　我们对领导者的了解 …………………………………………… 43
　错位的组织文化 ………………………………………………… 55
　有毒型领导者与需要他的下属 ………………………………… 58
　破坏型领导 ……………………………………………………… 62
　恶性的领袖气质 ………………………………………………… 66
　结论 ……………………………………………………………… 68

**第三章　个性风格、特点与人格障碍** ………………………………… 70
　概要 ……………………………………………………………… 70
　人格障碍 ………………………………………………………… 73
　亚临床障碍症 …………………………………………………… 80

应对障碍与极端个性 …………………………………………… 81
　　结论 ……………………………………………………………… 83

# 第二部分

**第四章　成功的精神变态者** ……………………………………… 85
　　概要 ……………………………………………………………… 85
　　定义 ……………………………………………………………… 86
　　通俗解释 ………………………………………………………… 87
　　原因探究 ………………………………………………………… 89
　　职场中的精神变态者 …………………………………………… 90
　　应对精神变态者 ………………………………………………… 94
　　与精神变态者共事 ……………………………………………… 95
　　结论 ……………………………………………………………… 97

**第五章　职场中的自恋者** ………………………………………… 99
　　概要 ……………………………………………………………… 99
　　定义 ……………………………………………………………… 101
　　有关"自恋"的神话传说 ……………………………………… 103
　　自恋文化 ………………………………………………………… 105
　　谦逊与自我强化的社会心理 …………………………………… 108
　　高度自信的危害 ………………………………………………… 109
　　自恋型人格障碍 ………………………………………………… 111
　　自恋的两面性 …………………………………………………… 116
　　自恋型经理人 …………………………………………………… 118
　　未决的问题 ……………………………………………………… 122
　　结论 ……………………………………………………………… 123

**第六章　不择手段的领导者** ……………………………………… 125
　　概要 ……………………………………………………………… 125
　　心理学研究 ……………………………………………………… 127
　　职场中的不择手段者 …………………………………………… 132
　　X 理论、玩世不恭与办公室政治 ……………………………… 134

结论·································· 135

## 第三部分

**第七章　特定行业的人格障碍**·················· 136
　概要···································· 136
　偏执型（好争论、戒备）··············· 136
　古怪型（妄想、怪癖）················· 141
　演献型（戏剧型）····················· 143
　被动攻击型（悠闲型）················· 147
　强迫型（勤勉型、认真型）············· 150
　结论································· 154

**第八章　另外六种类型的人格障碍**················ 156
　概要································· 156
　分裂型（孤独型）····················· 156
　边界型（激动型、多变型）············· 160
　回避型（谨慎型、敏感型）············· 163
　依赖型（依附型）····················· 167
　自我挫败型（自我牺牲型）············· 170
　虐待型（好斗型）····················· 172
　结论································· 173

## 第四部分

**第九章　认知有缺陷的领导者**·················· 175
　概要································· 175
　智力与智商：经理人需要了解些什么····· 179
　识别愚钝的领导者····················· 181
　管理智商····························· 182
　专家的观点··························· 185
　价值观的冲突························· 187
　可变与固化的智力····················· 188
　智商研究与职场测试··················· 190

智商与职业表现…………………………………………… 192
　　智商测试的深度研究……………………………………… 199
　　智商测试在职场中的应用及其意义……………………… 203
　　结论………………………………………………………… 205

**第十章　领导者脱轨的预防与管理**……………………………… 207
　　概要………………………………………………………… 207
　　决策方面的不称职………………………………………… 209
　　公司治理…………………………………………………… 210
　　异常董事会、毒性团队与领导者………………………… 213
　　六种预防措施……………………………………………… 217
　　缓解领导者脱轨…………………………………………… 219
　　员工视角…………………………………………………… 225
　　有毒型的下属……………………………………………… 228
　　领导者的自助……………………………………………… 229
　　体制问题…………………………………………………… 230
　　结论………………………………………………………… 231

# 第一部分

## 第一章 关于脱轨、低能及失败领导者的研究

**概要**

　　本书讨论的是一个公开的秘密。一些商业机构、政治和政府机构领导者尽管那么踌躇满志、才高八斗而且收入丰厚,最终还是出了问题。其中大多数人"只是"被扫地出门,有一些人锒铛入狱,还有一些人一蹶不振。他们或是突然宣布辞职"以便多陪陪家人",或是原本非常热衷于在媒体上亮相却突然"不方便发表评论"。与此相伴的经常是无法弥补的损失。高空飞行的航班一旦坠毁,最可怕的结果是航班上每个人都随之倾覆。管理层出问题会带来系统性的紧张情绪。

　　在这种现象背后有一个令人百思不得其解的谜团,那就是这些领导者多是(或者至少大家认为是)经过精心选拔产生的。同时,他们每个人都有不同寻常的履历,里面充斥着"巨星"、"不可思议的天才"、"才华横溢"、"金童玉女"之类的佳评。他们看起来聪明、自信、雄心勃勃,完全没有任何会出问题的征兆。但是失败的代价是高昂的。霍根(2009)估计一个失败决策者造成了 100 万~300 万美元的经济损失。

　　那么问题出在哪里呢?为什么对这些人后期明显存在的问题在当初选拔、提升的过程中居然没有一丝察觉呢?我们通过研究这些领导者脱轨,应该吸取怎样的教训呢?这些事可以防止或补救吗?这些领导者的追随者又负有怎样的责任呢?本书试图解答这些问题以及与之相关的问

题。相信很少有人会反对如下观点：其一，好领导者对整个机构的表现具有实实在在的影响，其中一些领导者明显优于其他人。其二，失败的代价十分高昂。

**领导者脱轨：过时了，大众化，还是一时流行？**

怀疑论者对新潮流相当谨慎，一定程度上讲可能是对的。在大量（无人监管）的描写领导者研究文献中，各种各样的主题不断变化。领导者脱轨这个话题是老调重弹还是新的潮流？它是不是用另一种观点来继续领导者研究中"不是伟人而是坏人"的论调？或是采用从英雄到阶下囚的讲述？

的确，在过去的十年里不少作品描述了品质败坏、影响恶劣、破坏力极强的阴暗领导形象。在某种程度上，这些作品都带有趋附时尚的痕迹。当然有的学者严肃地从这些问题领导者的人格缺陷等方面去寻找解释（Kets de Vries，2003；2006a；2006b；Hogan，2007b），但也有的人只是匆匆赶来凑热闹（Dotlich and Cairo，2003）。

领导者脱轨的话题能否成为领导者研究的下一个主题呢？这一领域的作者已经从历史和信仰的角度都描写过了，现在准备转向心理层面寻求新的话题。曾经有过一些作品讲述领导者如何被解雇，并将影响巨大的失败者的特点一一罗列出来。

有三个理由让我们相信这一话题对于领导者研究来说并非昙花一现。首先，这的确是个被忽略了的话题，而现在它又作为一个严肃的问题摆在我们面前。失败脱轨的领导者实际上比成功的还要多，而领导者研究却一直将注意力集中在那些少数成功的领导者身上。其实，很多领导者早早地就下课了，还有很多遭到解聘，更有甚者锒铛入狱。

脱轨的领导者就犹如"董事会上的大象"[①]——这是一个禁忌的话题。大家会认为，这些"精英"一旦成为首席执行官，那么他们就是经过千挑万选出来的，必定成就一番大事业。然而，人们最终经常会震惊地发现，这些野心勃勃的天才不但只是普通人，还是自我吹嘘、

---

① 译者注："董事会上的大象"喻指有力量、有破坏性、对管理层及企业有很大负面影响的人或现象，也特指董事会成员在一些事务上缄口不言、集体回避的恶性影响。

鲁莽从事的利己主义者。于是人们就自然想知道为什么这些人当初会被选中。

其次，这些研究不包括隐含在"毒三角"中的"黑暗三因素"的观点。这些研究不仅是这些领导者如何麻痹下属、利用权力来造成混乱。从伟人及其品格这一角度来论述的领导者研究很久以来就被认为忽略了社会因素，而本书不落窠臼，描写并解释了为什么这些明显有问题的人却拥有巨大的影响力。要知道，有毒型领导者也是很有吸引力的。或者说，我们面对的政客正是我们自己选的。因此，单单从某个个体看全部解释是不对的。各种各样的社会力量决定了谁会升至高层，什么时候升至高层。于是有一种观点一再出现：是"适宜"的环境造就了阴暗的领导者。在变革时代，甚至是混乱时期，在面临诸多不确定因素时，人们会追随那些个性张扬、富于冒险精神和人格魅力的领导者，而非智慧型的领导者。

再次，本书的引人之处以及重点在于对症下药地提供了解决方案。濒临问题边缘或已经出了问题的领导者会破坏整个机构乃至整个国家。本书的实用性就在于将重点放在这些脱轨领导者出问题的原因上。我们运用有效的心理学工具来发现领导者脱轨的可能性。这既是预防措施又是解决手段，因此非常实用。本书解释了应该寻找哪些迹象以及危险的行为何时以及为何会发生。

## 领导者研究词汇的不准确性

领导者研究中用来定义问题领导者的词汇大不相同。这些词汇的选择较为随意，使用上与作者或某一学科领域人们的好恶有关。事实上这些词汇还是有细微差别的。下列就是这一文学领域使用过的日益增多的词汇中的一部分：

- 异常型 – Aberrant（领导者）：这个词重点在于表达不正常、非典型以及对正常类型的偏离。它包括两层含义：不合常规，以及偏离可接受的标准。也就是说，这个词与数据相关，与道德标准相关。

- 反社会型 – Anti－social（领导者）：指的是这些人可能自私自利，更可能从事反社会的违法活动。进一步讲，这个词与精神研究领域出现的新词或许相对应：即指反社会人格障碍。
- 黑暗型 – Dark side（三要素）（领导者）：这个词强调了光明与黑暗的区别，强调了开朗、明确、坦荡与内向、晦暗、狡诈的区别。阴暗象征着邪恶、忧郁、威胁。三要素指的是构成邪恶的不可分割的三个组成部分。
- 脱轨型 – Derailed（领导者）：这个词主要表达脱离既定航向之意，比如铁道上的火车脱轨。领导者也同样，如果偏离了既定的方向，就会寸步难行。这个词在词典中经常与"精神障碍"这一词汇连用，含义包括了行为上的混乱，更强调缺乏理智。
- 独裁型 – Despotic（领导者）：这个词来自于历史文献，主要指专制的领导者滥用或错用职权。特指专制型或符合该风格的领导者。
- 破坏型 – Destructive（领导者）：历史学家用其来说明特定类型的领导者造成的影响，主要强调因特定领导者而致使其领导下的群体或组织受到损害、破坏甚至发生质的改变。
- 低能型 – Incompetent（领导者）：用以形容不合格、低效的领导者。这个词关注的不是领导者所具备的素质，而是他们欠缺的素质。低能领导者的低效正是由于其缺乏特定的品质。
- 邪恶型 – Malignant（领导者）：这样的领导者传播恶意而非善意。恶意是一种不良行为，带来诸如故意造成别人的痛苦和损失等伤害。邪恶就像癌症，生长迅速，最终致命。
- 有毒型 – Toxic（领导者）：指的是领导者对其接触到的人与事具有毒性。有毒物质的可怕之处在于它不是驱散而是杀伤。此词用以形容特定类型领导带来的后果。
- 暴君型 – Tyrannical（领导者）：暴君的特点是随意的压制以及不公正的行为。暴君会篡夺权力，欺压其统治的人。

上述词汇大致可以分为：可恨、可悲以及疯狂三类。可恨类型包括黑暗型、独裁型、破坏型、邪恶型以及有毒型领导者，形容其行为或领导风格邪恶、不道德、不公正。可悲型包括低能型领导者，说明其缺乏从事该职位工作的能力或技能。而疯狂型则包括异常型、反社会型以及脱轨型领导者，用以形容其精神状态不稳定或心理失调。本书会分别研究上述三种类型的领导者。

## 社会力量

　　研究领导者时很容易陷入两个误区：第一，只考虑领导者内在的因素而忽略影响所有领导者的其他强大力量。第二，从某种程度上讲，研究者乐于用双重标准区分好领导与坏领导，即用个人能力、性格以及道德水平来解释好领导的产生；而将坏领导的出现归咎于他们自身无力控制的社会力量。

　　社会心理学家认为，坏的社会系统造成坏的社会环境和社会秩序，从而引发甚至呼唤坏的行为。而这些坏的行为正是领导者脱轨的佐证。

　　人们很容易将研究领导者的作家或研究人员的观点分成典型的两个极端：过于强调内在因素和过于强调外在因素。其实即使是那些有名的秉持个性决定论的作品也承认其他因素的力量和重要性。

　　一些如金巴朵这样的学者（Zimbardo，2007）希望减少单从"坏人"角度分析领导者的论调。金巴朵及其追随者认为，坏的系统造成坏的环境从而鼓励了坏的行为——即使是对好人来说也是一样。他们的观点颠覆了坏人催生坏环境和坏系统，从而导致失败的理论。金巴朵（Zimbardo，2007）用经验和观察证据去解释"好人"如何做坏事。

　　多数描写有毒型领导者的研究都没有解释领导者如何变得邪恶，而只强调他们不敏感、傲慢、自私、鲁莽等等。即使如此，我们也不能简单地认为个性心理学家只强调内因而完全忽略环境因素，或者认为社会心理学家不接受内在人格因素可能发挥重大作用的观点。这样看待问题是片面的。

　　组织与个人类似，都可能出现"病症"。组织依赖于一个强大、有智慧的领导者，这种情况并不少见。追随者会因为焦虑、不成熟、缺少安全感而盲目仰仗领导者告诉他们应该做些什么，然后就欢天喜地领命执行，却没有任何自己的想法。

　　高级管理团队可能认为世界充满敌意和威胁。他们倾向于将人分成好与坏、敌与友，以便与其斗争或结盟。一般情况下，他们把问题都归咎于外因，总是责备别人造成自己所有的麻烦。另一方面，他们又可能在团队内部完全不分是非，认为与之意见相一致就是"好人"，对不同意见则无法容忍。这样会促使一些受到疏远的充满焦虑的经理人组成小的团队，希望能形成合力，更有效地表达自己的观点。

从本质上来讲，每个组织按照文化背景不同都有各自的防护机制。这是他们用以观察世界的一种方式，成为企业文化的一部分，并体现在该组织所有活动之中。通过这种方式，人们可以发现一个组织的病症所在：过于多疑、排外或是无凝聚力。

帕迪拉、霍根和凯塞尔（Padilla，Hogan and Kaiser，2007）借用了一个简单却又有力的类比来说明这个问题。所有在童子军中试图得到消防队员徽章的人都了解，火焰能够开始燃烧并持续靠的是三个要素：能源、热量和氧气。这三者缺少其一就不会有火。此三要素在"有毒三角"中可以找到对应：首先是具有破坏力、脱轨、散发毒性的领导者，其次是顺从的下属，第三是促进或禁止某些行为的文化或环境。

一些研究开始关注经理人如何处理上级和下级的关系，以及这种处理方式如何与领导者脱轨相关。詹特里和沙诺克（Gentry and Shanock，2008）综合运用平衡法与社会交换理论（equity and social exchange theory）形成了"垂滴理论"（trickle–down theory）。比如，中层经理人，顾名思义就是需要沟通上下的人。有数据表明，他们会将自己从上级那里感受到的公平、正义等等向下传递。如果他们自身感到自在，就会为其同事、下属创造同样自在的条件。也就是说，经理人会用上级对待他们的方式来回报下级员工。这样，脱轨的力量就会像水一样"滴"下来。

简而言之，可以从领导者的特点出发来理解领导者脱轨的原因。因此，研究那些选择、遵从、追随领导者的人以及整个过程开始的背景就显得非常重要。

## 核心假设

本书的中心内容建立在来自不同领域和学科的五个假设基础之上。后面将分别论证这五个假设。

### 糟糕的、疯狂的、可悲的领导者

首先，如前所述，我们要分清领导者失败的三种不同的基本类型。第一种就是可悲的领导者。可悲，在于不称职的低能，在于缺乏判断力，在于缺乏基本技能和在于刻板或者刚愎自用。

可悲的领导者之所以失败是因为他们获得相关职位靠的是证书而不是经验，靠的是裙带关系或者干脆就是低标准的选拔。他们失败是因为他们鼠目寸光，不懂得更不会运用办公室政治。他们失败是因为他们回避矛盾、抓小放大或者缺乏洞察力。

简单地讲，他们失败是因为他们不能成事。他们选用的人不能对自己的表现负责，他们不能或不愿及时作出决策，忽视市场现状，不善于处理复杂多变的商业事务，不懂得动员和挖掘员工，不辨方向。总之，可悲型的领导者就是低能。

大约四十年前，心理学家劳伦斯·彼得（Laurence Peter）发表了著名的彼得定律："无论在任何阶层，都存在低能，只是层次不同而已。"尽管彼得的书先后被13家出版社拒绝，但在其最终出版后，立即就炙手可热。事实上，是彼得让低能这一概念在别人想到能力存在区别之前很久就家喻户晓了。

彼得（Peter, 1985）还围绕自己讨论的主题列举了很多诙谐的但与政治不合拍的理论。例如：

> 能力准则：避免错误的方法是增加经验。增加经验的方法是犯错误。
>
> 性别歧视准则：多数阶层都是由男人建立的，他们垄断着高位，因此剥夺了女人达到相应级别的低能水平的平等机会。
>
> 悬浮准则：金字塔的地基崩裂后，塔身依然会屹立，支持它的不是别的，是金钱。
>
> 评价准则：极富能力的人和极无能的人都可能会让所在的机构反感。
>
> 投资准则：愚蠢的人总是忙着投资于聪明人害怕涉足的领域。
>
> 预期准则：事情的发生不只是超出我们现有的预期，还要超出我们所能作出的预期。

彼得（Peter, 1985）的研究在描写管理低能方面开了先河，应该受到褒奖。他的作品充满智慧的嘲讽和真实的洞察。比如：

"人们凭借能力得到了入门的职位。但当他们逐渐升迁时，就会被归入分布理论所预测的组群：多数人处于比较有能力的一组中，很有能力和很低能这两种类型则只占少数。

有两类人不能归入上面的分类：极富能力的人和极无能的人。极富能力的人通常指能找到更好的方法来处理一件事的人。"（第72页）

柯第斯（Courtis，1986）在他研究可悲型管理的作品——《管理失误》中指出："藐视最基本最核心管理原则的现象随处可见……"他认为，低能管理者常犯的错误可以大致分成五类：

1. 不作为的错误：没有行动或者沟通
2. 过度作为的错误：做了本不该做的事
3. 质量错误：做的事情本身正确，但做得不充分，或是使用的方法不对头
4. 时机错误：做的事情本身正确，但做得太早或太晚
5. 信度错误：做的事情没问题，时机也没问题，但使用的方法让每个人都气恼或是让行动本身失去可信度

（第ix页）

柯第斯认为，如果经理人都恪尽职守，很多董事会的监管都是不必要的。根据他的观点，最需关注的问题是管理者的低能给员工造成的压力，从而间接导致员工生病、缺勤，继而又给公司造成更大的损失。这样的恶性循环是管理能力低下的反映。

如果说可悲型领导者是错误选拔任用的结果，疯狂型领导者则是本书真正的关注点。这里说的不是我们通常意义上的疯狂，而是指他们带有某种亚临床的病症特征。这种特征使得他们有时相当有魅力、相当成功，但最终却走向脱轨。他们阴暗的一面通常都很好地得到控制，但在压力下就会爆发出来，促使他们脱轨。

在脱轨的领导者之中，多数不是可悲型的，而是糟糕型或疯狂型的。可悲低能的领导者很容易被发现。他们一般不具备升至组织中真正高层的素质。通常是可恨或疯狂型的领导者，而且经常是两种特征兼具的人，才是真正的脱轨领导者。糟糕的领导者，犹如专制的暴君，在时局混乱的时候得以发展壮大。他们的毒性和邪恶可能很快就显露无疑。要留心那些聪明、帅气、受过良好教育、无所顾忌、格外自信的经理人。他们具备黑暗三要素，这一点我们会在后面的文章中提到。

但是，我们要意识到不管经营好坏，对于处在聚光灯下的任何高级

主管，生活都不容易。凯兹·德·乌莱斯（Kets de Vries, 2006a）指出，首席执行官要经受不断出现的问题的困扰，而且必须在情况尚可控的情况下作出决断。这些问题包括：

1. 损失：通常指人员或是工作上的损失，或是某种希望的丧失。这些都可能会导致一个人抑郁、伤感或身心疾病。首席执行官此时需要做的是打破抑郁的氛围，重振士气，继续前进。
2. 焦虑：成为一把手之后，就要达到人们对这个位置上的公众人物和决策者的的期待。
3. 人际矛盾：很多人际矛盾不仅来自同事，还来自家人和朋友。这些矛盾产生的主要原因多是他们之间的关系没有得到预期的回报。维持真诚、有意义、相互支持的关系当然不是一件易事。
4. 综合症：凯兹·德·乌莱斯（Kets de Vries, 2006）用这个词来指身心双重的病症、行为或对压力的反应。其症状从失眠到恐惧症不一而足。压力造成的症状会导致进一步的忧虑，需要治疗。
5. 发展的不平衡：这方面指的是特定的预期没有得到满足。通常指角色之间的转换不愉快或不充分。
6. 生活上的不平衡：主要指的是高层主管在工作与生活之间的安排失衡，越来越远离配偶、子女以及其他家人。
7. 对生活意义的质疑：指的是为取得巨大成就所作出的牺牲究竟意义何在所产生的疑问。也许个人自私而刺激的生活实际上对社会没什么贡献，也让其更加孤立了。

凯兹·德·乌莱斯认为，解决这些问题的方法在于：放弃不现实的想法，也就是说要理解过去对现在的影响，意识到自我评价与客观现实的差距，用更恰当的思维方式来解决问题、克服偏颇。这需要在头脑中列出一个"应该"目录，囊括了他们认为自己和别人应该如何做事的各个方面。

一旦高层主管具备了这样的深度视角，凯兹·德·乌莱斯就建议他们要定期问自己下列三组问题，以帮助他们远离脱轨。

1. 我习惯用什么方法或机制来抵御压力？这些方法有需要改进之处吗？

2. 我如何表达或感受自己的情绪？我能否做得更好？
3. 我如何看待自己？这种看法是否切合实际？

道理很简单：当领导是一件难事，即使对最有天赋的人也是巨大的挑战。这些压力会将人推向疯狂的边缘，从而暴露出一定的问题。

**亚临床病症与范围假设**

除了极个别情况，人类的某一特点在整个人类群体中是呈正态分布的。无论是生理特征如身高，或是个人能力如创造力，都像抛一个球，或是如精神病理学状态一样，可以得到一个钟形曲线。

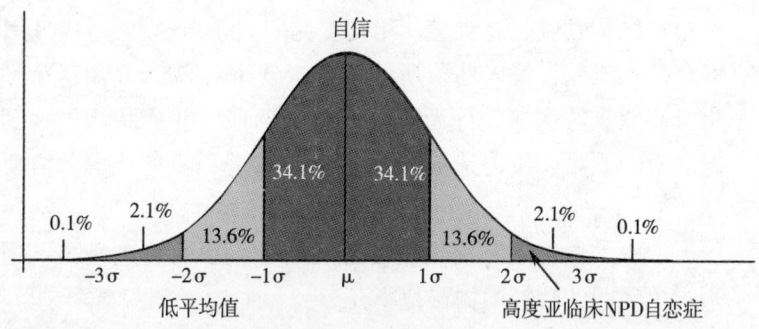

注：NPD 指自恋型的人格障碍。

**图 1.1　钟形曲线**

多数人都处于平均线或中间位置，只有极少数人位于两个极端。正如个子特别高或特别矮的人身体可能容易出现问题一样，个性方面的极端也是如此。非常严谨认真的人易于受到强迫症的困扰，而过于不认真的人可能很难保住自己的工作，因为他们太不可靠。

也许讨论这个问题应该从自信这个概念入手。自信这一特征在人群中呈正态分布。

多数人有足够的自信或自尊。尽管有时他们也对自己产生疑问，但基本上觉得自己不错。极少有缺乏自信的领导者，虽然他们也有怀疑自己的时候，但一般情况下都会隐藏得很深，只在不经意的时候有所流露。有些领导者的自信程度一般，但多数都非常自信。他们相信自己，也相信别人。这似乎是得以入门、获得任命、能够升职的基本要求。事实上，这是一种自我实现。

问题出在这一范围的正向最大值。何时高度的自信演变成了病态的自恋了呢？健康的自尊和自信蜕变成自恋的转折点在哪里呢？我们将在第五章中看到一个非常矛盾的现象：很多病态的自恋者实际上非常自我质疑，还采用一系列不健康的策略来提升自己的自信。

心理分析家卡伦·赫尼（Karen Horney, 1950）认为神经官能症的本质就是不断自我打击的防护过程。神经官能症患者创造出理想化的自我形象，来掩饰一文不值、毫无吸引力、不讨人喜欢的自我感觉。他们用越来越多的精力假装并推介自己就是那个理想中的形象。但是当这个理想化的人物与现实中的自我区别越来越明显时，他们就会无法与真实的内心情感沟通，失去了改变与成长的能力。即使他们在扮演这个理想化形象的过程中确实实现了一些目标，他们也不会满足。相反，他们为了赢得尊敬和认可会作出进一步的承诺来支撑自我理想，同时也会因为这些承诺无法兑现而更加气恼。

一些领导者在面对异议时表现得目空一切，也有一些要求他人绝对服从并且赞扬他。极度自信有时就是变态的自恋，表现为傲慢自大、暴虐专制或者不可理喻的行为，目的在于让下属敬畏他们以满足自恋的情结。

范围假设认为，正常的极端即为不正常。也就是说，健康与不健康、疯狂与理智、适应与不适应等不是绝对的类别而是相对的范畴。即使是某种健康的特征，如果处于极端状态可能也意味着问题的出现。极富创造力可能意味着精神分裂，非常冷漠暗示分裂的人格障碍。通常，某人在某种特征上评分过高或过低不仅说明他与众不同，更说明他的变通性很差。处于范围中间位置的人，也就是大多数人，适应性更强。多数伟大的领导者都具有极端特征。他们在有些情况下是大众之幸，但有时候也是大众之不幸，因为当他们处于压力之下时，他们可能恰恰是主要的脱轨者。

有关人格障碍存在一个有趣的现象：在某种程度上人们会轻易地从积极的角度去理解人格障碍或不良品质。因此，傲慢会被当做自信的负面反应；耸人听闻的事件源于个人魅力的过度发挥；变化无常是由于精力极度充沛；过分谨慎是逻辑分析缜密所致；极端的评论家自然存在偏执的多疑；非常独立的人一般都表现冷漠；怪僻的人有时看起来就像是一流的企业家；喜欢恶作剧的人则被当做有创意的革新者；富有攻击性的人乍看起来具有政治头脑；完美主义者则显得非常勤奋。

　　这一现象被称做"范围假设"，指的是正常到了极点就是不正常。也就是说，处于两个极端的人很少，因此不属于平均水平和正常状态。即使是那些人们认为有益、健康的因素也存在极端个案。健康的自尊一旦过度就变成了自恋；另类的创意思维可能是精神分裂的症状；善于交际、乐观的外向型人可能会成为易冲动的享乐主义者。表1.1中描述了卢比特（Lubit, 2004）的有关观点。

　　凯普兰和科萨（Kaplan and Kaiser, 2006）在他们的作品《不要过度释放你的能量》中，反对积极的心理学理论。他们讨论了领导过程中如何在"做什么"和"怎样做"之间达成平衡。他们认为，在战略方案（着眼于未来的蓝图）与行动方案（着眼于当下的效率、秩序和结果的计划）之间存在矛盾。同样，他们还对比了两种不同的领导方式：发号施令、作好决策、严明责任的铁腕风格，以及强调团队、充分授权、全力支持的激励风格。现实中领导者过度使用权威，形成"一边倒"风格的现象并不少见，甚至还受到鼓励。凯普兰和科萨指出，领导者越是偏重于某种特定的领导风格，就越会不可避免地疏远与之相对的另一种领导风格。他们还用著名的倒U字形曲线来说明，无论铁腕领导风格使用得多或少都可以创造出高效团队。

　　这一观点被称做最佳或平衡观点。它并非新观点，但每当有关管理研究的新风潮又发现了所谓"神奇"的解决方案时，都有必要将此观点再体会一番。

表1.1　　　　　健康的自信与障碍的自恋之对比

| 特征 | 健康的自信 | 障碍的自恋 |
| --- | --- | --- |
| 自信心 | 符合现实的高度自信 | 傲慢、自我陶醉、自恋 |
| 对权力、财富和名望的欲望 | 希望得到权力，但对道德底线、其他人的看法以及人际关系很在意 | 寻求极度的成功，不惜一切代价；为追求想要的东西无所禁忌 |
| 对挫折失败的反应 | 会有烦恼和停滞，但能够应付 | 挫折失败对自信构成威胁，恼羞成怒从而影响判断力，采取出其不意的行动造成对自身或他人的伤害 |

续表

| 特征 | 健康的自信 | 障碍的自恋 |
|---|---|---|
| 人际关系 | 真诚地关切他人的福祉和贡献 | 对他人的关心只限于社交需要，贬低利用他人且毫无愧疚和补偿 |
| 对权威的态度 | 大度地接受并尊敬 | 如果暂时理想化了上级或是觉得示弱能够得到好处时，则偶尔表面上虚伪地屈从于权威；目的在于获得不同于他人的特权 |
| 坚持一贯的能力 | 有价值观念，坚持既定的方向，表现稳定 | 缺乏价值观念，喜新厌旧，经常改变方向 |
| 成长过程 | 健康的童年时代，自信心的正常成长，懂得对待他人要举止得当 | 痛苦的童年经历，没有真正的自尊与自我价值感，认为不需要考虑其他人的感受 |

**黑暗三要素**

我们将在第三章中详尽阐述，心理学家们研究性格类型与特征，精神病学家则对人格障碍更感兴趣。

许多有关紊乱、机能障碍或是充满毒性的领导者的论著或文章都明显受到人格障碍方面研究的影响。也就难怪这些研究多出自心理学家（Miller, 2008）、精神病学家（Lubit, 2004）、心理分析学家（Kets de Vries, 2006a）之手。这些"临床医师"强调问题领导者"疯狂"的一面，而社会学家、历史学家以及社会政策方面的作家则强调其"糟糕"的一面（Kellerman, 2004）。

霍根和科萨（Hogan and Kaiser, 2009）用赫尼（Horney, 1950s）早期对神经官能症需求的三重分类法来区分人格障碍，并解释这样的人格障碍与管理脱轨如何关联。这三重分类包括：

1. 靠近他人，通过社交方式控制焦虑、寻求同盟。
2. 远离他人，通过回避别人来调整焦虑和不安全感。
3. 同他人对立，通过统治和威慑别人来控制自我质疑。

在葆勒斯和威廉姆斯（Paulus and Williams, 2002）提出黑暗三要素之前，其他学者认为，某个亚临床的综合特征或行为方式与领导者失败相关。

古斯塔夫逊和雷泽（Gustafson and Ritzer, 1995）提出了一个叫做异常自我提升的概念。有趣的是，他们也找到了相同的三个相关的特征或障碍，但他们没有将三个特征综合起来，而是将他们看做孤立的。他们这一概念的基础是两大公认的临床症状：自恋人格障碍（如谎言欺骗、缺乏同情心、不懂内疚与自责）和社会偏常行为（如寄生行为、冲动行为）。古斯塔夫逊和雷泽对亚临床症状很感兴趣。他们认为：

按照我们的假定，异常自我提升者（简称 ASP）类似于精神病患者。他们表现出的特点包括不择手段利用别人、强烈的控制欲、缺乏同情心、缺乏内疚感。尽管他们的所作所为不一定违法，但是违背了公认的社会准则。简而言之，ASP 与精神病患者之间的差距不在于类别，而在于程度。我们选择异常自我提升者这样的表述是为了强调：这些人存在的理由就是要延伸自我利益。这样的自我提升不受约束，更甚于西方文化所普遍接受的为了成功应付出的努力。我们认为这种自我提升的结果都是消极的，所以我们称其为"异常的"。

（第 148 页）

有趣的是，古斯塔夫逊和雷泽认为，ASP 的基础正是自恋。

"ASP 同那些努力给别人留下好印象的人不同，他们不是'希望'别人喜欢他们，而是想当然地认为别人喜欢、羡慕或妒忌自己。而且据我们理解，ASP 认定别人肯定觉得他们能力很强。因此，努力给别人留下好印象的人和异常自我提升者的行为本身可能有类似之处，但动机并不相同。"

（第 150 页）

同样，古斯塔夫逊和雷泽也指出异常自我提升者与不择手段者之间的相同之处：

"从操纵别人、漠视别人的感受和社会认同度这一角度来看，不择手段者与异常自我提升者非常类似。然而，两者之间也有很大的不同。总地来讲，两者之间主要的相似在于其自恋和利用别人的特点上，而异常自我提升者的反社会行为则是不择手段者所不具备的。异常自我提升者经常会为了提升和保护自身而颠覆整个组织的宗旨。总之，尽管异常自我提升者操纵别人的行为与不择手段者类似，但一个纯粹的不择手段者如果受到禁止性条件的制约，就会放弃某些行为，而异常自我提升者可能就不会考虑改变初衷。"

（第151页）

人格障碍是上述研究的结构框架之一。事实上该研究启发了很多本领域的研究者，包括霍根和凯兹·德·乌莱斯。这些学者指出了脱轨领导者身上存在的典型三要素。

加拿大心理学家首先发现并命名了"个性黑暗三要素"。葆勒斯和威廉姆斯（Paulus and Williams，2002）认为，黑暗三要素是紧密相连的：其中两者属于人格障碍（自恋和精神障碍），另一者为常规但阴暗的人格特征（不择手段）。

经证明这三种特征的确是相互关联的。另一个与黑暗三要素有关的词汇是"亚临床病症"。在这里，它大致用以形容成功的精神障碍患者。

黑暗三要素相互关联的特征包括：

1. 傲慢、自我中心、自我强化
2. 奸诈两面、愤世嫉俗、操纵别人
3. 情感冷漠、寻求刺激、时常有违法、危险或反社会的行为

但是不择手段者与自恋及精神障碍者不同，没有极端的临床症状。巴比阿克和黑尔（Babiak and Hare，2006）将精神障碍形容为黑暗三要素卑劣的一面。具有黑暗要素的经理人会欺骗别人，他们剽窃别人的成果，被公认为偏离社会。但是他们还不至于行为极端到把自己送进监狱，甚至都不至于被解聘。他们的特点是持续的、在警戒线以下耍阴险手腕。

很多研究者发现，当单独研究上述三要素之一时，可以发现它们之间确实存在相关性。数据显示，不择手段与亚临床精神障碍之间总是存在重叠。当然也曾有两项研究发现上述两者与自恋之间没有相关性（Lee and Ashton，2005；Vernon et al.，2008）。但总地来讲，似乎有足够的证据表明，三要素充分相关，而且可以被看做一种可辨识的综合症。葆勒斯和威廉姆斯在他们2002年的论文中指出：

"尽管构成黑暗三要素的人格特征各异，但他们之间存在不少共同点。三者都包含了恶意的性格特征，具有自我提升、情感冷漠、奸诈两面、攻击性的行为，只是在程度上有所不同。临床研究作品早已发现三者之间的内在联系。近期对三要素非临床研究的发展促进了在正常人群

中评估其关联性的实践。因此，现有实践证据表明：（1）不择手段与精神障碍（2）自恋与精神障碍（3）不择手段与自恋之间有交叠。考虑到上述情况，在正常样本中，黑暗三要素理论应该是成立的。"

（第557页）

上述研究引发了本领域的多项研究。杰考博威兹和艾根（Jakobwitz and Egan, 2006）指出，三要素都能给具有这些特点的人带来好处。他们发现，正如预期的那样，具备黑暗要素的人一般都不随和，缺乏良知。他们认为，判定某人具有三要素的主要指标就是此人不随和、强硬、缺乏同情心、冷漠。另一个特征就是这样的人高度神经质，没有道德感。这样的特质容易促使其为获得一时的满足或某种资格而作出错误的决策。

弗农等人（Vernon et al., 2008）对黑暗三要素进行了一项遗传学调研。他们的调研结果表明，在精神障碍和自恋两要素方面都有遗传学研究，这就意味着可能会发现黑暗要素的遗传性。这些研究以及之前的其他研究都发现，精神障碍和自恋的特征明显可遗传，但不择手段这一要素并非如此。弗农等学者指出：

"在基本特征方面，我们发现在非临床案例中，具备黑暗三要素的人的一个共同特点就是不友好。因此，他们对社会的破坏性虽令人烦恼，但也是其特点的'正常'反应。除了不友好，精神障碍者没有焦虑感这一特征又使其成为三者中最危险的一类。我们近期的研究证明了这种担心不是多余的。多种反社会的行为方式都符合精神障碍者的特征，而非不择手段者或自恋者的行为。"

（第561页）

他们认为，不择手段的行为在一定程度上是后天习得的，而不是遗传的。

因此问题在于，究竟这些行为是从哪里学来的？在家里、学校还是职场？众所周知，一些学校尽管口头上反对不择手段的行为，但实际上却鼓励这样做。职场中更是如此。经理人有时为了个人生存，行事的方式毫无人情，完全没有底线。

乔纳森等人（Jonason et al., 2008）指出，黑暗三要素的研究者发现，尽管看起来有些矛盾，但实际上具备三要素的人其实是有优势的。

因为一个人在危急时刻能保持冷静，意味着他不会在恶劣的情况下受到焦虑的干扰。而社交上的自信则让一个人有机会结交更多朋友。因此，研究者特别关注了此类男性在"短期交友策略"上的表现。

最近，哈德森及其同事（Hodson and colleagues, 2009）阐述了性格是怎样特别有偏见的。他们赞同社会主导的观点。

哈德森认为，黑暗要素特征帮助这些人通过短期社会环境中利用别人。通俗地讲，即现用现交、用完了事。这是因为：

- 自恋者喜欢支配别人，渴望权力；
- 不择手段者通常很有个人魅力，为其利用别人创造了条件；
- 精神障碍者天生就有利用别人的特质。

具备黑暗要素特征者格外在意个人利益，缺乏同情心。因此他们不适合、不擅长也没兴趣与人保持长期的关系，因为长期关系意味着一定程度上的互惠。那样的话，他们的特征就会暴露，所以他们更喜欢得到利益就走的策略。

可见具有黑暗要素特征的人在性行为上很随便，有强制性，倾向于无节制。研究者认为，他们对短期关系更感兴趣。显而易见，这种策略对男性更有效。因此难怪人们会逐渐发现，某些我们熟知的、受人敬重的大人物个人生活非常淫乱。

哈德森及其同事（Hodson and colleagues, 2009）通过研究黑暗要素特征来验证自己的观点。他们认为，一个年轻男性具有越多的黑暗要素特征，就会在下列指标上得分越高：

- 社会群体性行为：自由、开放的性观点和行为
- 性伴侣的数量
- 寻求短期性伴侣的行为

具有黑暗要素特征的人性生活很随便。但是研究者对他们这种短期策略能够成功的自我调试过程更感兴趣。他们认为，从进化的角度来看，黑暗要素特征具有很强的适应性，因为这些特征给他们带来了丰硕的成果，而且可以遗传。具有黑暗要素特征的人由于有更多的性伴侣，于是就增加了传递他们基因的机会。因此，从进化角度看，这样的基因会永久保存下去。

本书的第二部分将集中讨论黑暗三要素。

## 有毒型三角

第四个假设是:在领导者脱轨的问题上始终存在三个因素,它们各自扮演着重要的角色。它们分别是:领导者的特质(能力、个性、价值观)、追随者的特质(期望、担心及动机)以及特定的社会政治与经济环境。

希特勒如果在英国能否是个成功的政治领袖呢?如果没有宣战,丘吉尔是否会当选首相呢?是什么使得甘地的领导风格如此成功?是谁追随特里萨修女,又是为什么?南非白人能接受除了纳尔逊·曼德拉之外的领袖吗?

社会心理学家曾讨论过"归因谬误"这一概念。意思是说,人们倾向于用个性特征(如能力、个性及道德准则)来解释别人的行为,但对自己的行为则会归因于外在环境的压力。针对个性心理学家的分析他们这样认为,心理学家过高地估计了个人的随机因素,同时低估了外部社会因素。因此,很多评价无论是针对成功还是不成功的领导者都多从其个人的特质出发,而很少解释帮助或阻碍其发展的社会力量,这其中就包括领导团队的力量。

著名的社会心理学研究就发表过这样的观点。有名的"米尔格伦服从研究"就阐述了"正常、自我调整良好、有教养的好人"是如何在高压下做出邪恶的事。金巴朵在研究狱中罪犯行为的有关作品中,也涉及了这一主题。他讨论了关于邪恶与英雄主义的老话题。他认为,社会压力的强大力量经常被低估,但实际上它会使最普通的人做出邪恶或勇敢、自私或善良、自我或无私的举动。而且,这些举动尤其是英雄主义的行为并不少见。

社会心理学家以及管理理论学者指出,有破坏性或毒性的领导方式是三个因素的综合体:具备某种特质的领导者、追随者及环境因素。帕迪拉(Padilla, 2007)认为,破坏型的领导过程依赖于特定的有毒型三角。帕迪拉指出,糟糕型领导可以放在独立的层面进行研究,也就是可悲—糟糕这一层面。帕迪拉也认为(Padilla, 2007,第17页):

1. 破坏型领导并非只有绝对的破坏性。多数时候这种领导方式产生的结果有好有坏。
2. 破坏型领导过程中运用的手段包括控制、高压以及操纵而非影响、说服和承诺等方式。
3. 破坏型领导的初衷是利己主义，其目的在于满足领导者而不是广大社会群体的需要。
4. 破坏型领导的影响在于降低组织内人员的生活质量，影响组织实现其主要目标。
5. 组织性的破坏结果并不只是破坏型领导者造成的，还有盲从的追随者和适宜的环境在起作用。

这里核心的观点就是，追随者与糟糕的领导者以及特定的环境一起发挥了破坏性作用。是他们鼓励、允许甚至要求领导者采取破坏性的方式，而不是阻止他们这样做。另一方面，专制的领导者则无情地碾压下属，完全不顾他们的需求。而且，这些领导者还会调整环境条件（如政治环境）来满足自身需要。从定义上看，破坏型领导者会产生破坏效应。这会致使职场道德水准下降、环境恶化甚至导致一个国家的衰败。整个经济都可能因为某个人的行为而崩溃（Robert Mugabe）。

帕迪拉及其同事（Padilla and colleagues, 2007）认为，领导者才能是"决定团队能力的功能性资源。它会促使团队中的个人暂时放弃自己短期的利益，在特定的环境或条件下为团队的长期目标而努力工作"（第178页）。领导者团结、指导、协调人们来达到这样的目标。

有毒型、破坏型、失败型领导者是以整个组织的发展情况来定义的。从这个角度说，领导者无论多么邪恶、自我或疯狂，仅凭自己都不可能导致破坏性后果。当然，他们一般都倾向于靠控制和压制而不是用承诺和说服的方式来管理下属。最主要的是他们很自私，对发展、授权和鼓励其他人没有兴趣。他们会影响几乎所有下属的生活，让下属们看不到全局的实际情况。

因此，破坏型领导要依靠顺从的下属和适宜的环境。帕迪拉及其同事（Padilla and colleagues, 2007）建立了一个简单的模型。

这一模型展示了领导者、下属以及环境三方面因素的显著特征，并确定了破坏型领导者的五种个人特质。

**有毒型领导者**

- 领导气质：自我推介的能力强、精力旺盛、擅长减少别人对自己的批评与异议、擅长给别人留下好印象、不屈不挠；

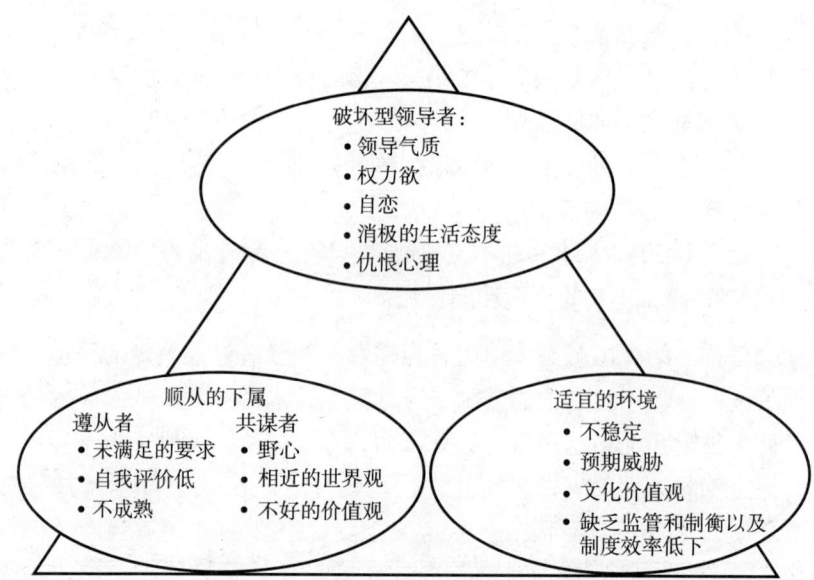

图 1.2 有毒型三角：破坏型领导才能三个范畴及有关特征要素

- 权力欲望：无道德底线、不断地追求个人所得和自我提升，通常充满对权力、安全及物质的渴求；
- 自恋：在人际交往中具有攻击性、擅长利用别人，其特点包括举止傲慢、控制别人、装腔作势。自私、自我、不懂宽容，专制暴虐；
- 消极的生活态度：对整个世界以及人生持消极态度。由于童年时代经历过贫困、暴力、混乱或虐待等痛苦无助的体验，他们可能认为只有高压政策才是唯一有效的方式；
- 仇恨心理：自我仇视外在可能表现为对权威的普遍仇视。他们用仇恨使自己的愤怒和不满合理化。

**有毒型下属**

同样，上述模型中列举了有毒型下属的各方面特点。很多人试图将这些下属分类，比如旁观者、助手、忠诚信徒或者更简单地分成遵从者和共谋者。遵从者一般是不成熟，自我评价不高。而共谋者则是更加自私、有野心、有破坏性，并且公开支持专制的领导者。

- 自我评价低：这样的下属很不自信，希望领导者能够帮助其提升自信度。自己总是感到无助，希望领导者能够给他们力量和影响。有毒型领导者会强化这些下属的被动性，同时又给予他们逃离无助境地的希望。
- 不成熟：指的是他们的超我、是非观念方面的不成熟。盲目地听从领导者的摆布，从而做出不合道德规范的事。这种脆弱、不成熟、容易受影响的人正是强大但却具有破坏性的领导者需要的。
- 野心：同上述人群相比，对地位和权力具有野心的人是更理想的下属。越是看到追随领导者能得到心理和物质的好处，就越会心甘情愿地追随他们。
- 一致的世界观和信仰：从物以类聚的角度出发，下属如果与领导者的世界观一致，他们追随领导的可能性更大。
- 不正常的价值观：指的是人的贪婪和自私。社会化程度低、道德观念差的下属会赞同有毒型领导的暴力专制。

**毒性环境**

帕迪拉及其同事（Padilla and colleagues，2007）的模型显示了他们称为"适宜的环境"的四个特点：

1. 不稳定：政治、经济和社会不稳定会引起人们的恐惧不安。有毒型领导者会利用这种不稳定，使用激进的方法来恢复和平、和谐与发展。于是他们就得到了自己绝对不想拒绝的过度权威和无上权力。
2. 预期威胁：人们越是感觉自己受到威胁，越是觉得有很多内在和外在的敌人，就越是愿意追随那些承诺给予他们安全的人。
3. 文化价值观：模糊不确定的文化让人感觉不舒服。但是那些信奉详尽规则和礼数的人给复杂的问题提供了简单的解决方案，更容易被有毒型领导者所控制。进一步讲，文化价值观在穷人与富人、受过教育与未受过教育、社会地位高与社会地位低的人之间还有差别。
4. 缺乏监管与制约：指的是权力高度集中，而监管部门缺乏权威、不作为。这就好比某个组织取消了内部审计，意味着限制与监管的终结。

适宜的环境促进了有毒型领导者的出现，他们会通过宣传、排除异己等手段使环境对自己更加有利。根据帕迪拉及其同事（Padilla and colleagues, 2007）的观点，以下三点对实践有用。第一，就是选拔和培养领导者需要敏锐的洞察力。要对备选人员的历史、道德及职业准则以及不良人格特点进行调查。第二，要对其下属进行培养和授权。第三，运用政策与程序来保证员工的团结与诚实。

不少人有过在非正常运转的职场工作的经验。这些工作场合的典型特征是恃强凌弱、组织性的行为异常、缺乏信任、旷工、低效以及各种沮丧沉闷的现象。

问题在于是什么原因造成并维持着这些工作场合的非正常运转？如何才能摆脱这样的状况呢？这些当然都是相当复杂的问题。因此，学者针对这些问题的不同特征或不同层面展开了研究。这些研究可以分归几个不同领域。

一些组织非正常运转是由于缺少特定的程序或行为方式。雷特和斯特恩伯格（Rate and Sternberg, 2007）认为，主要原因之一在于管理不力：善良的人们保持沉默。整个团队（董事会）这样做就会集体否定、忽视或不得要领地处理那些关键、棘手、长期拖延的问题。简而言之，他们就是没骨气、没胆量或麻木不仁。雷特和斯特恩伯格认为，勇气与大胆或勇敢都不同，因为后面两个概念与荣誉无关。勇气则会让人放弃个人的得失，为了实现崇高的目标，明知山有虎偏向虎山行。研究认为，一个组织的领导者没有这样的勇气就可能也确实会导致该组织的非正常运转，因为这样会降低办事的效率、削弱办事的效果。

凯勒曼（Kellerman, 2004）认为，现代社会中领导人"比过去可能更有这种勇气，因为现在那些糟糕的领导者（比如低效、没有职业精神的领导）会被问责"（第229页）。

她指出，现在越来越多的企业高管被免职，数量创历史之最。仅2002年世界最大的2500家企业中就有100名高管另换他人，这一数字是1995年的四倍。她认为这反映了新兴的"要么干活，要么走人"的社会要求。凯勒曼还指出，"过度贪婪"也可以看做"应惩罚的指标"之一（第231页）。

凯勒曼（Kellerman, 2004）阐述道："定罪、解聘、罢免以及被迫辞职等传递出一个信息，说明人们越来越不能忍受糟糕的领导者，同时也表明糟糕的领导者和追随者面临问责的一种趋势。但我们也不能愚弄自己，要知道这种变化的确是太慢了"（第231页）。

她的观点是只要糟糕的追随者存在，糟糕的领导者就会继续他们的所作所为。追随者必须对鼓励好的领导者和惩罚坏的领导者负责。

凯勒曼（Kellerman，2004）认为，是追随者支持了邪恶、低能以及精神障碍的领导者。她说，他们可以避免这种情况，方法就是不要忽视自己的力量，同时要忠诚于整个团队而不是某个人。他们需要专注、有勇气、敢于质疑。他们需要联合起来采取统一行动，保证惩罚措施与领导者所犯的错误相适应。凯勒曼认为，监督领导者、确保他们对自己的所作所为负责是追随者的责任。

本书的关注点在于领导者自身的特质，但同时也赞同：有毒型三角中其他两个要素的存在也对领导者脱轨发挥了作用。

**领导者任用的错误**

领导者失败的原因中有三个相关联的因素较其他更为显著：领导人选选择不好、脱轨领导者本身自相矛盾性和"好事过头反成坏事"。

当然，领导者的脱轨有很多原因。比如，他们可能被下属"伏击"或"暗害"了。他们领导的组织由于社会经济或政治原因注定要失败。他们卷入了意识形态的纷争，完全没有胜算。领导者团队自身可能存在低能、冷漠或恶意等问题。他们与上级的关系可能存在问题。他们可能一向习惯为难别人。他们的失败可能是因为公司治理问题。监管机制的不到位也是原因之一。他们也可能因袭了难以改变而又明显存在问题的公司文化。

公司内部产生的领导者可能会受到公司治理有关问题的严重制约。这样的领导者阅历浅，也可能几乎没有机会见识好领导作为榜样。领导者要承受巨大的压力，这些压力很容易击垮他们。

贾奇和莱派因（Judge and LePine，2009）指出，无论阴暗的性格特点还是光明的性格特点都有好和坏两个方面。也就是说，一些大家认为阳光健康的性格特点也会有消极的一面，比如随和的缺陷在于厌恶矛盾、缺乏雄心大志。而阴暗的性格特点（如敌对）则可能带来工作表现优异这样的积极效果。其他的性格特点也呈现出明显的好与坏、正常与非正常的不同外在表象。这对领导者选拔任用有重要启示：明显的优点可能会出现偏差，尤其是在这些优点处于极端水平的时候。同样，缺点亦存在类似的情况。

上面列举了领导者失败的许多原因，但这里我们仍然认为，这三个相关联因素对领导者脱轨影响最大。

**选入与筛出**

同以往相比，我们现在习惯于对幼儿工作、接触高度保密信息或安全要求高的工作的应聘者进行筛选。即使是对持枪的英国警官、政府安全部门人员、童子军的负责人都要进行彻底的调查核实。

传统意义上人们关心的不良指标包括：吸毒酗酒、犯罪前科、与上级的冲突、行为不端、长期财务问题、非正常的性取向与习惯、工作表现不佳或不稳定。心理学家则特别关注人们如何应对愤怒和沮丧。但是，目前很少有针对行政主管、军队及政治领袖的淘汰程序。

图1.3简单阐释了这一问题。选拔的目的在于录用或选拔好的应聘人（A），同时拒绝那些不好的、能力不够或不太合适的应聘人（D）。但负责选拔的人也会犯错误。几乎所有被选拔人都作出过糟糕的选择，足以让他们今生懊悔（B）。但很少有人了解他们普遍会犯的另一个错误，即被负责选拔人拒绝的人后来经证明是非常理想的候选人（C）。

|  | 好 | 坏 |
|---|---|---|
| 选择 | A | B |
| 拒绝 | C | D |

图1.3　选拔任用简要模型

传统选拔程序，不管采用结构化还是非结构化面试、评价中心、推荐或测试，基本上都是（当然也应该是）以应聘某职位所具备的一系列必要能力和技能为出发点。简而言之，选拔人首先考虑需要应聘者具备哪些素质，再去求证他们是否具备。要求的能力可能包括团队精神、创造力等等，而选拔的目的在于尽可能准确地判断应聘者的特质。如果应聘者具备了足够的能力，则可以看做他能够成功受聘的因素之一。

那么又如何淘汰应聘者呢？多数应聘者没有成功是由于他们不具备必要的能力。而选拔人则很少有成形的淘汰机制来指导他们究竟应该求证哪些要素。这些要素中可能包括冲动、强迫症、傲慢或狡诈多变。有些人则认为，不具备如正直诚实这样的品质本身就构成了淘汰的要素。然而，即使你不是个聪明的学者也并不意味着你就很愚钝。如果你并不是非常有创造力，也不能说明你就一点创造力也没有。

了解自己究竟不需要什么样的性格特征是非常重要的。但是很少有哪个组织想过这个问题，形成淘汰程度的组织就更微乎其微了。结果就造成了潜在脱轨性格特征的领导者蒙混过关。事实上，我们会看到，让人感到矛盾的是，这些人身上潜在的脱轨性格特质的人在选拔过程中恰恰帮了他们大忙。

**好事过头反成坏事**

多数精神病学家认为，尽管 DSM（诊断数据手册）系统（APA, 1994）采用了分类及案例法（某人是否构成一个案例）来考察精神障碍，实际上将这一问题放在二维坐标系中来研究更好。精神障碍其实就是某些特质放大后的结果。奥德海姆和莫里斯（Oldham and Morris, 2000）将此称为"好得过了头"。他们指出，轴线 II（人格障碍）与轴线 I 的障碍（比如抑郁）存在区别，后者从本质上讲通常是生理性的，需要药物治疗。人格障碍则是一种长期的症状，它会让人非常易感于其他临床症状，如焦虑、毒瘾等等。

很多人觉得美德与成功之间存在线性联系，因此美德越多越好。但是，很显然脱轨领导者可能太过警觉、太过坚韧、太过勤奋了。选拔任用中之所以犯错误正是因为这种线性思维。要知道，好得过了头就变成了坏事。

所有的领导者在其职业生涯中都要过几个"槛儿"、几道关。他们需要被选中被任用。他们需要掌握该工作的技能，需要学习公司文化和公司政治，需要了解并结交他人，需要冒险的勇气，需要懂得如何沟通和激励。

很多失败的领导者的悖论在于：那些曾帮助他们走向成功的因素也正是最终使他们脱轨的因素。自信帅气的经理人可能很容易变成傲慢自恋的领导。大胆、有魄力的主席可能会蜕变成有精神障碍的人。警醒的经理人说不定就成了偏执狂。小心那些能言善辩、一表人才、自信无畏（而且壮志在胸）的年轻经理人，你没准很快发现自己面对的是自恋的精神障碍者。

人们凭借能力、努力与意志达到成功的顶峰。他们对成功的需求本质上是健康的。这种需求是一种动力，但可能与能力无关，也不会轻易得到满足。成功的需求可能会导致精神障碍型的野心。没有人可以不努力而成功，但应该怎样努力呢？是针对谁的？又是为了何种目的？

对脱轨领导者的追溯研究发现了一种现象，麦考尔（McCall，1998）将其称为"结构性问题"。那些勇于创新、处事果断、对客户有亲和力的高管看起来的确具有含金量。他们壮大公司、促进创新、削减开支。一般情况下，这些年轻有为的人都有一段成功的历史，但同时他们的过去可能（通常也的确）会留下一点点不太成功的痕迹，一处"软肋"。

许多脱轨领导者都有些小怪癖。这些怪癖一般都与社交或情感有关。他们可能突然大发雷霆，或是在沮丧懊恼的时候对人冷嘲热讽、粗暴欺压。他们会反应过度，总是将责任推卸给他人。

## 清单与思考

我们轻而易举就可以列出一个清单，简要地表示导致领导者脱轨的一些个人特质。许多人都曾效力于被过度提拔、野心勃勃的领导，但这些领导最终没有交出令人满意的答卷。他们失败的典型因素包括：

- 人际关系方面的问题：社交/人际能力差，情商低，不懂得如何了解、领会或激励别人；
- 由于优柔寡断且不能持之以衡，因而无法实现预期的目标；不愿或不能实现组织的长远规划；
- 组织、建设、激励并带领团队方面的失败；自我中心、自我隔离，不能理解并创造团队合力；
- 不能适应新环境、新技术、新机制、新困难。不愿或不能理解新环境，并对其作出反应；
- 过于野心勃勃、急功近利，总在过短的时间内做太多的事，更重要的是这样做不是为了组织中的每个利益相关者，而是为了一己之私；
- 领导者自满、懒惰、不作为。这种情况多发生在和平繁荣的"好时期"，领导者觉得生活无忧的时候；

- 由于低水平的偏执或对人缺乏足够的信任而与周围人普遍不合。同样，如果领导者偏执地追求别人都无法赞同的理念时，也会引发这种矛盾；
- 出于狭隘的功利目的而放弃自身原有的特点，无论在工程、金融还是销售业的管理上，都采用一成不变的策略。

导致领导者失败有很多原因：

- 刚从商学院毕业的经理人：目光短浅、一时贪心、资历浅薄，但很聪明；
- 聪明、刻板的技术型经理人：通常强于技术分析，但不知如何说服他人采用自己的主张；
- 性格温和、对人随和的经理人：不会处理矛盾，无法对不服从的下属施加自己的权威；
- 管理过细的"控制狂人"：将自己同周围的人割裂开来，让他们失去锻炼的机会和工作的热情；
- 反叛型个体：出于个人目的，喜欢破坏规矩、让别人震惊；
- 自我挫败的强迫症个体：总觉得自己实在配不上已经取得的成就。

上述领导者可以从不同角度分成很多类：贪婪、追求速进与资历；缺乏自我意识；担心反面意见；隐藏在内心深处的不自信。

伯克（Burke，2006）回顾了领导者脱轨负面因素的有关研究。列举出了他自己及其他学者认定为导致失败的有关因素。他的单子如下：

"关于领导者失败的原因，存在一些共同的观点：

- 失败的领导者愚蠢无能，缺乏智慧。多数领导者非常睿智，具有相关行业的大量知识；
- 不可预测的事件导致领导者的失败。但现在的证据尚不支持此为领导者失败的原因之一；
- 失败的领导者缺乏执行力；
- 失败的领导者没有尽到全力；
- 失败的领导者缺乏领导力，不能让人们贯彻既定的路线；

- 公司缺乏必要的资源。这一点目前也尚未有证据支持；
- 失败的领导者就是一群骗子。"

(第92页)

伯克又回顾了凯勒曼（Kellerman，2004）的观点，其中包括七种失败的领导（低能、刻板、放纵、冷漠、腐败、狭隘、邪恶），分属于两大类：无为和无德。伯克还列举了弗尔莫和康格尔（Fulmer and Conger，2004）指出的五种失败因素：

1. 无所作为：
- 不能让自己和他人承担应有的责任；
- 过度承诺、兑现不足。

2. 背叛信任：
- 言行不一；
- 寻找借口、推卸责任；
- 掩盖、控制、阻断信息的正常传递，以达到自己个人的或者实用的目的。

3. 抗拒改变：
- 对适应新计划、新项目或新的优先事项感到困难；
- 排他或一概包揽；
- 不能理解或接受他人的观点；
- 贬低他人的意见和建议；
- 不参与他人的不同见解。

4. 立场不坚定：
- 举棋不定、优柔寡断；
- 对难题不置可否，直到老板表态才肯表态。

5. 过度领导和管理不足：
- 管理粗枝大叶，不细致；
- 对业务部门的日常工作参与不足。

除了上述列举的几个清单，伯克还提到不少其他的观点，多数受到霍根（Hogan，1997）研究的影响。

伯克没有解释研究者之间的不同观点，而是指出还有许多问题尚未澄清：是否某些缺点（如傲慢）比其他的缺点对领导者的职业生涯影响更大？优势会不会成为缺点（比如对下属管理过严导致关注点狭隘）？是否某些优势与劣势的组合没有问题，而某些组合却会出问题（如聪明但不敏感可能导致脱轨，而有头脑但不敏感则不会）？在一个机构中的不同层级上，具备同一缺点的人最终结果（成功或脱轨）是否相同？某些缺点（情绪不稳、傲慢无礼、粗暴讨厌）在高层管理人员的身上可能会更严重，因为他们的工作更重要、更复杂，所谓责任越大、失败的代价越高。

## 结论

现在是讨论"董事会上的大象"的时候了，事实是皇帝并没有穿衣。要打破禁忌、承认选拔任用中的错误。不然疯狂以及可悲的领导者还在继续给所在的组织机构造成短期或是长期的危害。

有些领导职位确实相当困难。有些人坐在这样的位置上，如同手中捧着圣杯，失败是预料之中的事（也可能干脆就是故意的）。当领导是卓越能力与艺术的展现。它会挑战一个人能力的极限、考验其耐力与毅力。的确有一些领导者格外勇敢、卓越、睿智。他们犹如异军突起，在非凡的条件下克敌制胜。但我们也应该吸取一些教训，看到有些领导开始仿佛耀眼的星辰在夜空中熠熠生辉，却突然爆炸了，灰飞烟灭。

本书的一些基本想法是这样的：我们可以区分出糟糕的、疯狂的和可悲的领导者，本书主要分析前两类领导者。他们通常过度地具备某种特征和属性，这使得他们很有魅力，但是也有潜在的劣势。真正的危险在于那些傲慢、反社会、不择手段的人，他们会轻而易举地隐藏自己真实的一面。然而，脱轨不仅是可悲或是疯狂的领导者自己造成的，追随者以及适宜的环境条件和监管机制不力也发挥了各自的作用。最后还有一点，选拔机制只注重选入而不注意淘汰，这样下去会导致用人机构的一大隐忧：说不定会选拔出另一头"董事会上的大象"。

# 第二章　早期研究与思考

**概要**

本章将首先回顾早期研究成果与管理失败的类型，还将概括近期有关研究，对众多的领导者相关研究进行简要的总结。历史学家一直对邪恶、专制、有破坏性的领导者很感兴趣，心理分析家也乐于探讨领导者的阴暗面。如我们前面所述，对失败领导者的关注仍是现代研究的主题之一，而这并不是因为现代的高级管理工作更加复杂，尽管我们借助媒体对脱轨事件了解得更加深刻。但是，可能由于下属们更愿意相信英雄的领导者，因而描写成功故事的书比讲述失败的更热卖。

## 研究低能领导者的历史

脱轨领导者的研究出现时间不长，大致可以分为相互关联的四类：

- 早期历时研究：长时间跟踪研究"正常和普通"企业领导者，记录各种领导者脱轨事例。从事此类研究最有名的当数本兹（Bentz, 1967；1990）。
- 美国创造性领导中心的研究：该中心因其对成功和脱轨的高级管理人员有创意的对比研究而闻名。其中最重要的研究按照时间顺序分别来自：麦克尔和兰巴朵（McCall and Lombardo, 1983）、兰巴朵（Lombardo, 1988）、麦克考利和兰巴朵（McCauley and Lombardo, 1990）、麦克尔（McCall, 1998）、兰巴朵和艾青格（Lombardo and Eichinger, 1999；2006）。这些研究关注并认为：是不理想的领导者太多，而不是理想的领导者太少。
- 对著名失败案例的历史研究：此类作品以迪克森（Dixon, 1972）描写军队的著作为代表。

- 人格障碍研究激发的"阴暗面"研究：霍根多年来一直孜孜不倦又充满创意地进行此方面的探索（Hogan，1997，2001；Hogan et al.，2009）。

有关领导者脱轨的早期研究中，最著名的作品之一发表于40年前，是一项关于西尔斯·鲁巴克公司的深度研究。本兹（Bentz，1967）使用当时各种心理学测试标准来阐述高管们的典型特征。研究结果显示，高管们很聪明、社交能力强、自信、客观，但不变通、不随和，也无任何审美情趣。本兹指出，高管们的主要目标可能就是建立并维护长期的职业策略。他们为忍受各种不利的条件做好了充分的准备，只要这些条件对他们的长期目标不构成威胁就行。很明显，升职、加薪、地位以及认可是他们首要的个人目标。

本兹（Bentz，1967）总结了一些独特的前瞻性研究成果，这些研究试图发掘新入行经理人的才干。他们使用能力与个性测试，区分出了获得提拔和未获提拔的两组经理人。更独特而有趣的是，他们还比较了年轻主管中以卓越德行著称的102位成功人士与68位失败人物，认为他们一个主要区别在于，失败者"不太聪明"。他们在性格方面也很不相同。不太成功或失败的主管更擅长社交，但却更容易抑郁，在综合活动、社会领导角色及主导能力方面得分都较低。他们的政治头脑也相对简单，不擅长说服别人，缺乏领导艺术。

"我们注意到很有趣的一点就是，这些变量不仅代表社交技巧和领导能力，还代表情感的稳定性。很显然，这些变量对预测主管人员是否会失败发挥了重要作用。我还应该说明一下，此类的研究在其他条件下进行时，得到的结论与此基本吻合。"

（第172页）

有关研究用一个表格来表示职业成功/失败与六个要素的多种相关性，这六个要素包括：情绪稳定性（0.66）、社交技巧与领导能力（0.56）、职业兴趣（0.31）、意志力（0.29）、管理能力（0.20）、个人动力与竞争力（0.17）。

研究既而又转向探讨在零售业领域内，通过主管的哪些特点可以预测公司的士气。结果表明：人际交往与社交距离对良好的士气至关重要。"因此，研究结果明确显示：领导者的心理特征是员工士气的重要决定因素。推广研究也基本支持这一结论：部门主管的行为决定了其员工的士气。"

(第 177 页)

接下来，此项出色的研究又探讨了这些经理的心理特征如何能够让人预测出他们完成某一特定任务时的成败。在充分考虑了工作任务复杂性的前提下，研究者发现成功与下列因素明显相关：即语言能力、社交能力、乐观精神、社会领导角色、主导能力以及自信。另一项内部研究针对公司里很活跃的一类主管的特点进行讨论。研究者得出了相同的结论：聪明、社交水平高、主导能力强的主管更为成功。

综上所述，本兹（Bentz，1967）对七项有关公司高级主管的研究进行了小型的元分析①。结论很明确：解决问题的能力及语言能力（比如流利的语言与牢固的知识体系）是预测领导者成败的不变要素。在个性诸多变量中，可以稳定预测主管成功表现的包括：社会领导角色、社交能力、综合活动、主导能力、自信以及忍耐力。本兹得出的结论如下：

我们在西尔斯公司的研究成果除了具备可推广性之外，我觉得在以下方面也有所收获：

1. 职业生涯的自我实现是高级主管们自我价值的顶峰。他们的期望在于长期职业目标。既然他们要与其他同事和上级合作，一步步来实现这一长期目标，他们自然要为实现个人的发展在短期计划的实施过程中扮演主角。有一点很明确：发展型项目也许更为有效，因为一般认为这种项目是强化主管长期职业预期的工具。

2. 高级主管们一个主要的个性特征是具有获得显要地位和权威的竞争性动力，即成为具有影响力和社会地位的人的需求、统治的野心以及超越他人的欲望。这些都是个人实现与个人成就的强大动力。我们可以很自然地认为，这些动力与主管们的长期职业目标是一致的。因此，他们的职业生涯如果能设定在这种充满原动力、高度竞争、与社会地位相关的价值系统内，则他

---

① 译者注：元分析（Meta‐analysis）方法的思想可追溯到 20 世纪 30 年代，最初应用于教育学、心理学等社会科学领域是在 60 年代。这一概念的意思是更加全面、综合的分析，国内译为元分析或荟萃分析，即综合已有的发现，对单个研究结果进行合并的统计学分析方法。

们的发展经历很可能会非常积极向上。
3. 高级主管们是位居高层的问题解决者。这种智力上的优越感是他们的必备要素，使他们能够随时领悟复杂的信息，并且能够不断地学习，这正是保持长期动力与职业进步所需要的。
4. 高级主管的工作从本质上讲具有社会特性。因此，社交能力对于行政主管就像打字对于文秘一样，是必备的能力。如果某个主管缺乏社交能力，而他面临的任务需要与人打交道才能完成，那么他就只能费尽心思，努力去琢磨如何与人相处。
5. 高级行政主管的生活充满不确定因素，对情绪要求也很高。意志力与毅力是应付不断变化的环境的先决条件。
6. 作为高级主管有效工作的首要条件之一，同时也是可以评价的指标之一，主管应该正确面对现实，客观地看待每件事，对人对事不掺杂个人感情。
7. 最后，我们的研究表明，能够预测某些职位上高级主管成败的个性特点对其他职位上的主管具有普遍意义。这种对主管人员工作有效性预测的普遍应用对于人员选拔任用、培养以及激励很有启示。

（第 185~188 页）

本兹（Bentz, 1967）在其研究最后一部分中提到，西尔斯公司在快速增长与扩张时期面临一系列挑战。他认为这就需要更成功的经理人发挥领导作用，因此他指出：首先，要找到睿智的人，这至关重要；其次，他们需要强有力的措施来推进行政决策；第三，他们需要解放思想、灵活应变以及创新思维；第四，他们应意识到稳定的重要性。稳定被看做一种意志力量，它是竞争性个性特征的一部分。

当然，不同作者使用不同的研究方法、不同的语言对领导者脱轨进行了不同的解释。霍根及其同事（Hogan and colleagues, 2009）在他们进行的一项优秀调查中指出，其实大家讨论的主题很明确。他们还指出，"绝大多数情况下，领导者脱轨都可以追溯到人际关系问题。当人际关系稳固时，人们会对错误表示谅解。但如果人际关系受到破坏，人们对经理人的错误就不再容忍，犯错的经理人可能会遭到解聘"（第 16 页）。

在早期研究领导者脱轨的著作中，兰巴朵、瑞德曼和麦克考利（Lombardo, Rinderman and McCauley, 1988）将领导者脱轨定义为"未达到预期成就水平时被动地受到降职或解雇，或是达到预期水平但出乎意料地失败了"（第 199 页）。

他们总结了之前各种研究中指出的重点要素：

- 计划安排不当，关系网不完善；
- 与关键人物建立良好的关系有困难；
- 没有意识到最初的优势（如技术实力）可能会由于对其过度依赖而成为劣势；
- 不能与同事良好相处；
- 运气不佳，比如在公司走下坡路的时候接任。

兰巴朵在对同类机构高管的研究中，找到八个要素，能够将成功者与失败者区分开来。这些要素包括：

- 处理复杂事务的能力：快速学习、战略思维、学习专业知识；
- 指导、发展及激励下属的能力，并与他们建立良好的关系；
- 诚信、忠实，遵守职业道德；
- 动力来源于追求卓越业绩而不是个人成功；
- 对政治敏感，有政治头脑；
- 在紧急情况下保持冷静平和的心态；
- 擅长处理人际关系；
- 具备选拔有才干员工的能力。

兰巴朵认为，脱轨领导者缺乏重要的管理技巧，处理人际关系存在问题，而且明显不善于领导别人。他们指出，了解有关领导者脱轨的理论可以帮助企业选拔更好的领导者，也能够帮助、支持、指导那些出现早期领导者脱轨征兆的领导者。

非常有趣的一点是，他们的研究以提问结尾。这些问题很有见地，为后来的研究指出了方向，到现在为止，只有其中一少部分问题得到了解答。这些问题包括："将来的研究应该探寻领导者脱轨的形式：是否某些缺点（如傲慢）在职业生涯的晚期才显露出来？而在早期则可能被看做果断或目的性很强？优点是否会转变成缺点（比如对下属的严格管理变成了狭隘的苛刻）？是否某些优点和缺点的组合是可以接受的，而某些组合则会导致失败（比如聪明但敏感的领导者可能会脱轨，而不敏感但有组织头脑并且忠实的领导者则可能成功）？运气不佳是否有何定式（是否存在特定的错误的时间、错误的地点）？是否有某些缺点超过了所有优点的组合（如某人不值得信任）"（第214页）？

麦克考利和兰巴朵（McCauley and Lombardo, 1990）创造了一种研究方法，称做"基准法"，用来判定领导者的优点与缺点。他们说，有关领导者在职业生涯中学习、变化以及成长的研究是创造这一方法的基础。通过对采集对象面谈的内容分析，他们总结出了16类重要发展节点以及34类需要吸取的教训。在此基础上，一个包括22个部分的问卷产生了，其中多数部分与积极或正面的行为有关，但也有六个部分与负面行为有关。它们是：

| | | |
|---|---|---|
| 1. 人际关系问题 | 在与他人建立和谐的工作关系方面有困难 | • 在压力下采用暴力方式处理<br>• 将自己孤立起来 |
| 2. 塑造团队问题 | 选拔与建设团队方面有困难 | • 选拔下属圈子过小<br>• 不善于建立团队 |
| 3. 战略性决策问题 | 很难从技术/战术层面提升到全局/战略高度 | • 无法处理需要形成复杂的组织战略的工作<br>• 不能实现从技术管理者到全局领导者的过渡 |
| 4. 虎头蛇尾问题 | 在兑现承诺方面有困难，极少能完成某项工作，对细节缺乏关注 | • 办事虎头蛇尾，不能坚持到底<br>• 承办的工作到处都是"小毛病" |
| 5. 过度依赖问题 | 过度依赖于上级领导、其他有力的倡导者或是自己的自然天赋 | • 受同一个上级领导过久<br>• 可能会耗尽自己的能量，灯枯才尽 |
| 6. 与管理层战略意见不合的问题 | 在经营战略上与上级管理层意见相左 | • 同上级管理层就业务如何运转上持不同意见 |

在这项研究中，反馈证实了他们的度量是具备信度和效度的。比如反馈显示，上述六项负面指标中，有五项与老板对经理人的升职评价呈负相关。

他们认为，他们设计的研究方法选出了三个对经理人成败至关重要的基本面，即尊重自己及他人、适应性、团队建设。

他们的研究方法是本领域中的首创，由后来的研究者不断使用并更新。但是，目前它已经被其他广泛使用并经过证实的方法所取代，如霍根发展调查（Hogan，1997）。

## 现代流行研究

2000 年之后，有关领导者脱轨、领导者失败以及有毒型领导者的思考充满了当代研究中。因此，出现了大量有关该课题的流行研究成果（Charan and Colvin，1999）以及非专业研究（Reed，2004；Capretta，Clark and Dai，2008）。

不同时期不同国家对于管理者脱轨的研究都集中于类似的课题：脱轨的经理人未能实现业务目标或者未能建立/领导团队；他们对人际关系处理有问题；他们适应能力差等等。范·韦尔萨与莱斯利（Van Velsor and Leslie，1995）比较了美洲与欧洲的研究，来探讨脱轨与文化及时代的关系。

他们发现，因专制独裁而导致脱轨的欧洲经理人多于美国经理人。人际关系问题在特定的组织文化背景下确实会被夸大或缩小，从而防止或导致领导者脱轨的出现。

他们的研究找到了一些时间差别，但没发现太多明显的文化差异。首先，对变化的适应能力似乎越来越成为与领导者脱轨相关的一个课题；其次，团队问题已从选拔合适的员工发展到如何调动员工的积极性。他们认为，领导者脱轨是一个发展的课题，并非只是价值观问题。所以，它是各种文化环境下的共性问题。

范·韦尔萨与莱斯利的结论是，领导者脱轨只有在经理人准备好面对各种与自我效能、自我控制有关的问题时，才可能避免。更为重要的是，他们应该用诚恳的态度与别人和谐相处，面对变化努力学习，为团队的建议与运转而放弃个人的野心。

也许最简单也最为关键的问题在于：低能的领导者基本占比多少？这自然要依赖于如何定义"低能领导"。令人吃惊的是，各种估计数字之间的差距是如此之大：有人认为低能领导者占3%~5%，也有人则认为占30%~50%之多。当然，我们对这个问题的了解会日渐深入，而越来越多的人对此表示忧虑。如果问一问他们是否在低能的领导手下工作过，基本所有的人都会给予肯定回答。商业媒体上充满了有关高管严重无能的报道，令人难以置信。

查兰和考尔文（Charan and Colvin, 1999）在《财富》上就曾发表看法，称不能果断决策是导致领导者脱轨的罪魁祸首。

我们并不认为失败的首席执行官要么麻木、要么邪恶。事实上，他们经常非常聪明、口才出众、乐于奉献、业绩丰硕。他们努力工作、牺牲自己，可能为增加税收、利润和市场价值拼命工作很多年，取得了了不起的成就。作为首席执行官的失败并非他们职业生涯的终结，他们还会在其他岗位上再次成功地展现自己。

我们也不认为执行某项任务是首席执行官们唯一可能出现问题的环节。有时，他们采取的策略满是纰漏，因此注定要失败；或者他们拒绝面对现实的市场状况或是与董事会意见不合，也会出现问题。而且，如果首席执行官真的坠落云端，原因肯定不是单一的。但是商界人士懂得关注主要方面，即寻找一种解释来替他们分忧和解脱。在首席执行官失败的问题上，这一解释很明确。

（第 77~78 页）

瑞德（Reed, 2004）从军队的角度指出，有毒型的领导者中伤、贬低、欺负别人，而且不适应环境、不满、恶毒。他提出了三个标准：

1. 明显不关心下属的福祉；
2. 自身的个性或人际交往水平给组织氛围造成负面影响；
3. 下属普遍认为其领导的动力主要来自于个人利益。

他指出，军队教育军人尊重上级，即使他们可能并不尊重有上级军衔的人。而且，军队也确实有一些领导固执、不尊重别人、没有道德感、胁迫威慑别人、寻求多于应得的个人所得。瑞德认为，很多上级军官虽然深受下属的厌恶却在短时间内取得了成功。事实上，很多上级军官为了使自己的行为合理化，将其解释为高效完成工作的需要。

但是，高级领导人员的脱轨之所以与众不同，就在于其出乎意料。对于雄心勃勃的人也不例外。卡布里塔、克拉克和戴（Capretta, Clark and Dai, 2008）认为，高级领导人员脱轨的主要原因在于糟糕的人际关系与不能适应变化。他们发现了一系列导致失败的因素：

- 经验不足；
- 情绪不稳定，处事不冷静；
- 对失败讳莫如深，不善于处理错误；
- 人际关系技巧差，过于生硬或依靠胁迫威慑；
- 缺乏诚信，表现为背叛信任、违背诺言。

卡布里塔、克拉克和戴认为，技术与认知不足却傲慢自负存在着巨大的隐患。他们在自己的作品里引用了其他人作品中有助于人保持冷静的"缓冲器"。

有些研究者认为领导者的阴暗面源于低能或无德，他们对这些领导者进行了分类，并且通常用案例来提供佐证。

其中一些分类建立在实证基础上。斯科特（Scott, 2005）的畅销自助手册就针对那些不得不面对各种糟糕领导者的人。这些领导者根本"不适合作领导"，其中包括无所事事的老板、推卸责任的老板、无能但有社交关系的老板、精力分散的老板、严重无能的老板、说谎的天才。斯科特作品的主题集中在坏老板典型的八种极端糟糕行为与六种其他行为。我们任选了下列几种行为：

- 低能的领导：领导者与至少一部分追随者缺乏有效行事的愿望或/和能力。他们在面对至少某一项重要挑战时，不能采取积极措施。
- 刻板的领导：领导者与至少一部分追随者呆板顽固。尽管他们也许能力很强，但他们不能或不愿接受新的主张、新的信息，或适应新的环境。
- 放纵的领导：领导者缺乏自制力，下属又不愿或不能有效地干预，这样就相当于帮助或支持了领导者。
- 冷漠的领导：领导者与至少一部分追随者冷漠、缺乏同情心。于是，团队或整个组织中大部分成员，尤其是下属人员的需求与愿望被忽视或大打折扣。
- 腐败的领导：领导者与至少一部分追随者说谎、欺骗或窃取，甚至到了超过基本准则的地步。他们将个人利益放在了公众利益之上。

- 狭隘的领导：领导者与至少一部分追随者忽略或压缩自己负责的小圈子或组织之外的"其他人"的健康与利益。
- 邪恶的领导：领导者与至少一部分追随者行为恶劣。他们以别人的痛苦为代价来巩固自己的权力，给他人造成严重的身体或心理上的伤害。

（第 40~46 页）

另一项更加学术的研究是凯勒曼（Kellerman, 2004）的案例分析。她认为，糟糕的领导并非异常或罕见，而是潜在的、普遍存在的。她指出"领导产业"使得作领导成为一种英雄、无私、激动人心的活动。她觉得限制有关"阳光面"或好领导的研究会令读者疑惑不解，误导他们，从而产生副作用。

凯勒曼指出，领导者可能会而且经常是低效且独裁的。她列举了几位美国总统，称他们可耻、迟钝、肮脏、愚蠢。更有趣的是，她提到了追随者扮演的角色以及盲从之过。她的作品探讨了一些问题，如为什么一些领导者会表现得如此糟糕，为什么人们会追随糟糕的领导者。对第一个问题，她没有从领导者的特点或性格障碍出发来讨论。而对第二个问题，她则从人的心理需要出发进行了讨论。

她区分了低效与无德的领导。她认为，低效的领导者缺乏技能，决策不佳，不能带来良性变化。他们的问题在于缺乏。而无德的领导者则将自己的需要摆在其追随者之前，以自我为中心。他们既无勇气也不懂节制。

凯勒曼定义、描述并说明了七种类型的领导。但是，她在很多方面对自己要求很严格。她担心"糟糕"这个词的意义太复杂。她觉得大体上不错又有能力的领导者有时也会表现得糟糕而低能；腐败的领导者则可能经常都处事高效。同时，她还明显担心自己基于历史研究的分类是否有问题。她指出自己的分类并非绝对的，每一类中的领导也不尽相同。她承认，人们不仅对某人是否属糟糕的领导者意见不同，对此人应属哪种具体类型观点也不一致。更重要的是，她指出自己所讲的类型不是按照性格特征来划分的，而是按照对一系列行为的描述来分类的。

但是，凯勒曼也引用了韦伯的话来支持自己的分类：

"首先，这样分类能够区分出糟糕领导者的诸多行为方式，让读者透过一个纷乱的世界看到实质，了解糟糕领导者的问题令人迷惑但又无法回避；其次，书中的七个类型可以发挥实际作用。它们让人更容易发现问题的关键点，在这样的节点上也许能阻止糟糕领导或至少降低其负面影响。再次，这样分类让糟糕的含义更加明确。它们让我们能更清楚地了解糟糕领导究竟包含哪些内容。"

(第39页)

卢比特（Lubit，2004）在他撰写的一部信息饱满的自助型作品中，将有毒型经理人分成了五类，每一类还设有若干子类。它们是：自恋型（自恋型人格障碍、控制狂人、偏执狂）；无德型（反社会、机会主义者）；攻击型（无情、压制、暴力、性骚扰、变化无常）；刻板型（强迫、专制、独裁、被动攻击）；障碍型。对上述半通俗的分类，任何研究者都会觉得有点奇怪，因为它将严肃的精神学理论同商界的流行话语混合了。

但是，这一模式却有其存在的强大生命力。它的想法很简单，有毒型个性特征使人容易在压力状态下产生有毒性的行为，而且此类行为又会受到组织文化与商务程序的强化。卢比特的理论简单又实用。他将所有的分类放在表格内描述，与表2.1中列举的三种类型表述方式相同。每一类型描述了观察到的现象，更重要的还有隐藏于后的潜在因素。他指出了这些类型的行为对整个组织的影响，并且给出了相应的建议。

卢比特的作品清晰地讲述了"董事会上的大象"。尽管该书的分类缺乏连贯性，而且过于简单，分类标准奇怪地混合在一起，结论也重复较多，但是，其中心思想、表面现象与深层因素的结合以及对给工作造成严重影响的揭示都是准确的。

**表 2.1 对三类经理人的相关描述**

| 症 状 | 深层因素 | 影 响 | 下属可采取的措施 | 上级可采取的措施 |
|---|---|---|---|---|
| **反社会型经理人简述** | | | | |
| 操纵 | 喜欢破坏规矩 | 给组织带来风险 | 避免刺激他们 | 马上开除他们 |
| 欺骗 | 缺乏常规的禁忌 | 破坏风气 | 在被"摧毁"之前离开这个团队 | 弥补损失：审视他们的行为，对员工、客户尽可能及时作出补偿 |
| 冲动 | 贬低他人 | 对个人造成伤害 | 不要卷入他们的无德或违法行为 | 聘用与提拔时要谨慎 |
| 不负责任 | 缺乏内疚感 | | 在同事前辈里寻找同盟者 | 培育良好道德风尚的文化氛围 |
| 乱发脾气 | 享受生活、活在当下 | | 记录下所有的事 | 审查简历的真实性 |
| 性生活不当 | | | 在其他人在场时同他们打交道 | 不要相信他们的话 |
| 不承担任何责任 | | | | |
| 利用别人毫不犹豫或自责 | | | | |
| **独裁经理人简述** | | | | |
| 刻板地遵守社会规则 | 相信等级制度 | 攻击性与过度控制会伤害员工士气，创新意识与能动性 | 避免做出让他们吃惊的事，及时通知他们 | 限制他们接触他们可能看做权威的人 |
| 顺从于他们眼中的法定权威 | 担心混乱 | 损伤法定权威，造成混乱 | 对他们的权威、级别与地位表示尊重 | 分配工作时尽量考虑将他们对别人的伤害降到最小限度 |
| 攻击行为趋势，尤其是受到"法定权威"的惩罚时 | 害怕批评 | | 不要越过他们向上级报告 | 加强监督，持续地给予其他人以支持 |
| 喜欢让别人做替罪羊或欺负别人 | 隐藏愤怒 | | 谨慎按照规则办事 | 提供针对性指导以缓和主要矛盾 |
| | 对不确定因素感到不舒服 | | 不要与他们争论 | 利用法定权威来促使他们改变 |
| | | | 不要让他们破坏你的工作（从而破坏你声名） | |

续表

| 症　状 | 深层因素 | 影　响 | 下属可采取的措施 | 上级可采取的措施 |
|---|---|---|---|---|
| **强迫型经理人简述** | | | | |
| 顽固地坚持自己的做法 | 对工作各方面有全面控制的欲望 | 伤害创造力、生产力、士气，能动性；降低办事效率 | 理解他们的担心与缺点 | 分配工作时尽量考虑发挥他们对细节和规则关注的优势（比如质量管理工作），从而避免其破坏工作工作中） |
| 过度集中于对细节和规则的关注，而忽略全局 | 对细节而不是全局的关注 | | 避免做出让他们吃惊的事，及时通知他们 | |
| 纯粹的完美主义 | 对别人甚至自己持负面观点 | | 集中讨论工作 | |
| 表达自然温暖的感情有困难 | 担心混乱 | | 表现出勤奋 | 针对性指导缓和其个性中的主要同题特征 |
| 对别人极度挑剔 | 害怕批评 | | 尽量按照他们希望的方式做事 | |
| 不支持别人 | 不相信别人 | | 在别处寻求精神支持 | 观察焦虑或抑郁是否加重他们的强迫症状 |
| 过度关注工作/成绩 | 拖延、耽搁 | | | |
| 沉溺不快、摇摆不定 | | | | 对他们个性中的积极表现给予肯定 |

资料来源：整理自卢比特（Lubit, 2004）作品表 5.2（第 78 页）、表 16.1（第 227 页）、表 17.1（第 238 页）。

在上述描写失败领导者的作品中出现了一些观点。"首先，失败（由于傲慢、固执、以自我为中心）与不能建立有效的人际关系有关；其次，一些领导者没有勇气冒险，害怕犯错误（过于谨慎，回避责任）；再次，容易激动的领导者与人相处有困难（缺乏耐心、情绪化、消极、易变、情绪不稳）；最后，怀疑与缺乏信任削弱了领导者的感召力（冷嘲热讽、不值得信任）"（第97页）。

## 我们对领导者的了解

描写领导者的书籍汗牛充栋，从自传形式、历史角度到自助类型（Gill，2002）应有尽有。

但是，以领导者脱轨为主题的好书不多。领导研究学科兼职教授、多产作家艾戴尔（Adair，2002）研究了许多课题，如领导风格、领导者类型（如公仆式领导、绅士型领导）、领导艺术，以及一些具体的问题，如确定方向、作出决策、沟通等等。他还探讨了领导气质以及大家常问的一个问题："领导者是天生的还是后天培养的？"他的著名理论是一个简单的"三环模型"，即认为领导者位于三个相交的圆环中心，而三个圆环分别代表任务、团队与个人。意思是说，领导者是任务、团队与个人三个要素集于一身的人。

作为专业的历史学家与军事专家，艾戴尔（Adair，2002）喜欢以伟大领导者为例探寻问题的究竟，但也不拒绝研究如马基雅弗利[①]和希特勒这样的人物。他认为马基雅弗利这类权谋政治家通过狡诈与欺骗换得了一时的优势，但因为失去信任造成长期的损失。希特勒则非常有领袖气质和深刻见地，但是过于自负，不听取别人的意见，粗鲁无礼、性情暴躁。

但是，极少有研究描写心理学症状、脱轨或者邪恶。据估计，有关领导的专著以及流行书籍有近10万本。流行指引以及英雄主义的书、商界领导、商界作者以及顾问的书充斥着图书市场。这些书可以分成多种类型：对著名领导者的研究（自传以及传记）；对特定领导特征如领

---

[①] 译者注：马基雅弗利（1469－1527），意大利政治思想家、历史学家、作家，他认为为达政治目的可以不择手段（即"马基雅弗利主义"哲学）。

导气质或情商的研究；关于如何发现、选拔、开发领导者以及此方面时常面对的挑战。

此领域也不乏大师和专家，总想告诉人们如何才能做个更好的领导，甚至在任何时期、任何集体、任何情况下如何做个伟大的领导。他们觉得领导艺术一学就会，只要将他们的建议反复练习即可。

按照需求与供给理论的原理，这些书的存在一定是有需求的。奇怪的是，一些如军队这样的部门，它们的职责就是培养领导者，却似乎并不使用这些书。同样，如果我们问一问，是否真的有任何商界的领导者承认看过这些书，或是将自己的成功归因于这些书，答案势必也是否定的。既然如此，有关领导的书籍是否应该定位于"自助"呢？

外行将领导简单地定义为一个机构的老板。实际上，领导这一课题研究了老板的特点，但有人认为这还不够，还需探讨其行为方式，如建设团队与战略思维。领导者的独特魅力使得人们对其着迷，甚至可以说崇拜。

## "伟大"的领导者

领导研究中"典型的英雄学派"会选择历史上伟大的领导者作为研究的案例，来研究他们的积极行为与特质，然后试图从他们的案例中为今天的领导提取些"经验"。一个很好的例子就是凯兹·德·乌莱斯（Kets de Vries, 2003）有关亚历山大大帝的论文。尽管他一反常规在文中承认亚历山大狂妄、自恋、自大，而且情绪反复无常，但他还是强调了亚历山大作为"伟大的征服者"所具有的各种优点。他总结说：

亚历山大还教会了后世许多有关领导才能的重要课程。通过他的榜样，现代商界以及政坛的领导者可以学会很多领导应该（或不应该）做的事。他教给我们的经验应该每天在全世界各地的办公室、会议间内使用。这些经验包括：

- 具有能够征服所有人的见解；
- 建立创意战略体系，以应对敌人的优势；
- 创立全方位的管理班子；
- 发挥榜样的力量；
- 鼓励创新；

- 培养团队的认同感；
- 鼓励并支持下属；
- 下力气进行培训与开发；
- 巩固所得；
- 为继任事项充分计划；
- 建立组织治理机制。

（第 373 页）

一些作者认为，领导者的独特之处在于其他人愿意追随他们。有时，他们的弱点正是他们的长处（反之也成立），但他们很会审时度势。做领导当然是件很复杂的事。领导者满足公众期待、保持社交关系、密切其他关系、理解"艰辛的爱"。他们要指引和教导他人，要带头并要求他人与自己一同投入到共同的任务中去，还要避开各种陷阱，比如过于依赖下属或是听信他们的一面之词。

同样，学者们也从综合、批判或分析的角度来研究这一课题，努力解决这个复杂的问题。比如，艾戴尔（Adair, 2002）在描写激励型领导者的作品中使用众多的案例来说明下列简单但基本的要点对所有领导都适用：

- 人们很愿意追随那些（看起来）知道自己在做什么的人；
- 做领导需要持续并随时保持热情，乐于支持他人致力于共同的事业；
- 做领导并不只说明地位、级别与特权，更意味着应该满足工作、团队与组织中其他个人的要求；
- 对领导者来说，最大的诱惑就是傲慢，对此唯一的解决方法就是谦逊；
- 伟大的领导者习惯倾听，经常沉静思考，更多地让下属表达想法；
- 领导者应该分担下属的困难、风险、艰苦与危险；
- 领导者应该善于思考、擅长决策，同时也要直觉灵敏、充满想象力；他们需要具备战略眼光与长远的视角，而且更重要的是，需要与他人交流自己的观点；
- 对领导真正的考验是人们在失利与困境中而不是成功时是否还

愿意追随他们；
- 领导者沟通的作用主要在于激发大家的能量、热情与参与意识；
- 信任与良好的沟通紧密相连；
- 当人们感觉自由与平等时，领导的管理就顺理成章了，这是因为人们需要在集体中获得与同伴、合作伙伴、同事相处的感受；
- 领导者的谦逊是一种美德，因为这会让他们认识到真实的自己，并且时刻准备学习新知。

本研究领域似乎还存在一种不可抑制的渴求，希望总结出所谓好领导的类型。比如，卢克与陶伯特（Rooke and Torbert，2005）在他们的"哈佛商务调查"中描述了七种领导，其中最普遍的一种为专家型（38%），他们通过逻辑与专业技能做领导。还有成就型（30%），重视行动与目标；外交型（12%），避免冲突、支持他人、寻求一致。另外一些类型数量较少：个人型（10%）、机会型（5%）、炼金术士型（3%）。这是对之前领导风格研究的再现，原研究很有趣但没什么用处。

当然，研究者对分类的意见不尽相同。贝德尔·艾维尔斯及其同事（Bedell-Avers and colleagues，2009）比较了气质型、意识型与实用型领导者。他们认为，气质型领导者具有洞察力，着眼于未来，看重下属的需要，雄辩，有感召力与说服力。另一方面，意识型领导者则着眼于过去，看重共同的理想与传统，有远见，但也意识到现实条件。实用型领导者没有远见，看重当下的实效，以理性的说服与协商作为沟通的策略。

## 领导研究的历史

此领域的心理学作品集中在六个方面：

1. 职务权力与领导角色
2. 领导者个人的特点与个性
3. 受领导的集体的类型
4. 领导施加影响的过程
5. 对特定领导有利的背景、环境以及社会因素
6. 领导的出现和角色

在过去一百多年心理学研究的历史中，对领导的研究可以分成五个

阶段。其中，"特点研究"也称做"伟大人物研究"，由于研究者在选择领导者本质特点时意见不一致而停滞。这些特点没有次序，来源不明确，相关性也不明显。它们是否必需，又是否充分呢？它们是否忽略下属或环境因素的作用呢？而且，这些特点究竟是领导经验的条件还是结果呢？

这种从伟大人物或领袖气质角度进行的研究实际上可以追溯到古希腊时代。这一角度可以在苏格拉底、韦伯甚至弗洛伊德的作品中看到。但是，个性研究将领导者的特点与其领导方式相联系，其相关性很弱，因为还有许多其他因素比领导个性与能力更显著。传记角度的研究也遭到了相似的命运。这种研究讨论的是特定领导个体的随机因素（特点、信仰、价值观念等），没有形成固定的模式。它们经常忽略特定个人作为领导的历史和社会背景。

最近这种研究甚至因为其潜在的偏颇和不准确受到了批评。首先，多数人并不是、也不可能因为不具备某些特定的品质或特点而没有成为领导者；其次，只有那些能够完成特殊工作的人、那些有感召力和有能力的精英才能成为领导。

目前"特点研究"还在流行。反对观点认为，正如领导者塑造改变他人那样，综合条件也在改变领导者本人。某些领导者只有在特定的情况下才能成功。也就是说，这一研究角度缺乏实证。

第二次世界大战之后，"风格（或行为）研究"出现了。其重点在于领导者如何领导。于是，研究者做了多种尝试，将领导风格分成多种类型，如独裁型、民主型、放任型。现在也可以看到一些流行的图表，用这种方法来区分不同的经理人与领导者。"风格研究"依然关注领导者的个人特征，本质上与"特点研究"无太大区别。

19世纪60年代，"境况研究"达到顶峰。这种研究探讨领导者、被领导者及社会环境的关系。其观点是，特定的环境，如危机、战争、经济动荡等，意味着特定类型或风格的领导者会得到认可和拥戴。这就是为什么很多著名的榜样型的领导者，如丘吉尔，也只是"为时代而生"。社会心理学家从不将个性特征与行为联系在一起解释。

但是，正如之前的研究方法一样，社会心理学家在运用"境况研究"时过度强调了人与人之间区别很小或无差别。这种研究与之前的研究完全背道而驰，与特点研究完全相反。它认为，人是牺牲品，是棋盘上的小卒，是社会与政治背景的傀儡。这一研究方法明显忽略了人们可以选择和改变境况这一事实。是他们自己选择参加竞选或者参与某个岗位的选拔，而且他们一旦得到这个位置，境况就发生了改变。

重视环境与条件的研究者认为，没有哪一种风格更适合领导者，也没有哪个人更适合做领导，这要视一个人作为领导的特定环境而定。

19世纪80年代初期，领导气质的概念再次回归，与此同时又"发现"了领导者的不同类型，即公仆型领导、精神领袖等等。大概最著名的要数转型式领导了，这一类型最受期待。这再次引发了新领导概念的爆发，倡导这种概念的书籍尤其是那些讲述英雄式人物（如沙克尔顿、耶稣基督）的书籍声名大噪。这一时期划分出的新概念领导者类型多得惊人，包括自然型、远见型、公仆型甚至实用型的领导。但是，这些类型在很大程度上只是使用现代词汇再现了特点研究的结论。

第五种研究角度，即领导失败的原因，出现在千年之交时。突然间，许多领导失败变成了大家公认的事实。于是，很多作品开始尝试理解他们失败的过程。

## "现代"主题

近期社会心理学家影响力增强，他们认为领导是一种动态的过程，与领导和下属的互动有关。领导好坏取决于下属的评价。这是一种关系学，一种社会交流。领导并非纯粹占有以及有效使用权力的过程，就像马基雅弗利可能会做的那样。

亚弗利奥及其同事（Avolio and colleagues, 2009）在对现代领导理论进行总结时，提到出现的各种主题与理论。这其中包括：

1. 诚信领导：平衡决策、高道德标准、信息传递及情感表达透明、对自己的弱点与优势有清醒认识；
2. 新派领导（与传统领导相对）：关注领导气质、鼓舞士气、改革转型、具有真知灼见，但领导风格、下属以及环境变量之间的调和方面的有关问题仍然存在；
3. 复杂领导：研究的是领导如何在知识爆炸的环境中应对各种不确定因素与变量，将各组织看做复杂多变的系统，其领导者处于多种盘根错节的互动关系的中心；
4. 共同领导（集体/分工）：即由团队来实施领导，关注的是高层团队共同的影响力会将组织引向何方；
5. 协商领导：领导与下属以契约的形式互相承担对方的职责，研究关注他们共同的利益与目标促进了相互尊重、信任与支持；
6. "员工中心"领导：关注的是员工的自我意识如何促使他们支持并追随特定的领导者；
7. 公仆领导：这种理念强调的是领导者诚实守信、通情达理、致力建立并领导团结的队伍，以达到下属具有高度归属感、满足感和能动性的目的；
8. 精神领导：其要点在于非物质成果，但是这一概念仍然不够清晰，还有争议；
9. 跨文化领导：指的是领导跨国集团或机构，重点在于文化价值的不同如何影响领导风格和成果；
10. E-领导：指的是分散、电子化、远程、非面对面的领导，这一概念关注如何通过现代高科技实现领导的职能，讨论的是虚拟空间领导的问题。

**天生的还是后天的？**

领导者是天生的还是后天造就的这一老问题最近成了行为主义基因学者热议的课题。比较普遍的观点是，能力与性格是天生的，而看法、价值观和技能则是后天形成的。但有关先天因素与后天因素的相互影响这一问题仍然悬而未决。当然，有数据显示，有理由相信智商与个性都可遗传（40%～70%），所以据此似乎可断定领导能力在很大程度上也可以遗传。

针对不同国家的不同群体进行的同一研究表明，大约三分之一的领导风格及其产生源于遗传。而其他三分之二与童年生活或早期工作经历相关。因此，我们不禁要问，哪些特定的家庭、教育以及工作经历能够促进领导者动力与风格的产生呢？它们又是如何发挥促进作用的呢？

是否遗传基因（如能力与个性）不同的人在同样的环境中反映不同呢？也就是说，遗传因素是否能够预示人们将如何选择、改变以及适应所处的环境？进一步来讲，如果我们解决了这些疑问，我们又如何、在何时、为什么、是否能够或者应该在特定人物的成长过程中进行干预，以促生其身上的领导力？

这一"天生还是后天"的课题带来了这样一个问题：领导者是否能够改变？答案是肯定的，但前提是他们愿意改变。凯兹·德·乌莱斯（Kets de Vries, 2006a）认为，除动机之外，改变还有其他的要求，包括：思路开阔、反应灵敏；能够讨论情绪与情感；有能力控制自己的焦虑与弱点；见解独到；具备自省的能力；对他人的看法反应迅速且灵活。

**领导才能的发展**

有一个简单的问题："什么样的干预（如培训、经验的获得等）对领导者的成长确实有用？"针对这个问题，有很多不同的观点，但论据却显得不足。有关这一课题的研究显示出以下结论，但也许这些结论并不令人感到吃惊。首先，所有的外力干预（如培训、角色扮演、任务项目）不管时间长短，效果基本接近。其次，效果持续的时间相对较短。第三，目前还不清楚最具影响力的因素是什么。也就是说，不清楚干预的最佳目的应该是促进自我觉悟、自我认知还是寻找动力。

还有其他各种各样的问题，如领导者开发项目是应该针对团队还是个人？谁来负责这样的项目？什么方法效果最佳，原因何在？此类项目是否是一种好的投资？是否能够或应该借助外部资源？如何对其进行最佳评估？

对此持怀疑态度的人认为，有一个简单的问题需要解决，那就是：是否有证据表明花费在领导开发上的时间和费用从长远上看能够带来组织效率/效力/利润提高方面的效果。答案可能是否定的，因为我们恰恰缺乏这样的证据。

**领导才能研究的心理进化观点**

霍根（Hogan, 2007b）的特色理论提出了领导才能研究领域的进化观点。其大致含义是：所有的团体都存在不同层级，都有人想努力获得更高的地位。孩子从母亲那里遗传到一定的地位。男性中的优秀分子因成功建设团队而获得地位，但也会屡受挑战。对渔猎为生的氏族部落的捕猎采摘者而言，受到拥戴的领导者的地位以良好的技能、判断力和道德水准为基础。他们认为专制独裁很令人反感。

范恩·维格特、霍根和凯塞尔（Van Vugt, Hogan and Kaiser, 2008）发表过一个重要观点，即领导者的产生和风格与其他机制（如择偶）一样，会发生进化以解决前任遇到的适应性问题。个人或群体的生存依赖于智慧决策基础上的共同努力。人们为了确保在与其他群体的竞争中生存下来，不得不作出一定的牺牲。如果一个群体内部很团结，并且领导者决策能力强，就能胜过一个信息处理高效但协调能力差的群体。

领导者必须懂得协调的必要性以及如何去协调。其次，他们需要计划、沟通、推动群体决策。当人类社会从捕猎采集、从氏族部落发展到现代国家的时候，群体的规模与结构发生了变化，这就会影响到领导的本质。

范恩·维格特等学者（2008）指出了进化观点的一些内涵。多数人都是追随者，这就使他们除了面对威胁与不确定条件之外，处于进化的优势地位。在稳定、繁荣的环境下，领导似乎是多余的，甚至受人厌恶。成为领导者的要求包括身体状况良好（健康）、有头脑（年龄不能太小）、有野心（想当领导）、机智（决策正确）、有眼光（社会经验丰富）、能力强、与人为善。

环境因素从中扮演了重要角色，领导者需要面对的问题（社会情感方面的）由群体协调发展到解决复杂问题（或任务），继而发展到危机的处理。领导者的特定风格决定了他们在面对特定环境时会表现得更好还是更糟。

领导的全面控制是必要的，但要做得小心稳妥，因为群体中的其他人手中有"杠杆机制"，如议论、离弃以及重新选举等等。

从进化角度看，现代组织对其领导者的要求是崭新的，他们要履行多种职能，承担多种竞争性任务。我们已经由捕猎采集者的家庭群体进化成今天的社会，对"大家庭"感到疏远和漠然。将职责分散归于各部门的组织架构让其员工具有更高的参与感与责任感。

范恩·维格特等学者（2008）认为，我们每个人都会不由自主地支持某一特定类型的领导，但是很多现代组织匆匆构建起来，任命了一些与我们的认知不同的领导者。也就是说，我们的祖先所推崇的那种诚信、坚韧、果断、有能力、有眼光的标准，那种"寻找最好的猎手作我们的领袖"的作风不见了。

**心理分析与领导**

很少有心理分析专家尝试对领导的好坏进行弗洛伊德式的分析。但凯兹·德·乌莱斯（Kets de Vries, 1999；2006a；2006b）就是个例外。他在自己的书籍和作品中罗列了一些主要观点：

1. 所有的行为，无论多古怪，都有合理的解释。受过一定训练的心理分析专家能够找到其他人的行为动机，如已脱轨和可能脱轨的领导者的动机。
2. 下意识在决定每一行动、妄想、恐惧、希望以及想法方面发挥了重要作用。下意识会让人们成为过去的俘虏。可以用它来理解自我，剖析精神健康状况。
3. 情绪对行为与自我意识发挥基础性作用。情绪影响思考，情绪意识、表达以及调节对心理健康与正常运转至关重要。
4. 发展是一种内在与外在人际交往的综合过程。我们的过去决定了我们的现在，而其他人则会影响我们的内心世界。

凯兹·德·乌莱斯这样描述人们的内心世界：

在人们内心的舞台上，上演着一幕幕悲喜剧，它持续并且深刻地影响着人们的外在行为。我们倾向于将行为模式从过去转移到现在，从一个群体转移到另一个群体。我们将源于某些权威人物的思考、观点与幻想移用到其他地方。这是将过去的事情指向现在的人的一种倒叙或重现。

领导者应该理解这种转移现象是非常自然而且普遍存在的，但是我们经常意识不到这种现象的存在。

(2006a，第7页)

心理分析家对自恋、领导气质以及轻度狂躁这些课题格外关注。他们还对欺骗综合症很感兴趣，成功的领导者如果有这种综合症会觉得存在虚假和诈骗，否定自己的成功。

高塞尔（Goethals, 2005）认为，弗洛伊德有关领导者心理动因的观点新颖而且发人深思。弗洛伊德认为人们具有一种"顺从的渴望"，即本能地希望服从于权威的领导。人们将特定类型的领导者与自己心中理想的形象一致起来。领导者可以用反复、多彩、炫目的信息来"捕获"、控制（甚至征服）一个群体。领导者的典型形象犹如一家之主的父亲，将自己的意志强加于群体之上，充满自恋与妒忌。下属害怕他们的领导，但是由于他们心中幻想着领导者会爱护他们，所以作为回报他们就爱戴自己的领导。

与持进化观点的心理学家类似，弗洛伊德学说也强调遗传，以及历史的传承。就像男孩子崇拜并遵从他们的父亲一样，追随者也想让自己的领导满意。正如父亲看起来咄咄逼人、居高临下，将自己的意志强加于孩子那样，领导也同样，而我们却会对表现出这些"正确"特质的领导者也积极响应。

弗洛伊德强调，领导者的独特气质会让追随者相信他们能够取得了不起的业绩。领导者通过语言、事例来激励追随者，他们会让自己做的事看起来非常有意义。弗洛伊德没有忽略领导者需要达到追随者的期待这一观点：他们需要做到坚强、活跃、优秀，从某种角度看，这正是伟大领导的典型特征。弗洛伊德认为，领导者自身必须有强大的意志力和信仰才能激励追随者。正是这种意识才使得他们有一种无往而不胜、不可阻挡的神秘力量。用现代的词汇来讲，就是他们需要用有力的事实来证明自己。因此，豪言壮语、远见卓识、团队激励都是很重要的。

高塞尔（Goethals，2005）指出了弗洛伊德学说中有关领导的另一个课题：对平等关爱的幻想。也就是说领导者平等对待追随者，强调的是普遍性和近似性。追随者（尤其是那些原始游牧部落的男性）既热爱又害怕他们生气的父亲或族长。对他们而言，平等待遇是服从的重要因素。因此，领导者需要在公平、公正方面下工夫，理解广泛的、程序性的公正非常必要。

**低劣领导的影响**

滥用职权或者被动无能的领导在员工中造成的负面影响不言自明。这种情况下，员工会出现疏远团队、孤独无助、沮丧抑郁、身体疾病等状况，并且对生活和工作的满足感下降。领导者掌握着组织的奖惩大权，很有权威。

凯娄威及其同事（Kelloway and colleagues，2007）认为，领导风格是所有职场普遍存在的潜在压力来源。他们认为可以将低劣领导大致分成两类：一种是滥用职权、咄咄逼人、待人苛刻的领导；另一种是缺乏必要技能的领导。

滥用职权的领导最典型的就是欺侮弱小、骚扰滋事或者愚弄员工的感情。被领导欺侮比被同事或客户欺负感觉更糟，因为这会使员工内心失衡。与之相对的就是被动、躲避、懒散的领导。他们与积极向上、振奋鼓舞、通情达理的转型期领导正好相反。

低劣的领导给员工造成压力，因为他们对员工要求很高，而且让员工无所适从。领导者极大地影响着员工对自己职业生涯的控制感（意识控制）与实际控制（环境控制）。控制的重点在于能够采取其他方法达到目的，以及自我效能的产生。一个人的工作状态最糟糕的组合就是高要求、低控制、得不到社会支持。凯娄威及其同事（Kelloway and colleagues, 2007）总结了以下几种因低劣领导而加剧的压力：

- 工作负担与工作节奏：设立不切实际的目标与完成期限；
- 隐晦与矛盾：要求不明确或者互不相容；
- 有关职业的担忧，如工作安全性、失业、奖励机制失衡带来的暗淡前景；
- 工作计划：员工在工作轮换、倒班或夜班这些事上几乎没有任何话语权；
- 人际关系：社会支持度低，不公平、不公正的待遇；
- 工作满意度与控制度：让员工完成细琐、知识含量低、毫无意义的任务，让他们的工作非常机械。

凯娄威及其同事指出，职场中的社会支持非常重要，能够有助于缓解压力，缓冲低劣领导的影响。但是，糟糕的领导总是不能提供这种支持，因此加剧了压力。这些支持包括具体工作上的帮助、情感支持（如同情）、信息支持（建议、指导）和表扬支持（反馈与鼓励）。好领导做得最多的方面正是坏领导做得最少的。

因此，低劣领导因不作为与过度作为造成了工作环境的紧张压力氛围，即要么被动地躲避或失败地履职，要么咄咄逼人、要求苛刻、欺小凌弱。

### 研究现状

学者们进行了多次尝试，想理清领导研究这一吸引人又令人烦恼的领域。一些人认为，有关领导管理的研究是失败的，毫无头绪，没有达成任何共识,只有苍白的理论,缺乏证据来支持某些匪夷所思的观点。

一些学者尝试了一种"新模式"。基尔(Gill, 2006)提出,做领导涉及四个方面问题:智力/认知,包括直觉与想象力;情感,关注的是情商;精神;行为。这四个方面可以组合成四种领导职能:确定使命、扩展眼界;明确共同的价值观;确立清晰、创新、现实的策略;授权他人。

领导文学随着社会的发展而变化,改变着关注点。所以,基尔(Gill, 2006)指出,由于许多"大问题"不断涌现,新一代领导者面临着许多挑战,如文化与性别多样性、全球化、知识经济的兴起、科技发展、恐怖主义等。虚拟组织的出现也带来了特定问题。与以往一样,领导者必须对这些问题作出反应,还要力求改变。

然而,关键问题在于这些促使领导者必须积极应对的新情况是否真的与以往不同呢?每一代人都认为自己所处的时代与众不同,更加复杂多变,发展更加迅猛,问题也更多更严重。那么是否这样就真的需要具备不同技能的不同类型的领导者呢?或者简单地说,是否需要更好的领导者呢?

## 错位的组织文化

许多人对运转异常的组织机构有过体验。这种组织被称做有毒性的、病态的或异常的组织。它们的特点包括:组织成员间相互拆台、缺乏诚信、相互攻击。领导研究学者感兴趣的核心问题是脱轨的领导是否助长或促生了错位的组织文化,或者他们干脆就是这种文化的问题之一。

社会心理学家与社会学家强调团队水平、环境及组织因素对行为确立的重要作用。因此,他们对组织结构及其严密性、团队规则及沟通方式很感兴趣。规则明确了必须和禁止的行为,因为它决定了威压与敬业、欺骗与支持哪一个应该受到褒奖。

组织文化绝对塑造了组织行为。组织文化是其历史的反映,是其创立者与历任领导者价值观、眼界与阅历的反映。组织文化贯穿于日常工作中,反映在明示或暗含的奖惩激励体系里。组织文化会促进某些社会条件的产生,以鼓励特定行为的出现;另一方面又会强化某些限制条件来抑制特定行为。它会指明哪些事重要、哪些事不那么重要;会指示人们应该在情绪上如何反应、在行为上如何实施。

组织文化不可避免地限制和制约着个人行为。从这种意义上讲，它可以鼓励或阻止个人行为。

范·弗利特与格雷芬（Van Fleet and Griffin, 2006）提出了一个简单的 2×2 模型，认为领导者个人与组织文化在一定程度上具备引发错位行为的趋势。他们指出：

比如，如果某高级经理被公认为不诚实，而其领导不尊重其他人的权利，或者将利润放在首位，组织中的其他人就会收到某种不良信号。如果这种信号扩散到整个企业，其文化就会越来越异常。这样，领导者的价值观就传递给他人，塑造他们在组织中的行为。

领导者的关注在组织中传递着强有力的信号。领导者留意什么？他们作出了怎样的评论？他们怎样实施奖惩？他们如何安排会议的日程？他们对问题或变化反应如何？是否有成形的职业规则？这些规则是否得到贯彻？预算如何实现？是自上而下还是自下而上？哪个人得到了提升或是享有特别待遇？这些都是领导者影响组织文化以及组织成员行为的重要举措。

（第704页）

糟糕的领导者创造并维护异常的文化范围。他们有意无意地塑造了他们想要的文化。暴虐的领导者会让骚扰成为组织内可接受的行为。但强大的组织文化就能够防止或抵制这些行为。

哈维、玛丁科与道格拉斯（Harvey, Martinko and Douglas, 2006）研究了领导者与下属的关系对异常领导和错位文化的作用。他们提出了一个归因过程模型，讨论领导者的典型属性与风格。他们认为，与下属相关的领导风格及偏见会引发特定的情感和行为反应。例如，如果他们总是批评下属的错误，而忽略下属的贡献，他们可能属于打击员工士气和积极性的一类领导。

贝尔萨扎德、库克与波特（Balthazard, Cook and Potter, 2006）设计了一个特殊的问卷——组织文化目录——来描述错位的文化。此问卷能够从两个层次描述某种文化。第一层次包括三种类型：建设型、被动攻击型以及攻击防守型。第二层次划分更加详细，在第一层次的基础上将每一类型又各分为四小类。其中，攻击防守型包括回避、依赖、传统以及赞同。

他们的模型显示，两种"负面"文化对个人及组织都有很大影响。从个人角度来讲，它们会产生如下五方面消极、异常的影响：

1. 角色确认：指组织成员对明确自己职责的程度；
2. 沟通质量：组织成员清晰连贯地交流工作信息的程度；
3. 适应程度：组织成员愉快地适应组织环境的程度；
4. 行为规范：对组织成员思想与行为的要求程度（个人与规则的冲突）；
5. 职业满足：组织成员对工作条件的正面评价程度。

同样，从组织角度来讲，错位的文化也存在以下五方面的消极影响：

1. 产品/服务质量：组织成员对本组织的产品或服务积极评价的程度；
2. 为客户服务的责任感：成员确保客户对本企业提供的服务感到满意的努力程度；
3. 应变能力：企业有效应对客户变化的需求的程度；
4. 跳槽：员工对在两年内离开企业的期待程度；
5. 职场质量：员工对自己工作环境的好评度。

贝尔萨扎德等学者运用来自不同部门的6万名员工的数据来支持自己的假设。他们的结论是：

政治与社会现实塑造了人们在组织内部以及组织与其合作者之间的各种行为类型。无论组织成员的专业背景如何，也不管他们怎样声称彼此目标一致，如果他们的行动与其组织文化惯例不符，他们就不会选择最高效的做法。在任何组织内部都可能存在多种不同的文化，这些文化是由不同的专业取向、地位、历史、权力或其他因素的不同特点决定的。在这篇论文中我们指出，从行为与规则预期的角度去理解文化就能够解释为什么有些组织下属部门（或整个组织）会出现异常行为，与该组织强调的价值观及使命不符，阻碍了组织的效率与效力。我们还介绍了一种经过验证的文化评估办法，它可以被应用到各个层次，无论是个人还是企业，帮助确认其文化要素。很明显，修复异常组织的关键就是要寻找其相对可见的文化痕迹，这些痕迹就反映在其成员的行为中，因为他们认定组织希望自己这样行事。

（第727页）

## 有毒型领导者与需要他的下属

一些研究者将所有腐败、邪恶、具有破坏性的领导都统称有毒型领导，并且进一步解释为什么下属会接受甚至强化这些领导的毒性。领导与下属之间似乎是相互依赖的：彼此依附形成了不健康的关系。利普曼－布鲁曼（Lipman－Blumen，2005）尝试解释这些领导者的魅力所在，也就是为什么我们会推选并且追随他们。她列举了9种大家非常熟悉的特点：缺乏诚信、不知满足的野心、超级自负、傲慢自大、缺乏道德感、贪婪、鲁莽、怯懦、无能。这些特点在很大程度上与黑暗三角吻合。她的核心论点是：

有毒型领导的吸引力来自于他们向我们承诺：他们做得到可能的事，也做得到不可能的事。也就是说，他们会让我们确信，他们可以既消除我们的不安，也会保证我们的安全。有毒型领导使我们产生了对安全的幻想，这种幻想能够战胜我们心里两种顽固的焦虑感：其一是对生存本身的焦虑，因为我们意识到死亡不可避免；其二是对生存环境的忧虑，引发这种忧虑的因素包括经济崩溃、衰退、疾病、事故、灯火管制、地震、战争以及恐怖袭击等没有预兆就可能出现的情况。更进一步讲，由于这些领导经常努力安抚我们的焦虑，我们就渐渐相信他们可能真的也能带给我们安全。

有毒型领导的虚幻承诺与追随者面对的生存、心理、社会因素相契合。也就是说，他们的出现与我们这些追随者在这个纷繁的世界上所面对的挑战相适应。在这个世界上，为了平复焦虑，我们努力在竞争中取得成功、做出了不起的事、用社会成就的标准来衡量自己。我们每天拼搏的结果可能会提升自信，也可能会打击自信。领导者的承诺也迎合了我们复杂多样的个人需求，包括我们对永生的渴望以及哪怕是一点点英雄主义的渲染。由于受到这些个人以及社会因素的影响，我们这些追随者就会对权威人物言听计从，无论他们是优秀的、糟糕的还是介于两者之间。

（第236页）

利普曼－布鲁曼指出了 14 种破坏性的行为，包括违背或破坏程序、压制批评、制造假象、推卸责任、挑拨离间、利用下属不真实的想法和最深层的焦虑。他们对付下属的手段包括"故意损害、贬抑、引诱、边缘化、胁迫、挫伤士气、剥夺权利、隔离、禁锢、折磨、恐吓甚至封杀"（第 19 页）。

即使那些堪称榜样的领导者也有"毒性的一面"，而且我们经常看到对现代领导者的评论，在此方面媒体往往是短视的。对此，利普曼－布鲁曼提出了一个发人沉思的问题，"是什么力量驱使追随者一而再、再而三地接受、经常还喜欢、有时甚至造就了这些有毒型领导者呢"（第 24 页）？为了回答这个问题，她列举了五个因素来说明为什么即使领导者有毒性我们也会服从他们的领导。其中三个因素解释了我们为什么造就了他们。

利普曼－布鲁曼（Lipman－Blumen, 2005）综合运用心理分析与社会心理学的观点，指出了五个简单但有力的因素来说明我们为什么需要领导者。其中三个属于心理层面，包括：对父辈形象的需要；源自对安全与稳定的需要而希望感到自己被选中或与众不同；对自己无能为力的状态的隐忧。社会层面因素包括：我们需要被别人接受的同时，又担心受到社会的孤立和排斥。因此，我们通常会乐于用自由去交换安全感。我们的虚弱无力帮助了我们，更帮助了领导者掌控了局面。他们利用我们对孤独、不确定、无助的恐惧。"我们的父母、老师以及牧师对我们所具有的不对称的权威让我们在其他权威人物面前反应机械，就像机器人一样"（第 48 页）。

有毒型领导者让我们看到的只是幻境：那就是他们具备真知灼见，甚至崇高无上。然而，这是个陷阱。领导者并非无处不在，也不是无所不能，只是急功近利而已。在这个变化莫测的世界上，多数人都渴望安全与稳定。有毒型领导利用了这个世界的不稳定因素以及我们因此而产生的焦虑感。利普曼－布鲁曼（Lipman－Blumen, 2005）认为，尽管我们追求独立，但当我们一旦获得独立，就只会感到孤立无援。

她认为，是我们这些追随者造就了"神坛"上的领导者，因为他们提供的幻境里有我们渴求的安全与力量。作为真正忠诚的追随者，我们处于信息与权力的中心，但也会使我们被其所"奴役"。有毒型领导会利用我们对变化与模糊的担忧。如果领导者具备清晰、理性的全新创造性思维，并且在崭新秩序与明晰关系的基础上安排计划，人们就会顺从地追随他们。我们需要的是文化神话和社会规范。

然而，我们放弃了改变自我命运的个人责任，转而依赖那些明显不完美的、不可避免会失败的人。"我们要么盲目地受制于有毒型领导者，要么出于我们的各种需求将本没有毒性的领导者推入雷池，让他们具有了毒性。我们请独裁者来作临时嘉宾，但他一旦在后室安身，可能就再也赶不走了"（第89页）。

从这个意义上讲，利普曼－布鲁曼（Lipman－Blumen, 2005）认为，追随者可能会促使本没有毒性的领导者产生毒性。她指出，作为追随者，我们在危机面前更无法看透那些有领导气质，但也有潜在有毒型的领导者。我们编造了神话，即无所不知的领导者把我们的利益放在心上，而且他们能够应对危机。这个神话让我们在甘心服从的同时也感到安全，让我们无须担心后续影响，让我们现有的生活状态得到了保护，并且向我们承诺其崇高且不朽。

她将下属分成了三类。第一类是"良性"下属，他们可能感到焦虑或是出于实际考虑，一些人急于寻找一个领导；第二类是领导者的"随从"，他们深得领导的信任，得到了权力、高位以及特权；第三类是"恶性"下属，他们想推翻领导的统治，篡夺其位置。

另一方面，利普曼－布鲁曼（Lipman－Blumen, 2005）也提出了应对毒性领导的几种可能方式。这需要人们大胆地发表自己的观点，并且要有制度来保障对毒性领导的监督。更有趣的是，她指出了如何发现"非有毒型领导显现出的早期毒性症状"。他们通常表现出的迹象包括：傲慢、回避、神秘、残酷、自我中心。这与下属勇于面对焦虑、不确定因素以及混沌现状有关。她提倡加强组织民主，要求曾给予我们幻境的领导者公布事实真相。她认为，领导者最好少讲我们如何、他们怎样这类的话，多一些同情心与平常心。有必要将领导重新定义，将其特权改为责任。选拔那些真诚、有社会责任感的人而非野心家作领导。

对利普曼－布鲁曼来说，我们这些追随者才是各种有毒型领导产生的根源。我们对他们要求过多，期望他们具有超人的能力，对他们怀着不切实际的期待。她总结说：

"只有真正了解我们自己和我们所处的世界，我们才能真正得到建设性的、以他人为中心的领导。尽量不要被无休的焦虑、过分的竞争、不知满足的自我、无尽的自我需求、有害的成功标准、虚伪的英雄主义所驱使，我们最终就能够实现自治，解放自我。然后，通过自治与自由，我们就能够找到自身内在的力量，不再逃避，而且一无反顾地抛弃有毒型领导的诱惑。"

(第 250 页)

管理与领导的关系密切，属"接触型运动"。领导者影响着下属，也受到下属的影响。这是一种社会互动过程。理想的状态是两者间为实现相似的目标和追求而紧密团结。下属们即使在最极端的情况下也不会扮演被动的角色，他们调剂并塑造着领导者。

领导文学趋向于过多地关注领导者自身的心理因素，而非关注其人际行为。从这种意义上讲，领导者脱轨并非只是他们自身独特的个性在起作用，他们的下属也从中推波助澜。

克莱曼兹与沃施布什（Clements and Washbush, 1999）发现了与领导者及下属都相关的五个致使他们共同走向失败的要素：

1. 他们不能审视或反省自己的需求、价值观以及动机；
2. 趋于用别人的看法来看待自己，这种反映出的自我可能导致虚幻的想法；
3. 自恋，不能容忍别人的批评，不愿妥协，欣赏阿谀奉承的下属；
4. 情商低；
5. 拿得起放不下，醉心于权力不肯放手，因为领导位置带来了强烈的自我认同。

同时，克莱曼兹与沃施布什也列举了下属的消极面，认为受到激励、获得授权的下属可能迫使领导脱轨。他们可能是有意为之，也可能只是出于偶然。下属对领导的影响来自于他们的能力、观点、个性以及典型互动产生的协同作用。下属可能是积极的，也可能是消极的；可能独立，也可能依赖领导；他们可能批判而又独立，也可能无批判性又依附于人。无论是领导者还是下属在对方的面前都是很脆弱的。

如果下属具备某些症状，领导者可能造成其脱轨。那些喜欢专制统治的领导者希望和下属之间就是简单的上级对下级、管理与服从的关系。擅长作秀的下属通常躲避工作但寻求领导的关注；被动攻击型显然有很多抱怨、整天愤愤不平；依赖型下属牺牲现实来满足自己的心理需求；自虐的下属通常寻求批评、回避表扬，从而形成一种古怪的互动模式。

因此，如果领导者不择手段，其下属可能也会不择手段。糊涂、愚蠢、无序的领导者与下属也是沆瀣一气。事情就是这样：下属的需求往往塑造了领导者的行为。领导者脱轨是领导者与下属之间相互作用的协同效果。从这个意义上讲，领导者脱轨的下属可能会导致本来工作富有成果的领导者也脱轨。

## 破坏型领导

另一个相关的概念就是破坏型领导。埃纳尔森及其同事（Einarsen and colleagues, 2007）将它定义为"领导者、管理者或经理人违背组织的合法权益，削弱或破坏该组织的目标、任务、资源、效力、动力、福祉或下属工作满足感的一种系统性或反复性行为"（第208页）。他们认为定义中不需要加上"故意"这一因素。也就是说，破坏型领导可能并不希望造成损害，但由于考虑欠妥、不够敏锐或缺乏自信也造成了损害的事实。

埃纳尔森及其同事（Einarsen and colleagues, 2007）在他们的论文中提供了一个二维的模型（详见图2.1），在四种类型的领导中，包括了两种破坏型领导。

- 暴君型领导者贬低、羞辱、操纵下属。他们也被称为攻击型或无法忍受的老板、暴君。他们将组织中所有的人际关系通通破坏掉。这种风格的领导通常会造成巨大的短期负面效应。他们宣传自我、寻找替罪羊、建立小圈子、在组织中散播不信任的气氛。
- 按照这个模型，脱轨领导者是最糟糕的一种，因为他们对下属和所在的组织整体都造成破坏。他们冷漠、野心勃勃、傲慢无礼、工于心计，拒绝调整或从错误中吸取教训。
- "支持不忠诚"型领导者盗取组织资源来支持员工的错误行为。他们经常会牵涉到贪污、欺诈或盗窃之中，一些人还与其员工分享利益。

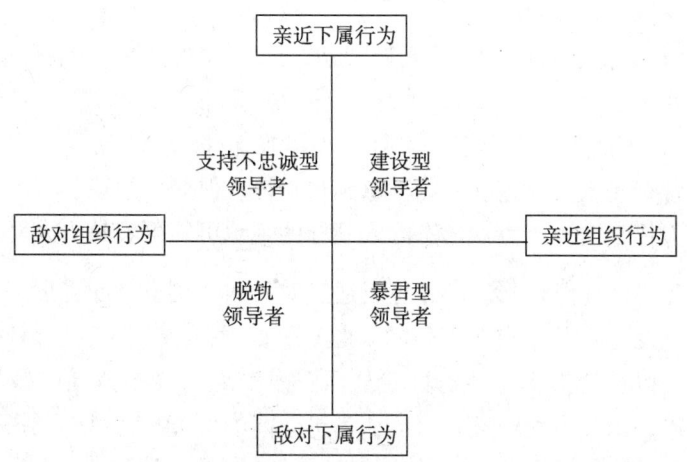

**图 2.1 领导者的类型**

因此,对埃纳尔森及其同事来说,破坏型领导是一个大概念。事实上,其他人也对此进行了探讨。斯高布洛克及其同事(Schaubroeck and colleagues, 2007)认为,这里核心的问题在于这些领导对其下属造成的负面心理影响。他们觉得负面情绪主要包括:敌对(愤怒、玩世不恭、不信任)、神经官能症(情绪化、过度警觉)。他们认为:

具有外在表现或神经官能型负面情绪的人可能很冷漠、敌对、害怕下属的建议,容易表现得焦躁。这样的管理者可能不愿意与下属进行有效的沟通,而且可能会限制下属处理日常事务的能力。

(第231页)

经过测试与确认,他们认为老板越敌对、越神经质,员工越会表现出"抱怨、抑郁、工作焦虑、跳槽意愿、整体不满足感、工作不满足感以及对组织消极的责任感"。

(第235页)

曼姆福特及其同事(Mumford and colleagues, 2007)使用同一概念,区分了注重意识形态、具有领袖魅力,以及务实的、没有领袖魅力的领导者。他们关注的重点在于这些特点是否会引发不同类型的领导暴力。作为分析的一部分,他们把领导者按照三种标准进行了分类:暴力、注重意识形态、西方(如佛朗哥、列宁);暴力、注重意识形态、非西方(如阿拉法特、波尔布特);暴力、不注重意识形态、西方(如希特勒、墨索里尼）；暴力、不注重意识形态、非西方（如齐奥塞斯库）。同样，在非暴力领导者中分为注重意识形态、西方（如里根）；注重意识形态、非西方（如甘地、尼赫鲁）；不注重意识形态、西方（如肯尼迪、撒切尔）；不注重意识形态、非西方（如纳塞尔、曼德拉）。

尽管有些人会对这样的分类感到很吃惊，但曼姆福特及其同事努力想说明为什么由注重意识形态的人领导的组织可能更容易引发暴力。

首先，注重意识形态的领导者通过对失败案例进行反思形成了自己的见解（从而在将来避免类似的问题），他们可能趋于表现出对结果的不确定，以及消极的生活态度，从而引发前面研究中所述的破坏性行为；其次，由于专注于某种自己认为更崇高的价值观，可能贬损持不同价值观的人。我们见到过这种分歧导致了社会暴力；第三，由注重意识形态的领导者所倡导的价值观可能会让人产生道德上的崇高感，从而促使暴力的出现，并且使其合理化；第四，这种崇高感以及对不公正的看法可能会使注重意识形态的人参与暴力活动，以对抗那些不公正、"不纯净"的人。

（第220页）

曼姆福特及其同事认为，包括个人、团队、组织以及环境在内的四个因素共同导致了暴力。他们进行了一项重要的内容分析研究，探讨上述四个因素的内涵。如表2.2所示。

**表 2.2　　个人、团队、组织以及环境预测因素示例**

| 个　人 | 团　队 | 组　织 | 环　境 |
|---|---|---|---|
| **对不公平现象的敏感度** | **遭受欺压** | **暴力统治** | **社会冲突** |
| 接触政府官员反映不公平现象； | 受到公众的嘲弄； | 组织成员不遵守规定的会挨打或被杀； | 地区宗教团体之间的争端； |
| 抵制有不公平行为的组织； | 团队中的成员被其他团队殴打或杀害； | 想离开组织的成员受到暴力威胁； | 地区种族团体的敌对； |
| 对"对"与"错"发表看法； | 聚会不得已在隐匿场所进行； | 组织文化中有暴力史； | 不同团体对同一事物声明所有权； |
| 为那些受到过不公正待遇的人提供资源； | 就不公平待遇向政府申诉； | 领导者携带武器； | 对社会经济地位差距的不满； |
| 避免与那些被看做不公正或举止不当的人做生意。 | 在集会上谈论不公平待遇。 | 对不听话成员的家人采用暴力手段。 | 不受欢迎的领导人实施领导。 |

续表

| 个 人 | 团 队 | 组 织 | 环 境 |
|---|---|---|---|
| **开放程度低**<br>同持不同意见的人断然停止沟通；<br>藏书非常独特而单一；<br>回避有关信仰与价值观的辩论；<br>个人社交圈里的人在国籍或文化上近似；<br>为团队做事不问原因。 | **团队的优越感**<br>推行极端的政策；<br>建议进行激进的变革；<br>宣传中使用"规定"、"命令"一类的词汇；<br>确立了特定的目标，作为变革的必要准备；<br>宣称该团体将改变世界。 | **思想控制**<br>宣传中明确举例说明"不平等"现象；<br>告诉自己的成员，他们没有受到社会的尊重；<br>要求成员深刻反思生活中没有得到满足的方面；<br>反复指责某一组织应为这些问题负责；<br>不准成员与组织外的其他人联系。 | **经济剥削**<br>很少更换组织的领导；<br>统治集团控制资源；<br>几乎没有保护工人权益的法律；<br>社会底层没有受教育的机会；<br>社会底层薪酬极低。 |
| **禁欲主义思想**<br>开展自律性的宗教活动（如斋戒）；<br>强调纯洁的生活状态的重要性；<br>家庭以及办公室都很简朴；<br>只购买简单必需的食物；<br>休闲活动也要求自律（如武术）。 | **强大的团队文化**<br>举办强调信仰与价值观的仪式与典礼；<br>散发宣传其信仰与价值观的材料；<br>着装上反映信仰；<br>在会议上背诵誓词；<br>形成团队决议时以其价值观和信条为基础。 | **仪式**<br>认为本组织仪式与典礼很"神圣"；<br>内部仪式对外保密；<br>在组织会议上使用象征组织的物品；<br>为成功完成任务而举办仪式或典礼；<br>仪式的影响巨大。 | **强大的传统文化**<br>该地区有多座历史上领导人的纪念碑；<br>该地区多数人多年以来都参加同样的仪式；<br>在非工作场所（如教堂）存在明显的等级之分；<br>多数人遵从过去的风俗；<br>运用过去的法律框架来解释现行法律体系存在的问题。 |

他们的结论：

传统上，有关破坏型领导或个人主义领导的研究多从自恋以及消极的生活经历等个人特点的角度来探讨领导暴力的根源。事实上，现在的研究对这一命题提供了更多的支持，资历感（与自恋相关）、开放程度低（与专制相关）、对信息质疑（与担忧和结果的不确定性有关）等变量可以用来区分暴力与非暴力领导者。

但是在这一点上,应该记住的是,资历感、开放程度以及质疑信息都包括在一个叫做选择性信息处理的大范畴内。这个范畴还囊括了选择性信息解释与事实曲解。选择性信息处理表明,对他人带有个人目的和偏见的表扬以及消极意图的介入,可能在杰出领导者暴力行为的产生上,甚至领导者群体的破坏性行为上发挥了重要作用,尽管这一作用经常被忽视。

无论个人特征多么重要,考虑到目前研究所取得的成果,对暴力根源的研究不能只关注个性特征。团队的隔绝状态、对暴力的制度性制裁以及环境的腐败程度都能够用来区分暴力与非暴力领导者。事实上,同对事实的曲解相比,团队的隔绝状态与腐败的环境在回归分析中更能预示暴力的产生。这一发现很有意义,因为它表明团队、组织以及环境条件可能会导致暴力领导者的出现,也使得领导者表达其暴力趋向成为可能。因此,未来研究中的关键问题就是:探讨团队隔绝状态、制度性制裁以及腐败同其他团队、组织以及环境因素一起,通过怎样的特定运行机制,如何影响领导者暴力趋向的出现与表现。

(第233页)

## 恶性的领袖气质

很多研究者都注意到领袖气质存在阴暗的一面。所谓领袖气质就是使用各种管理技巧(如华丽虚饰的语言)激励追随者去实现某一目标。有领袖气质的人很擅长激励、说服与鼓舞士气。

有领袖气质的领导者高度自信,带着他们对权力的渴望与自控能力,将自己描绘成可信、可靠、创新、有能力的人。他们能够也确实提升了追随者的自我效能与自信。他们创造、发布并扮演了一种角色[噶蒂纳与亚弗利奥(Gardner and Avolio, 1998)]。他们的观众就是追随者,尤其是那些相信领导传奇的人,认为他们具备领袖气质。这些追随者传递着有关领袖气质的信息,对这些领导者强烈的认同,并发挥了相当积极的作用[噶蒂纳与亚弗利奥(Gardner and Avolio, 1998)]。

少数研究者将领袖气质看做一种特质,更多的研究者认为它是一种风格甚至只是一种关系。具备领袖气质的领导者宣扬并反复重申有关雄心壮志、目标以及价值等信息,这些对追随者来讲具有很大的吸引力。领导者与追随者的趋同强化了后者的自信与自我效能,从而使得他们认同前者的领袖气质［威尔特（Weierter, 1999）］。

具备领袖气质的领导者的一个本质特征就是其激发前景的能力。斯特安基与蒙福德（Strange and Mumford, 2002）在两类相关的领导之间作出了重要区分，即具有领袖气质与注重意识形态的领导。这两类领导都能激发人们对某种前景的期待，但是注重意识形态的领导（如撒切尔、甘地、列宁）强调个人价值与标准，而具备领袖气质的领导（如肯尼迪、丘吉尔、墨索里尼）强调社会与变革的需要。斯特安基与蒙福德探讨了注重意识形态的领导何时对追随者更有吸引力。

首先，当一个组织或社团建立在共享的价值观或信仰基础上，而非相互依赖的关系，注重意识形态的领导这时可能就更有感召力。其次，当组织或社团中的危机围绕着文化而不是某些具体做法时，注重意识形态的领导对追随者更有吸引力，尤其在强大的文化背景与普遍共享的价值观面前，更是如此。再次，当几经变革没有取得成功，对憧憬的未来没有一致意见时，注重意识形态的领导可能比具备领袖气质的领导更有说服力。

（第374页）

我们要讨论的是带有自恋倾向的具备领袖气质的人。这反映了领袖气质的阴暗面。桑考夫斯基（Sankowsky, 1995）的看法是正确的，他认为，正是由于追随者参与其中才引发了领袖气质的阴暗面。按照他的看法，追随者的思路是这样的：我们崇拜我们的领导，因此也信奉他的主张。我们对领导深信不疑并遵从他的指示，为他增添力量，但是我们不是总能做得很好，会让他失望。这是我们的错。我们只听从领导的话。

历史学家在研究暴君及独裁者的领袖气质方面做了很多工作。格莱德（Glad, 2002）在他的一篇副标题为《恶性的自恋与绝对权力》的论文中指出了独裁者行为中存在的本质矛盾。他们在欺骗、胁迫与操纵方面的技巧帮助他们巩固了权力，但是当他们跨越道德界限以获得绝对权力时却很脆弱。因此，他们的行为渐渐破坏了自己的权威，引发了对其统治的争议。该论文的观点是，领导者巩固其绝对权力的努力使这些自恋者进入了一个恶性循环。首先，阿谀奉承与错位的"友谊"是虚假的。其次，宏大的计划导致了鲁莽冷酷的行为，从而更加激励了暴君。

再次,"项目过度膨胀及因此产生的新对手致使领导者更加脆弱,使其偏执的防守更加严重,行为更加反复无常"(第6页)。

格莱德(Glad,2002)清晰地看到领袖气质积累到一定程度后从良性演变成恶性。她指出,很多独裁者的自我毁灭就开始于权力自恋的本质。她认为权力让人受到尊重,感觉自己无所不能。权力可以用来消除批评、清理敌人,甚至将过去一笔勾销。而且,它还可以帮助人克服孤独感,因为专制者可以命令别人来陪他,做他的"朋友"。

但是,阿谀奉承无法弥补自信的缺失。权力允许独裁者上演宏伟的巨制,其他人无法限制。

奥康纳及其同事(O'Connor and colleagues,1995)也研究了具备领袖气质者的破坏性。他们区分了好与坏、社会化与个人化的具备领袖气质者。社会化的领导者授权于他人,将组织的收获最大化,不计个人得失。而个人化的领导者则利用各种条件、夸大自己的作用、歧视他人。有破坏性、个人化领导者的贪婪、不诚实以及不道德对组织造成了破坏。但是个人化领导者的领袖气质也可以发挥积极作用:

个人化领导者清晰地勾画出一个非社会化的世界。它是信仰与动机的产物,目的在于保护虚弱的自我。个人化领导者高度担忧与自恋,这种心理促使他们形成一种独特的世界观,即自己的安全只有通过统治别人才能实现。由于缺乏自控机制,如内疚感、道德标准、对冲动的抑制等,破坏性的行为于是顺理成章。与之相对,社会化的领导者就不会以一种防御的心态出现。一位好领导应该授权别人来做事,而不是统治别人。

(第530页)

## 结论

可见,领导者研究发展至今,确实有不少可圈可点的研究命题。那些脱轨的领导者,无论他们属于有毒型还是破坏型领导,在人际关系方面都存在缺陷,因此在建立与带领团队方面也都有困难。他们应变能力很差,不能适应新条件。他们通常出于狭隘的功利目的,因此无法实现企业目标。

领导者研究不如领导者脱轨研究那样有条理,因为此类文学提出了太多问题,而解决的很少。脱轨领导者通常对依赖型下属很有吸引力,两者一同导致了组织文化的错位:形成了有毒型三角。

霍根和凯塞尔(Hogan and Kaiser, 2009)对现存的作品进行了总结,认为脱轨领导者实际上缺少了下列四类技能之一:个人(情感成熟、自我意识)、人际(社交技能与情商)、领导(建立团队、树立典型)以及商务技能(计划、组织、监督)。因此,那些个人技能差的人趋于过度野心勃勃、应变能力差;人际技能差的人则与管理层冲突,缺乏政治智慧;那些领导技能差的人可能会管理过度或管理不足;那些商务技能差的人则不擅长策略与沟通、不够尽职。这四类技能互相关联:一类技能的不足或失败会影响一个人的整体表现。

脱轨领导者趋于胁迫、操纵或取悦别人。霍根及其同事(Hogan and colleagues, 2009)列举了五类早期警示信号:表现欠佳(未达到目标、隐瞒实情、躲避财务监督、客户抱怨)、眼界狭隘(工作过细、落伍、依赖技术能力)、团队建设差(独裁、微观管理、高跳槽率)、工作关系差(不敏感、生硬、刻薄)以及举止行为不适宜或不成熟(处理问题能力差、散布流言、拒绝承担责任)。

# 第三章 个性风格、特点与人格障碍

**概要**

职场的异常有很多原因（Farson, 1997; Finkelstein, 2003）。其中之一就是出在高级主管的问题上，导致毒性文化的产生及延续，这种文化的特征可以概括为：缺乏信任、不诚实、不平等（Furnham, 2004; Kets de Vries, 1999）。这里的高管异常指的不只是低能，还包括欺凌弱小、低效以及腐败。一些领导有人格障碍，这些病症助推了他们那些导致职场异常的行为。本章将集中探讨个人以及人际心理因素对加速脱轨的作用，当然我们也不否认环境及组织因素的作用。也就是说，尽管高管处于绝佳的条件下表现得高效高能，但由于他或她的异常症状，在工作压力增加或非常规情况出现时，可能会出现特定的问题。

如第一章所述，尽管一般人（精神病学家）从分类角度（即"他是或不是精神障碍"）来思考，心理学家思考的则是程度的问题。这样就可以根据其症状的不同程度，准确地描述一个人是外向，神经质，还是精神障碍。本章将使用类型术语来讨论人格障碍。原因之一是多数人都用分类而不是程度来谈论或思考问题（如她个子高、他外向、他们神经质）。另一个原因就是精神病学家也运用类型术语来思考、衡量人格障碍：如果人们表现出特定数量与人格障碍相关的行为（如12种行为中的8种），就说明他们达到了建档的标准。然而，这种条块切割的分类法都是随机的。一个人即使具备全部12种典型行为，也未必同时具备8种必备行为的是同一类人。而且，尽管各种典型行为被给予了同等权重，但其中一些可能对工作中的心理机制更有害，目前好像还没有此类研究。本章将对此进行探讨。

心理学进一步的研究试图减少对个性特点的描述。所有人都可以从多方面进行剖析，而剖析的结果则可以确认一个人的特点，也可以发现具备哪些特点更趋向脱轨、失败或不正常的管理技术。也就是说，经常可以发现人格障碍几种特征并存的证据。一个人具有不止一方面的典型特征并不罕见，也很正常。即他的个性可能具备自恋特点的同时又有演献的特征。这里核心的观点就是，我们每个人都具备独特的心理特征，很有必要从一个人的整体特征去解释他的心理过程正常与否。

正如第一章所述，三种类型在管理脱轨中最常见，他们按照出现的频率依次是：反社会、自恋以及演献。不择手段（严格来讲不算人格障碍）经常被认做第三个维度（参见毒性三角）(Jakobwitz and Egan, 2006)。这些观点在人格黑暗三要素中有详尽描述（Paulus and Williams, 2002），但对这样的类型划分也存在不同意见。用外行话来讲，病态人格者自私、冷漠、具有表面魅力、缺乏同情心、从不自责；自恋者寻求关注、见风使舵、自我中心、利用他人；不择手段者欺骗、操纵别人、自私自利。

让人感到矛盾的是，有人格障碍的人却往往使他们获得并暂时占有高管位置有帮助。人格障碍者的魅力、自恋者的自信、不择手段者高超的骗术以及演献者情感的开放，可能在很多时候都是对从事商业工作有利的特点。如果高管候选人外形有魅力、受过良好教育、智商高、具备黑暗三要素特征，我们就不难看出他们为什么会入选高管位置。从这种意义上讲，评估人或选拔人应该为那些后来严重脱轨的领导承担用人不当的责任。他们没能从这些人的履历中发现人格障碍的关键指标。另外，这些人履历中的介绍完全可能是编造出来的。

本章希望说明，尽管看起来很矛盾，但人格障碍症状可以帮助特定人在特定行业攀上成功的顶峰。如果他们够聪明够睿智，他们的障碍特征至少在一段时间内在商业领域内是有益的，甚至很有吸引力。但是，时间久了他们这种特征就会被发现，并导致多种商业问题的出现。

谈到人格障碍者时，一般人总会想象出一个危险的杀人犯或是特别成功又自信的骗子。同样，许多可能会羡慕自恋型人格障碍者的自信。演献型人格障碍者如果从事创造性工作，其情绪化倾向以及外向的表演力会让人觉得他有创意而不是有问题。不择手段者狡黠的伎俩可能被认做坚韧的表现而受到好评。从这种意义上讲，这些人格障碍较为"温和"的形式可能是普遍存在的，而且在特定情况下是一种优势。

近来对人格障碍研究的两个新进展使精神病学家与心理学家意识到，一些高级（或初级）经理确实有人格障碍。第一个进展就是越来越多的作品关注所谓"成功的人格障碍者"（Hall and Benning, 2005）。研究者发现，有人格障碍的高管通常相当成功。事实上，他们的异常行为在特定条件下看起来是种优点。于是，就出现了自相矛盾的所谓"成功的人格障碍者"这样一类人。有学者研究了那些有不道德行为和触犯法律行为却逍遥法外的人（参见第四章）。

第二项进展的研究主要从心理学角度而不是精神病学角度出发，探讨了人格障碍的度量方法（Furnham and Crump, 2005）。精神病学家通常喜欢区分类型（即根据某个绝对指标，一个人属于或不属于某一类型），而心理学家更倾向于用程度来划分。因此，人格障碍按其与"正常"特征的逻辑关系，可区分为各种不同程度的表现。事实上，频谱假设认为，人格障碍出现在那些个性特点得分过高或过低的两类人身上。比如，极度认真的人可能表现出强迫症状，或者神经官能类的歇斯底里。因此，并不难理解为什么具有某种特征的人能够在商界非常成功。事实上，在一定时期的特定环境中（如商界），具备某种人格障碍倾向可能相当有优势。

一些特殊的工作环境确实需要与特定人格障碍相关的信条与行为。特种部队里与精神障碍相关的冷漠就有用武之地；同样，那些从事质检、健康与安全工作的人会感到各种具有强迫症状的检查行为对工作大有好处。然而，应该指出的是，这些都应视为特例而非常规。

心理学家还试图研究性格与人格障碍之间的联系，以便更精准地描述这些个体（De Clercq and De Fruyt, 2003; Durrett and Trull, 2005; Hogan and Hogan, 1997; Millon, 1981; Rolland and De Fruyt, 2003; Saulsman and Page, 2004; Widiger et al., 2000, 2001, 2002）。这种研究也可以为性格形成、运行机制及过程的有关理论提供心理学以及生物学的解释。有关性格的理论研究大概已经超越对人格障碍的研究。很多精神病学研究作品都关注人格障碍类型，而有关其成因和预断、描述和解释其作用方式的行为机制及过程的研究却很少。临床学、人格心理学与精神病学如能进行联合研究是再好不过的。

## 人格障碍

精神病学家与心理学家在人格的课题上有很多共同观点。他们都认为人格需经过一段时间才能达到稳定。《心理障碍诊断与数据手册》标准（APA，1994）对此的观点是，（人格）"持久"、"不会轻易改变"、"稳定且持续时间长"。其行为方式并非短期药物治疗所能改变，而且人格模式并不是某一种人格障碍的表现或结果。个人性格和人格障碍能够在相当长时间内、在不同情况下保持稳定，较少随着时间改变。从这种意义上讲，从一个人的气质上应该可以找到明显的生物学线索。这也许就是为什么在人员选拔时那么重视生物学数据的原因吧（Gunter, Furnham and Drakeley, 1993）。

精神病学家与心理学家都认为，人格因素与认知、情感以及社会诸方面都相关。人格障碍与性格会影响人们的思考、感知以及行为方式。如果一个人的行为明显偏离当时文化背景下对个人行为的期待，就是人格障碍的一种表现。"古怪的行为"不只表达了习惯、传统、宗教、政治、价值观，也不只是来自特定文化背景。换言之，这样的行为对某一文化背景下的所有人来讲都是古怪的，这也包括独特甚至古怪的商界！

《心理障碍诊断与数据手册》（APA，1994）指出，人格障碍由来已久，而且在成年之前就会表现出来。人格障碍存在性别差别：反社会型多见于男性，而边界型、演献型、依赖型等人格特征更容易在女性身上发现。某些人格障碍与其他类型的障碍表现出相似的症状，如焦虑、情绪化、神经质、药物依赖等等，但它们都有各自的特点。正常性格与人格障碍之间的本质区别在于，"正常性格没有达到障碍的门槛。只有当这些性格特征不轻易改变、失调、顽固且造成严重的损害或主观上的苦恼时才是一种人格障碍"（美国精神病学会，1994，第633页）。从这种意义上讲，人格障碍可以看做一种极端的性格。事实上，频谱假设就认为人格障碍是极端的性格特征，其与正常值相差一至两个标准差（Furnham，2006）。精神障碍者或反社会的人的随和程度（艾森克使用的术语是精神状态）非常低；而演献型则表现出极度的神经质、强迫症状以及极度谨慎。当然，问题在于极端的性格与人格障碍之间的界限在哪里。而且，人格障碍的范围似乎比性格的范围要广，同时一些障碍看起来与性格并不明显相关，至少根据五要素模型的定义是这样的（Furnham and Crump, 2005）。DSM-IV 提供了明确的标准：

人格障碍的整体诊断标准：

A. 持久的心理体验模式，加之其行为明显偏离该文化背景下对个人行为的期待。

这一模式表现在以下两个或多个方面：

1. 认知（即认识与理解自己、他人或事物的方式）；
2. 情感（即情绪反应的范围、激烈程度、倾向及恰当程度）；
3. 人际关系；
4. 对冲动的控制。

B. 这种持久的模式在很多人际及社会条件下都很难改变。

C. 这种持久的模式引起了临床意义上严重的忧虑或造成了社交、职业或其他重要领域的问题。

D. 该模式很稳定、很持久，开始时间可以追溯到青春期或儿童时代。

E. 该模式不能解释为另一种精神障碍的表现或结果。

F. 该模式不是药物（如毒品或药剂）引起的直接生理反应，亦非由临床病症（如头部创伤）引发。

（美国精神病学会，1994，第633页）

目前已定义并辨明的人格障碍超过十种，我们将讨论其中的一部分。偏执型人格障碍：典型特征是对人不信任、怀疑一切，如将别人的动机解释为恶意的。精神分裂型人格障碍：与社会关系脱离的一种模式，情感表达非常有限。古怪型人格障碍：对亲密关系感到极度不适，认知与感知扭曲，行为古怪。反社会型人格障碍：无视并冒犯他人的权利。边界型人格障碍：在人际关系、自我表象以及情感方面不稳定，极易冲动。演献型人格障碍：特别感性，醉心于寻求关注。自恋型人格障碍：自我感觉良好，需要别人的羡慕，缺乏同情心。回避型人格障碍：属于社交抑制类型，自我感觉不佳，对负面评价过度敏感。依赖型人格障碍：出于被人极度呵护的需求而表现出服从并依附他人的行为。强迫型人格障碍：专注于秩序、完美以及尽在掌控的感觉。其他未单列的人格障碍：包括以下两种情形：（1）个人性格模式达到了人格障碍的标准，并表现出几种不同人格障碍类型的特点，但未达到某一特定类型的标准；（2）个人性格模式在总体上达到了人格障碍的标准，但是其障碍类型没有包括在分类之内（如被动攻击型人格障碍）。

（1994，第 629 页，摘录）

应该指出的是，这些人格障碍类型是按不同组别来划分的。如果组合在一起，通常可以分成三组：A 组（偏执型、精神分裂型、古怪型）；B 组（反社会型、边界型、演献型、自恋型）；C 组（回避型、依赖型、强迫型）。本章主要讨论的是 B 组中的几类障碍，因为这几类似乎与管理错位联系更加密切。

还需要指出的是，《心理障碍诊断与数据手册》每版都会有不小的变化，一些类型的障碍被删掉，又有一些其他类型增补进来。这是分类专家们关注的领域，我们在这里就不赘述了。

区分某一特定的个性风格与人格障碍的最重要方法就是比较其可变性。职场上有很多难相处的人，他们虽然都行事刻板、不灵活，但其实只有很少一部分人这样的行为背后隐藏着苦闷、零乱的生活状态。只有那些不轻易改变、反复出现的、应对压力的糟糕表现才是多重障碍的标志（Furnham, 2004）。

人格障碍影响自我意识，即人们对自己的认识及其对他人如何看待自己的感受。人格障碍经常会极大地影响职场的人际关系。他们的特点体现在如何"完成任务、接受或发布指令、作出决策、遵守规定、承担责任以及与人合作"（Oldham and Morris, 1991, 第 24 页）。反社会型、自恋型、演献型、强迫型、被动攻击型、依赖型人格障碍在职场出现的问题格外多。

某些类型人格障碍在表达与理解情感方面很困难。正是由于他们在表达中的紧张以及多变使他们很古怪、难以相处，并且易于脱轨。更重要的是，他们在自控方面经常出现严重问题。

专家们从多个角度给人格障碍进行了分类，与本章相关的是有关人格障碍对职场中人士影响的研究。毫无疑问，此类命题可以追溯到霍根的研究。霍根（Hogan，1997）指出，探讨黑暗面，即他们所称的人格障碍，非常有助于理解管理层脱轨的原因。他们称，在组织机构中有不少"疯狂的"经理人，帮助人们发现那些糟糕或可能脱轨的经理人有助于减轻他们的痛苦。霍根认为研究人格障碍非常有用，可以作为风险控制手段，揭示经理人在压力下如何处事以及他们独有的软肋。

现在有不少较畅销的相关书籍已经对人格障碍进行了解释与命名。

霍根还指出，相关研究显示，领导者脱轨研究更多的是领导者具备哪些不好的品质，而不是欠缺哪些好的品质。这是因为职场工作人员更关心如何选拔而不是如何淘汰员工。也就是说，他们实际上关心的是不希望员工具有的素质。一般组织都没有成形的机制，也没有兴趣或能力来寻找脱轨以及人格障碍的先兆。选拔的方法可以用一个简单的 $2 \times 2$ 模型表示，即选择与放弃、好与坏。目的在于选择好的，放弃坏的（如不适合或能力不足等等）。然而，多数的选拔过程实际上只是明确了被选拔者应该有哪些能力、资格、经验、动机以便"选拔好的"。未获选拔的人是因为他们上述某方面"不足"或未达到某种标准。这种通用方式的缺点就在于没有特别关注具备哪些特点应该被"放弃"，也就是说，没有寻找人们不希望被选拔者所具有的特点。从这种意义上讲，确定选入与筛出两方面的标准非常重要，因为在筛出的标准里可能就包含着人格障碍的表象。

霍根在此领域的研究得出了七个结论：各种研究对与管理层低能与脱轨相关的异常性格观点基本一致。许多脱轨的经理人（尤其是那些有自恋型人格障碍的人）具备过人的能力，这就是他们的障碍症状在选拔之初没有被察觉，而后却被下属发现的原因。糟糕的经理人是员工不良行为（盗窃、旷工、跳槽）的主要原因：待遇欠佳通常会使员工产生怨恨、报复以及破坏性心理。

第三章 个性风格、特点与人格障碍 | 77

表 3.1 对相似类型人格障碍的不同分类

| 《心理障碍诊断与数据手册》第四版定义的人格障碍 | | 霍根（Hogan, 1997）HDS 命题 | 奥德海姆和莫里斯（Oldham and Morris, 2008） | 米勒（Miller, 2008） | 多特里克与凯罗（Dotlick and Cairo, 2003） |
|---|---|---|---|---|---|
| 边界型 | 无端的恼怒；不稳定又紧张的人际关系；在理想主义与现实贬损之间波动。 | 兴奋型 | 多变型 | 反应型 | 善变型 |
| 偏执型 | 对他人不信任，多疑；认为别人的动机都是恶意的。 | 怀疑型 | 警惕型 | 警惕型 | 习惯型 |
| 回避型 | 逃避社交；自我感觉不佳，对批评与拒绝过度敏感。 | 谨慎型 | 敏感型 | 退缩型 | 过度谨慎型 |
| 精神分裂型 | 情感冷漠，远离社会关系；对表扬与批评漠不关心。 | 含蓄型 | 孤独型 | 古怪型 | 冷漠型 |
| 消极攻击型 | 对应有的社会或职业责任消极抵抗；如果别人让其做不愿意做的事，就会恼怒或激辩，表现易怒。 | 悠闲型 | 悠闲型 | 宠坏型 | 消极抵抗型 |
| 自恋型 | 举止、态度傲慢轻蔑，自以为很了不起。 | 大胆型 | 自信型 | 自恋型 | 傲慢型 |非同一般地自信；自大；对自己的能力估计过高。

续表

| 《心理障碍诊断与数据手册》第四版定义的人格障碍 | | 霍根 (Hogan, 1997) HDS 命题 | | 奥德海姆和莫里斯 (Oldham and Morris, 2008) | 米勒 (Miller, 2008) | 多特里克与凯罗 (Dotlick and Cairo, 2003) |
|---|---|---|---|---|---|---|
| 反社会型 | 无视真相，冲动、缺乏计划，不守规矩。 | 有害型 | 喜欢冒险，冲击极限；需要刺激；狡猾，操纵，欺骗、利用别人。 | 冒险型 | 掠夺型 | 有害型 |
| 演献型 | 过于感性，过度寻求关注；戏剧性表演，夸张的情感表达。 | 多彩型 | 热衷表达自我，过于活跃或戏剧性表达；希望别人注意自己，希望成为关注的焦点。 | 戏剧型 | 激动型 | 戏剧型 |
| 古怪型 | 想法古怪，充满想象；行为言谈古怪，疯狂，特异。 | 创意型 | 举止思维有创意，但古怪异常。 | 特异型 | 创意型 | 古怪型 |
| 强迫型 | 过度关注秩序、规则、完美以及掌控；过于谨慎、不灵活。 | 勤备型 | 小心翼翼，精准完美，对规则与程序一丝不苟；对他人的表现很挑剔。 | 谨慎型 | 细节型 | 完美型 |
| 依赖型 | 离开建议与反复确认就很难作出日常决策；由于担心失去支持与引导，很难表达不同意见。 | 免责型 | 急于讨好别人，依赖于他人的支持与引导；不愿独立行事或与多数人意见相左。 | 投入型 | 依赖型 | 讨好型 |

霍根一直认为，应该通过旁观者的视角来看待人格障碍，即通过与人格障碍者打交道的人来描述它。从这种意义上讲，依靠面谈或问卷而成的研究结果远不及人格障碍者的同事、下属以及客户的观察视角准确。多数研究的问题都在于它们只能描述经理人做了哪些事导致或正在导致他们脱轨，而没有解释他们这样做的原因。尽管从学术或生物学角度看，导致人格障碍或脱轨的因素并不明确，但其后果却显而易见。最明确、也是非常简单的因素，就是他们不吸取教训。障碍的另一个严重后果就是信任危机。也就是说，错位的经理人会失去所有与之打交道的人的信任。

凯兹·德·乌莱斯（Kets de Vries, 2006a）是最早提出应通过人格障碍来研究领导脱轨的学者，他指出应该强调领导者与追随者两方面的症状，这一点很重要。他还认为，"任何想分析自己或领导者风格的人都应该记住，纯粹的典型是很罕见的。由于各种类型的混合，很难作出最终判断"（第131页）。

凯兹也思考了脱轨领导和追随者症状的各种可能性（参见表3.2）。

表3.2　　　　　　　　　　　个性范围一览

| 属　性 | 领导者的倾向 | 追随者的倾向 |
| --- | --- | --- |
| 自恋型 | 非常高 | 低 |
| 戏剧型 | 中等 | 高 |
| 控制型 | 高 | 高 |
| 依赖型 | 非常低 | 高 |
| 自我挫败型 | 非常低 | 高 |
| 远离型 | 中等 | 中等 |
| 沮丧型 | 低 | 低 |
| 生硬型 | 中等 | 低 |
| 偏执型 | 高 | 中等 |
| 否定型 | 非常低 | 中等 |
| 反社会型 | 高 | 低 |

资料来源：曼弗莱德·凯兹·德·乌莱斯《躺椅上的领导》（Jossey – Bass, 2006）。

一般认为四种人格障碍在脱轨领导者身上普遍存在：自恋、反社会、控制与偏执。对于追随者的异常症状，也有四种较为普遍：控制、依赖、戏剧性与自我挫败。

有些学者对人格障碍方面的研究颇有微词。戈德曼（Goldman，2006a；2006b）针对自恋型与反社会型人格障碍者进行了两项有趣的案例研究，来说明他对有毒型领导与人格障碍领导区别的看法。他对《心理障碍诊断与数据手册》（DSM）的术语持谨慎态度。他总结道：

> 目前越来越多的领导研究作品中对领导者进行表面化诊断，并且不求证是否达到DSM的标准就胡乱参照人格障碍的说法，这样做实在是有问题。作为社会学家，我们当然可以描述并解释自恋型或边界型的高管，或者认为整个公司都有自恋症，但实际上我们这是在进行彻底的人格评估，对这些人进行无根据的、轻率的、不正规的人格障碍诊断，是对个人的一种潜在的非难。如果不了解DSM的内涵与应用，我们就会模糊了自恋行为、自恋性格与非正常的自恋人格障碍之间的界限。考虑到我们的话对一个领导者或组织可能产生的后果，我发现我们完全不能犯错。任何错误都是不能接受的。我们是否仅仅通过借用、打造DSM标准就能增加我们对毒性管理者研究的力度？我们是否可以不必担心顾问及产业心理学及精神病学设计的DSM语言以及诊断的精准性？
> 
> 既然一个病态的领导者就能使整个组织遭到破坏，那么我们是否能够满足于领导者评估工具长长的列表，而对其并未认识到自恋型人格障碍在领导者中间的普遍性与必然性这一点置之不理呢？对症状进行仔细的分析，并且将其看做职场失调的常态，这样对多变的职场实际上是非常有害的。因为职场已经存在欺凌弱小、攻击、暴力、毒性行为，并且近来被称做"组织内的恐怖主义"。当然，领导者身上未经诊断或错误诊断的症状是组织异常运转不断升级的前奏。只要有一次失误而未及时评估领导者的症状，就可能导致戏剧性的人际与系统性反应，包括：实施破坏、动力与效率下降、跳槽率上升、内部不满增加、投诉与诉讼增加。
> 
> （第410页）

## 亚临床障碍症

一些具有某些障碍症特征的人可能很有吸引力，或者至少在特定的工作中看起来能力很强。因此，有温和的偏执型人格障碍的人可能在安保行业相当成功；而强迫型的人可能从事卫生与安全工作非常成功。

我们应该记住与工作中人格障碍相关的三个要素。首先，一定要考虑其他因素，如外表、认知水平、社交技巧等。那些头脑聪明、外表帅气的人更容易使人们"原谅"他们的缺点。很多针对"光环效应"的社会心理学研究表明，外表有吸引力的人总是更有魅力。

其次，实际上一个人很难完全没有任何人格障碍的症状。从分类角度看，人们通常同时具备不只一种障碍的症状。同样，如果从心理学或量度角度出发，很明显可以发现，人们的形象非常复杂。因此，一个反社会人格者可能在另一方面得分类似，也就是说，我们要解释职场上特定的行为，就要理解此人完整的形象特征。

再次，履历的细节依然很重要。中产阶级的反社会人格无疑与劳动阶级的人格表现不同。教育与早期工作经历也会对障碍的表现有巨大的影响。

同样，还有一些概念并未从技术上定义为人格障碍，但也与我们的研究相关。其一就是不择手段，它会导致破坏。不择手段指的是愤世嫉俗、自我中心、控制、不信任以及操纵他人的人。此类人在随和程度与同情心方面得分很低。他们是某意大利作家笔下描述的处世哲学的缩影。这个作家建议：永远不要谦虚；道德与伦理是虚弱无力的；让别人害怕比爱戴更好。他们追名逐利，只专注于胜利，不在乎是否赢得忠诚和友谊，也不顾及体面、公平与荣誉。

在商业世界里，他们使用战术，目的在于击败并羞辱自己的敌人（Greenberg and Baron, 2003）。这些战术包括：忽略或"忘记"分享重要信息；总是努力让别人在上级的眼中很不中用；不履行契约责任，并散布谣言。

然而，从技术上讲，不择手段被当做一种态度、信念或风格类型，而不是一种人格特点或障碍。但是，如上所述，很明显它与人格障碍，尤其是反社会型的人格障碍有很多重叠之处。

## 应对障碍与极端个性

评估与选拔人必须做的就是要在聘任某人之前发现这些与障碍相关行为的迹象。考虑到某些障碍类型具有欺骗、夸张以及归因错误的倾向，这项工作不能通过与受聘者个人接触来完成，而应该依靠其他人或旁观者。也就是说，尽管面试可以提供某些线索，但仅靠面试收集的信息是不够的。

我们强烈建议某些工作应对应聘者进行尽职调查。这意味着相当全面的背景调查，以确保彻底摸清候选人的工作经历。这就要求接触此人以前工作单位的老板、同事，收集文字资料；要求访问候选人之外的很多人作为参考；也要求仔细甄别每句话的真实性。

有人说，使用精神病学标准来诊断人格障碍，就能从人格障碍的角度部分解释管理层脱轨的原因。许多经理人似乎都处于病症的边缘，但很容易被特定的环境"推过界限"。可见，棘手的商业问题或长期问题都可能造成很多危机以及巨大的压力，使得这些人的阴暗面暴露出来。从这种意义上讲，上面所述的障碍只要不是极端的，就可以看做"脱轨的潜在风险"。

有两个非常重要的实际问题。第一个就是如何确定这样的人。第二个就是如何防止这些人占据组织中能造成巨大破坏的职位。候选人自己不太可能会自我诊断或寻求帮助。尽管自恋者与歇斯底里的人可能会出现这种情况，但有神经官能症的人就不太可能会如此。但是，有神经官能症的候选人的同事、下属以及客户却很有可能会识别出他们的一些特定行为。

从这种意义上讲，对候选人进行360度全方位的评估对发现病症迹象很有作用。多数的360度问卷关注特定的能力表现，如团队工作、沟通与创新等等。其中的一些问题很容易重新设计，用来帮助识别障碍的表现。本章重点描述的三种障碍中的每一种类型都可能在此问卷的反馈中得到四五条信息。如果候选人自己的介绍与其观察者（即他/她的老板、同事或客户）的观点出入较大，或者如果这些观察者在其消极行为上评价一致，那么该候选人恐怕还需要进一步考察。

可以从多种角度来寻找相关行为，如管理风格（傲慢、不真诚、操纵），人际关系（表面化、拆台、缺乏技巧），工作关注点（不耐心、不稳定、不可靠）以及其他综合性的"黑暗"行为，如欺骗、作弊、欺凌弱小等等。

德·弗伊特及其同事（De Fruyt and colleagues, 2008）注意到在选拔与资源开发的背景下评估"风险"人格非常重要。他们再一次说明了某些"正常"人格的水平过高或过低都是潜在风险的表征。

区分时间与条件的"正常"与否也非常重要。就是说，如果那些消极、冒险或危险行为只在经理人处于巨大压力下时才表现出来，而且这种压力并非他/她自己造成的，同时压力状态并非频繁出现，那么如果给予一定的帮助，良好的状态能够得以恢复。

组织层面也面临一定问题：即组织应该怎样做才能阻止这些经理人潜移默化地使其他经理人脱轨。一个显而易见的办法就是在招聘与选拔时充分评估这些问题。因此，应该使用一套"筛选"或淘汰标准。相关的数据应该来自标准化问卷（Hogan, 1997）以及各种核查清单（Saulsman and Page, 2004），同样有用的还有参考校对。很明显，与寻找希望候选人具备的行为与特点相比，积极寻找不希望候选人所具备的行为与特点的组织还远远不够。

还有一系列问题与经理人在某组织中已经占有一席之地，却又由于一种或多种人格障碍而面临脱轨的情况有关。一个明显的解决办法可能就是尝试某种辅导或治疗。在人格障碍可以得到多大程度的治疗方面存在一些争议（Babiak and Hare, 2006; Kets de Vries, 1999）。某些类型的人格障碍可能比其他类型更容易治疗（比如强迫型与神经官能型），当然这还要在很大程度上依赖于治疗的性质。

另外一个问题就是要努力控制那些会使有潜在风险的经理人表现出问题的环境条件，让他们少受诱惑，以避免其形成不恰当的行为。这可能意味着努力为他们减压，或者将他们调整到很少遇到问题的岗位。同时，这也不可避免地暗示着他们所能受到提拔的上限。

奥德海姆和莫里斯（Oldham and Morris, 2000）倡导的又一方法是，在对这些经理人作出正确的评估之后，对他们身边的人进行教育以确保这些人理解并控制形势，而不是激发或加剧形势的恶化。这也意味着要首先寻找典型的行为模式。

## 结论

本章重点讨论了三种人格障碍类型以及"成功的"精神障碍、自恋者与演献者等等在工作场合如何表现。很多人认为这些障碍病症很容易诊断，而且这样的人也不可能在商界受到重用。但事实并非如此，越来越多的证据表明，有些著名的、起初受到尊重的政客、宗教领袖、律师以及商业巨子最终被发现具有明显的人格障碍症状。

  本章进一步认识到，尽管看起来自相矛盾，但上述三种人格障碍其实可以在商业背景下对个人有一定帮助。精神障碍者的乐于冒险、自恋者的自信、演献者的情感表达都让他们在特定人群里和特定行业中格外引人注目。

  有关人格障碍预测方面的数据并不乐观。尽管我们可以应对这些人格障碍，却无法改变他们。上述三种人格障碍没有明确的界限，人们可能处于其边缘或者说"危险地带"，这里的风险明显要小于频谱极端位置。

  一个头脑聪明、受过良好教育、处于中产阶级的人如果有一种或多种障碍症状无疑会生活得更好。在商界的特定时期，他们甚至会被看做一笔财富。但是长远来看，他们会为自己、为直接下属以及同事和公司种下苦果。他们一个人就能将愉快、高效、正常运作的职场变成一个人们互相猜忌、工作受到破坏、员工表现不佳的地方。作为强有力的个人，他们通常可以被视做职场从正常到异常运转的始作俑者。

# 第二部分

## 第四章 | 成功的精神变态者

**概要**

　　许多研究从多个角度引人入胜地讲述了一些精神变态者的故事，影视剧更是让人们觉得精神变态者就是那种精神障碍的斧头杀手或连环杀人案元凶。但是，精神变态者中也不乏一般罪犯、唯利是图者、骗人的老手以及企业高管。本章将研究黑尔（Hare，1999）所说的"白领精神变态者"以及我们常说的"成功的精神变态者"。

　　这里所说的精神变态者或反社会者指的是反社会人格障碍类型，他们的行为不符合道德或社会标准，冲动、不懂自责与羞愧。精神变态者曾被称为"道德疯子"，常出现在社会经济地位低下的群体中，这无疑是因为这种类型具有"向下趋势"。

　　克莱克利（Cleckley，1941）在他的名作《疯狂的面具》中首次提出了十个标准：表面的魅力与高智商；面对压力无焦虑感；虚伪欺骗；不懂自责与羞愧；不能体会真爱与其他真挚的情感；不负责任；行为冲动不顾及社会准则；头脑清晰、没有非理性的想法；不吸取过去的经验与教训；缺乏真知灼见。这本书因其深刻的洞察而堪称心理学与精神病学研究的经典。克莱克利指出，圆滑冷漠的商界人士，巧舌如簧、善于操纵他人的律师以及傲慢欺诈的政客都是精神变态者。

　　克莱克利区分了16种人格特征，并研究了具有这些特征的个体，他相信自己捕捉到了精神变态人格特征的本质。下列是克莱克利提出的16种特征：

1. 表面的魅力与高智商；
2. 没有虚幻的想法或其他非理性思维；
3. 不会表现出紧张或其他心理、神经质症状；
4. 不负责任；
5. 虚伪狡诈；
6. 不懂自责与羞愧；
7. 动机异常的反社会行为；
8. 判断力不足，不能从过去的经历中学习；
9. 精神障碍性自我中心，不懂情感体验；
10. 情感反应总体上匮乏；
11. 缺乏洞察力；
12. 人际关系能力差；
13. 酒后举止不佳，有时未饮酒也有不良举止；
14. 有自杀倾向，但实施者不多；
15. 性生活冷淡，刻薄，自我孤立；
16. 没有坚持一贯的生活计划。

克莱克利强调了这种人格障碍的个性特征，他显然认为，多数的精神变态者都是非暴力型的。尽管他承认很大一部分被监禁的人表现出精神变态症状，但他强调多数的精神变态者都并未受到监禁。按照克莱克利的观点，精神变态者：

> 不太可能犯重罪而获长期监禁。这种人还擅长逃避一般的法律惩罚与限制。尽管他经常给社会及其本人制造麻烦，还总被警方查办，但他一般不会犯重罪，从而导致自身行动受到永久性或其他相应的限制。他经常被捕，可能达上百次之多，但他几乎总能再度自由，而且回到他原来那种异常的旧模式之中。

(第19页)

## 定义

对于所有与精神病症有关的定义和措辞，都有许多讨论与争论。巴比亚克与黑尔（Babiak and Hare, 2006）明确了三个互有重叠的术语的区别：

"精神变态"是一种用个性特征与行为来描述的人格障碍。精神变态者缺乏同情心和愧疚感，除了自己，对任何人都没有忠诚可言。"反社会"不是正规的精神病学症状。它指的是被社会总体认做反社会或犯罪的观点及行为模式，但这种模式在其形成的亚文化或社会环境中，则是正常且必需的。反社会者可能有良知、有同情心、愧疚感和忠诚度，但是他们的是非观念是建立在他们的亚文化或小团体的标准和期待之上的。许多罪犯都可以被称做反社会者。

"反社会人格障碍"（简称 APD）是美国精神病学会（APA，1994）在《心理障碍诊断与数据手册》（第四版）（DSM‐IV）中定义的一个广义的诊断类别。反社会的犯罪行为是它的主要特征，也是它与反社会者的相似之处。一部分具有反社会人格障碍的人是精神变态者，但多数并非精神变态者。两者的区别在于精神变态者具有一些反社会人格障碍者不一定具备的个性特征，如缺乏同情心、自大、情感匮乏等等。反社会人格障碍者在总人口以及狱犯中的人数是精神变态者的三到四倍。反社会者的普遍程度尚不确定，但其人数可能比反社会人格障碍者要多得多。

（第19页）

精神变态者的典型特征在于两个方面：一个方面是社会情感。精神变态者虚伪，没有同情心与愧疚感，他们还善于欺骗及控制，并且倾向于自我中心与骄傲自大。另一个方面是与他们的怀疑、冲动、缺乏自制力相关的社会偏差。精神变态于儿童而言，会表现出行为问题；于成人而言，则会出现反社会行为。有关此方面的研究已经发展成形。

## 通俗解释

奥德海姆和莫里斯（Oldham and Morris，2000）认为这些类型的人很"冒险"。他们用通俗的措辞来描述精神变态者，以使非专业人士更容易理解。第一，"不守规则"，他们按照自己内在的价值观生活；第二，"喜欢挑战"，喜欢冒险刺激；第三，"极少互相依靠"；第四，他们有"说服力"，巧舌如簧，富有煽动力；第五，对不同的性伴侣具有"强大的异性引力"；第六，持续的"游走欲望"，喜欢不断转换，从不在某一地域、人群或工作上停留；第七，喜欢"自由职业生活方式"，不担心择业问题，喜欢靠自身的才干、技能、创造力与聪明才智谋生存；第八，他们"花钱大方"；第九，他们属于"麻烦制造者"，让别人的日子不好过；第十，他们显示出"勇气"，大胆坚韧；最后，他们总是"活在当下"。简而言之，他们前后不一、挑衅滋事、无道德感、不守规则。他们还冲动、鲁莽、自我，完全不懂后悔。

霍根（Hogan，2001）认为反社会者非常有害。他指出，这一类型的人期待别人喜欢他们，觉得他们有魅力，然后他们就可以从别人那里较容易地得到好处、承诺、金钱以及其他资源。但是，由于他们只是利用他人，因此无法投入，对社会、道德以及经济责任也毫不关心。他们很自负，觉得自己无懈可击。他们摆出一副勇往直前、沉着冷静的样子，让别人觉得自己很有吸引力，甚至到无法抵挡的地步。在那些需要大胆冒险的行业里，他们会被看做高管的最佳人选。

米勒（Miller，2008）将有精神变态症状的老板称做"食肉动物"。他指出，他们认为"这是个狗咬狗的世界。一定要做第一。规则是为失败者制定的。我比所有人都聪明……我的需要是第一位的。我可以跨越任何人"（第58页）。米勒（Miller，2008）认为，"冷血"的企业家就是典型的有精神变态症状的人。他们对人际关系的探索不是为了与人为友，而是为了操纵别人。他们喜欢比他人聪明的感觉，因为这强化了他们认为自己聪明有力的自我意识。他们很容易成为专家、骗子、贪污者或骚扰者。奇怪的是，他们经常会冒着失去很多的风险，只为了得到很少的利益。这是因为他们喜欢刺激与惊险。

米勒（Miller，2008）指出有两类有精神变态症状的老板：一类是聪明、转弯抹角、狡猾、欺骗的天生操纵者，这种属于有谋划的顺畅的统治者；另一类则不如上一种聪明，他们更倾向于恃强凌弱，使用威胁恐吓等手段。

有精神变态症状的老板不懂忠诚或感恩，但他们会取悦能帮助他们实现需求和目的的员工。而一旦他们的目的达到了，他们就会漠视他人的存在。他们将成绩归功于自己，将过失归咎于他人。人格障碍网站对他们的症状作了总结，各症状的英文首字母缩写成 CORRUPT（意为腐败），各首字母的含义如下：

C：不遵守法律；
O：对责任视而不见；

R：鲁莽从事，不顾自己与他人的安全；

R：缺乏自责；

U：欺瞒他人；

P：计划不充分（冲动）；

T：脾气急躁，有攻击性。

有精神变态症状的老板自欺欺人、傲慢自负、行事鲁莽，容易引发很多矛盾，但又几乎完全不懂得从过去的经验中学习。霍根（Hogan，1997）认为：

同他们的才干相比，他们经常显得成就不足。这是因为他们冲动、鲁莽，不懂得从过去的经验中学习。这些人能够沉着应对压力与重担。他们很容易感到厌倦，觉得压力、危险与风险让人激动，因此总是积极去寻找这些东西。结果，很多这样的人成了英雄，他们介入抢劫事件、冲进火场、拆除炸弹，他们自告奋勇承担危险的任务，他们在战争或混乱时期如鱼得水。相反，他们对固定程式的要求却很难适应。

(第49页)

## 原因探究

巴比亚克与黑尔（Babiak and Hare, 2000）对这一问题作出了如下的总结：

精神变态症状是先天，还是后天因素使然？就像与人类有关的其他问题一样，这个问题的答案是，先天后天都有关系。一个更好的问题是，先天与后天因素对这些精神变态典型特征与行为的影响有多大？

(第107页)

随着行为遗传学理论应用到人格特征及行为属性的研究中，这一问题的答案越来越清晰。

近来不少对双胞胎的研究提供了有力的证据，说明遗传因素在精神变态本质特征的形成过程中的作用至少不逊于环境因素的力量。研究者博洛尼根、卡尔逊、克鲁埃格与帕特里克（Blonigen, Carlson, Krueger and Patrick, 2003）在对271对双胞胎进行研究后称，研究结果"充分表明遗传因素对精神变态者的人格构建发挥了重要作用"。此后，研究者拉尔森、安德尔舍、里克腾斯特恩（Larrson, Andershed and Lichtenstein, 2005）通过他们对1090对双胞胎青少年进行的研究得出了类似的结论，"遗传因素解释了精神变态人格的大多数特征"。威汀、布莱尔、莫菲特与普洛敏（Viding, Blair, Moffitt and Plomin, 2005）研究了3687对七岁大的双胞胎，其结论也是"精神变态的本质特征在很大程度上是由遗传因素决定的"。巴比亚克与黑尔（Babiak and Hare, 2000）认为，当情感冷漠的特征与反社会行为结合在一起时，遗传因素的作用最强。他们写道：

> 此类证据并不意味着成年精神变态者的形成途径是固定不变的，它所说明的恰恰是社会环境因素在战胜天生的自然因素时非常困难。正如《毫无良知》一书中指出那样，构成精神变态的要素（比如缺乏包括害怕在内的完整的情感体验）一部分是天生的，可能源于某些不明确的生物力量对胎儿以及新生儿生长发育的影响。因此，这类人自控与良知的发展以及与他人建立情感联系的能力都大大削弱。
>
> 用一个简单的类比来说明，陶工将黏土制造成陶器功不可没（培养的力量），但陶器的特性还要依赖于所用黏土的种类（自然的力量）。
>
> （第24页）

有一个问题显而易见，那就是在普通人群中，精神变态症状到底有多普遍？近期的一项重大研究发现，只有不到1%的人存在这些症状，且在牢犯、无家可归者以及精神病人中更为普遍。精神变态者多为暴力型的年轻男性（Cold et al., 2009a）。据称，牢犯中大约有8%的男性与2%的女性为精神变态者（Cold et al., 2009a）。

## 职场中的精神变态者

黑尔（Hare, 1999）在研究白领精神变态者时指出，很多白领都背信弃义，他们通过魅力与勇气得到了他人的信任，但随后又非常冷漠地背叛了这种信任。黑尔指出了他们如何成了优秀的骗子，又是如何频繁地将目标对准那些脆弱的人。他们看准并利用了人们的天真、易受骗，以及对人不切实际的（或称浪漫主义的）认识。

他将这类人称做"准犯罪的精神变态者"，认为他们能够成为成功的学者、宗教领袖、医生、警官或作家。他们破坏规定、违反准则、违背道德规范，经常越过法律边界。黑尔还对所谓的"企业精神变态"进行了富有成果的研究。他指出，具有野心的精神变态者有很多机会。他们有许多有利条件，"他们思维敏捷、魅力超群、自信坚定，在社交场所应付自如，面对压力沉着冷静，从不担心别人发现自己的糗事，而且冷酷无情"（第121页）。

巴比亚克和黑尔（Babiak and Hare，2006）认为，我们大多数人每天都会与精神变态者打交道。但是他们的技巧与能力使我们很难发现他们是精神变态者。他们通常都表现得极具魅力、有文化、善于社交。其次，他们还巧舌如簧。再者，他们为给人留下美好印象狠下工夫，是聪明的"变色龙"。巴比亚克和黑尔指出：

当然，这并不是说有魅力、高效率、擅长社交的人就都不诚实。许多人利用印象功夫与操纵技巧来影响他人，让别人喜欢并相信他们，从而从别人身上得到他们想要的东西。这往往是在别人无意识的情况下实现的，但有时也是训练、练习与计划的结果。然而，让别人喜欢并尊敬你，并且为了实现这一目的有所付出，并不意味着一定要欺骗或虚伪。因为赢得赞许与肯定是一种正常的需求。如果社会交往中你完全不在意他人的感受，或者试图不公平地占他人的便宜，那么虚伪就开始抬头了。精神变态与否的区别在于动机如何，是否不公平又冷漠地占别人的便宜。精神变态者根本就不在乎他们的行为或语言是否伤害他人，只要他们得到自己想要的东西就行。而且他们很善于掩盖这一事实。由于他们具有超强的操控能力，难怪别人看不透他们引人注目的外表下精神变态的人格。

但是并非所有的精神变态者都这么圆滑。有一些并不具备过人的社交技巧与教育背景，无法与他人成功地交往，于是转而依靠威胁、胁迫、恐吓与暴力来控制别人，实现自己的目的。这些人的典型特征就是具有明显的攻击性，龌龊不堪，不可能迷住他人而使人顺从，只能依靠暴力手段。

（第19页）

事实上，成功的精神变态者对生活持一种操控的态度。他们唯一的目的就是要付出努力与情感来得到自己想要的东西，不管是否值得。因此各种重要"监察机构"的存在就非常必要了，如审计、人力资源、质检等。他们的工作就是要确保标准得到遵守。

　　成功的未被收容的精神变态者的研究不多，但呈增长趋势（Ishikawa et al., 2001; Widom, 1978; Widom and Newman, 1985）。这些研究对此类人的描述是：无忧无虑、有攻击性、极富魅力、冲动、不负责任。他们具备精神变态者的人格特征，尽管他们行事经常是违法的而且几乎总是不道德的，却没有严重的反社会行为。研究者指出，许多政客与商界领导都是非犯罪精神变态者。他们口是心非，但从法律上讲没有问题。他们显示出多种不良的行为方式，却不会被发觉。他们看起来很聪明，很会作秀。他们喜欢混乱不稳、变化快速的环境，因为他们对此应付自如。这些成功的、未犯罪精神变态者似乎具备一些辅助性特征帮助他们缓冲犯罪行为的出现，例如较高的社会阶层或者智商水平。从这个意义上讲，成功的精神变态者比那些地位较低、能力较弱的精神变态者具有更多的处事机制，不会像后者那样轻易被抓住把柄。正是这种口才一流、外表出众、受过良好教育的精神变态者才是职场中最危险的人物。

　　精神变态人格的行为有一系列典型特征（Benning et al., 2005），其中包括：冲动、不守规则（鲁莽、反抗意识强、反传统）；推卸责任（责怪他人，合理化自己的违规行为）；不择手段地以自我为中心（人际交往中具有攻击性）；无忧无虑无计划（过度着眼于当前，缺乏计划和前瞻）；无压力感（几乎不会感到焦虑）；无畏（喜欢冒险，不考虑潜在的有害后果）；铁石心肠（没有感情，对他人的压力漠然，缺乏想象力）。这些特征可以分成两个层面，其一与情感匮乏有关，其二在于行为上不受限制。贝宁及其同事（Benning and colleagues, 2005）进一步研究探讨了精神变态者两个显著的侧面：大胆的统治（口才上乘、好大喜功、惯于欺骗、无压力感）和冲动的反社会性（具有攻击性、反社会、不自控）。这表明，在精神变态人群中可以区分出上述两类人。

　　反社会（精神变态）经理人经常无视并侵犯别人的权利。他们通常都曾有行为不良、举止危险、难以对付的"前科"。他们对大多数社会规范都不遵守，而且如果没有社会地位或智商不高，经常会因为诈骗、偷盗或舞弊而遇到法律上的麻烦。他们惯于欺骗，比如屡次使用别名，并且为一己之私或一时欢愉而欺骗别人。总之，他们可能会是龌龊、有攻击性的骗人老手，也就是我们经常在商业犯罪节目中讨论的那种人。他们还相当冲动，疏于事先计划。他们只活在当下，只为眼前而活。他们易怒、有攻击性，表现为屡次打架斗殴。他们的行为异常鲁莽，不顾自己和他人的人身安全和心理健康，也不顾及商务活动的总体成败。在以冒险为荣的环境中，他们当然自得其乐，有用武之地。他们因经常不负责任而恶名远扬。在保持稳定的工作表现或履行财务责任方面屡试屡败，这已成为了他们的标志。最让人不安的是，他们完全不知自责。他们漠视自己行为的后果，或者狡猾地将自己伤害、虐待他人或偷窃的行为合理化。他们不会从自己的错误中吸取教训。似乎将他们仅仅标注为反社会实在是太不够了。

反社会又冒险的经理人不会被风险所吓倒，相反他们因此更为成功。他们喜欢冒险带来的刺激，喜欢拿自己以及别人的生活去冒险。他们自信，不太在意他人赞同与否。他们只顾眼前：既不对过去感到内疚，也不为未来担忧。他们可能会非常鲁莽，也不接受失败。他们对抗并无视规则。他们自控能力低下，对自己行为的后果不假思索。他们总是需要新鲜的刺激，很容易厌倦。他们可能会成为成功的企业家、记者、保镖或救生员。

精神变态特征在什么样的工作中至少在一定时间里是优势呢？这是个有趣的问题。这里的工作指的不仅是职业，也包括特定的环境，如公司迅速调整、业务萎缩或受到调查的情况。他们喜欢超越体制办事，利用所有人，使用各种手段，是十足的机会主义者。他们通常厌恶常规与管理，认为这些都是受罪。难怪他们的下属士气受挫。

他们是糟糕的老板或合作伙伴，因为他们以自我为中心，只有感到某种关系对自己有利时才会保持下去。他们很少能维持长期的真正的人际关系。他们身上缺少了一个完整的人应具备的两个要素：良心与同情心。他们在随和与谨慎方面得分很低，因此他们表现出冷酷、破坏、恶意以及犯罪的特点。他们不谨慎，利用别人获取个人利益，完全不懂得自责。他们的行为不经过大脑，因极度冲动而出名。

多特里克与凯罗（Dotlich and Cairo, 2003）指出，恶意的精神变态者认为规则其实"只是建议而已"。他们的反叛毫无理由，他们觉得规则、法律以及其他限制烦琐又没有必要，所以就去破坏它。他们显然具有一种破坏的冲动，喜欢不考虑后果就贸然作出决定。他们能够也确实讲出自己的想法、利用自己的魅力与创造力，但这些都没有明确的商业目标作为基础。

多特里克与凯罗在作品中描述了这些人的五种症状：员工对恶意领导者的承诺以及由他们发起后又弃之不顾的项目提出质疑；他们几乎从不花时间与精力去赢得人们的真心；所有的事都被他们当做挑战；他们很容易感到厌倦；而且他们还不得不费很大力气去掩盖自己的错误。

## 应对精神变态者

我们该如何应对精神变态者呢？这一点说起来容易做起来难。但是，多特里克与凯罗（Dotlich and Cairo, 2003）针对成功的精神变态者提出了四点建议：首先，鼓励他们对自己的行为负责，对他们违反规则、不顾后果的行为提出质疑。第二，鼓励他们认真思考哪些规则的确是他们可以遵守而不用违反的。第三，如果他们是自身行为结果的承受者，可能会对他们有益。最后，寻找一位指导老师对他们也是有好处的。

奥德海姆和莫里斯（Oldham and Morris, 2000）也给出了"应对身边冒险者的提示"。他们指出，人们需要清醒地认识到自己面对的是什么，不要幻想着轻易（或者可能）改变他们很多。奥德海姆和莫里斯告诫这些人（商务或是感情上）的伙伴要小心谨慎，不要被卷入他们的世界中，也不要指望会得到帮助或支持，因为这基本上是不可能的。

巴比亚克和黑尔（Babiak and Hare, 2006）为人们应对精神变态者提出了很多建议。下列是精神变态者作为自己的客户时的应对建议：

1. 争取先收款。因为如果你丢掉了这笔生意，老板会责怪你，扣你的薪水；如果你赢得了这笔生意，该客户会归功于他自己，你还是得不到一分钱。
2. 明确边界。客户不是你的朋友，他会收集并使用所有得到的信息来对付你，这包括有关生意和你个人的信息。
3. 掌握主动。精神变态的客户会试图把握局面，控制你以及整个体系，让你的工作更加困难。
4. 不要相信客户对事件或他人关系的表面描述，应该自己去查清楚。

5. 小心客户会误报或缩小他或她的犯罪史。当你发现他的话有不实之处时，他会寻找借口，将责任推卸给辩护律师、腐败的体制或者其他人。
6. 为了事情能够进展顺利，客户会恭维你。但是如果生意不顺，而且多半是由于客户想掌握主动或是不顾你的建议而造成不顺，他就会将你视做敌人。
7. 任何事都记录在案。

（第314页）

## 与精神变态者共事

巴比亚克（Babiak, 1995）在许多对商业领域精神变态的研究以及案例分析中发现了五个特点。他报告了案例分析的结论，并描述了他们如何在有精神变态症状的情况下获得成功。在一系列案例分析中，他注意到：

对当前三个主体行为的比较显示出一些相似点，他们都：（1）在开始的时候与有权有用的人建立一对一的关系网。（2）避免所有的关系人一起碰面，因为同时维持多重关系十分困难。（3）一旦建立了权力根基，就在同事间制造矛盾，使他们无法共享有关自己的信息。（4）没有用处的同事就抛之脑后。（5）遇到对自己不满的人，通过对他的能力与忠诚表示质疑来孤立他。另外，文化因素的不稳定、评价体系的不足，以及当某机构经历骤然哗变时所特有的普遍缺乏互信，都为这些精神变态行为提供了良好的掩护。

（第184~185页，重点部分）

很难估计究竟有多少成功的商业领域精神变态者。有时也很难解释为什么他们能够隐藏那么久。但是，如果你询问那些与成功的精神变态者一起工作过的人，他们究竟给职场带来了哪些痛苦与异常，答案并不难想象。精神变态者借助于自身的魅力与诡计轻而易举地就得到了一份工作。然后，他们很快就确定了那些在该组织中有权力的重要人物，并且和他们交朋友，对他们极尽甜言蜜语。他们利用这些人建立起保护网，目的在于树立自身形象，更重要的是压制潜在的对手。然后，在利用完这些人以后，他们就会抛弃那些对自己不再有用的人。

巴比亚克与黑尔（Babiak and Hare，2006）认为精神变态者事实上受到了如今商业气候的吸引。两位学者设计了一份问卷来帮助职场上的人们发现这些人。按照他们的说法，这是此类人的十个标志。成功的行业精神变态者具有以下特点。他/她：

1. 给人的印象光鲜迷人；
2. 将多半谈话都转为谈论自己；
3. 压制贬低他人以抬高自己的形象与声望；
4. 面不改色地欺骗同事、客户或商务伙伴；
5. 认为被自己超过或控制的人愚蠢迟钝；
6. 机会主义，憎恨失败，为达目的冷酷无情；
7. 让人觉得冷漠，且工于心计；
8. 行为不合道德规范，不诚实；
9. 在组织内部建立权力网，并利用它达到个人目的；
10. 对给公司、股东或员工带来负面影响的决策没有后悔表示。

精神变态者很容易被看成理想的领导者，因为他们光鲜迷人。他们很轻易就隐藏了自己的阴暗面——欺凌弱小、不道德以及操纵他人。在过去，政坛、警界、法律、媒体以及宗教这些领域会吸引精神变态者，但现在节奏明快、激动人心、富有魔力的商业世界越来越吸引他们。

对于精神变态老板，一个重要的问题就是他们属于亚临床还是临床精神变态？是什么最终将他们推过了边界呢？黑尔（Hare，1999）在他对精神变态进行的临床研究中提出疑问："我们能做些什么？"他认为似乎什么都不起作用，因为精神变态者看不到改变的必要。而且，治疗会让他们的情况更加糟糕，因为治疗可能教会他们如何更好地欺骗、操纵和利用别人。他们习得了治疗语言（即与自己的情感对话），但不会真正改变。

但是，黑尔的确提出了两方面的生存指南：保护自己、摧毁控制。前者是警告人们要小心，不要被他们的表演所蒙蔽，警惕他们的甜言蜜语、假装的善良以及编造的美丽谎言。要了解自己，因为精神变态者善于发现你的弱点。黑尔还警告那些与精神变态者打交道的人，要分清究竟谁是受害者，因为精神变态者喜欢将自己扮成受害者，然而真正的受害者可能就是你。

黑尔（Hare, 1999）警告那些与精神变态者结交的人，要小心他们的权力斗争，要牢牢地设立基础规则来防止被其操纵。他还建议尽量减少自己的损失，因为精神变态者对权力与控制的胃口没有止境，对这样的人最好敬而远之。

巴比亚克与黑尔（Babiak and Hare, 2006）在他们的一本实用的、针对职场的畅销书中讨论了成功的精神变态者。他们指出了这些人是怎样试图以别人的能力与忠诚为借口毁掉其名誉的。这些人是狡猾的操控者，像摆弄木偶一样毁掉你的声誉。他们试图在工作团队中制造冲突，然后"分而治之"，因为在职场里建立并维持良好的人际关系至关重要。两位学者给老板是精神变态者的人提供了七点建议：

1. 建立、培养并维系自己作为好员工的声誉；
2. 将所有的事都以文字形式记录下来；
3. 充分利用、同时也要小心使用嘉奖程序；
4. 减少接触以避免正面冲突，对"诱饵"永远不要作出反应；
5. 正式举报要小心，因为匿名也并非总是靠得住，报复可能随之就来；
6. 如果你不得不离开原岗位（调动或是辞职），要友好地离开；
7. 记住教训，继续向前。

对于和精神变态的同事或下属相处，巴比亚克与黑尔提出了类似的建议。

巴比亚克与黑尔（Babiak and Hare, 2000）认为，精神变态者在企业内的发展具有一种普遍模式。他们最初评估时魅力超凡，并顺利通过"蜜月期"。但很快，他们就表现出操纵、贬损别人的特点，开始进行他们恶名昭彰的扬名立万。然后，他们就会努力拉拢对手，抛弃用不上的人。最后，如果成功的话，他们就倾向于抛弃自己先前的保护人，一步步地越升越高。对这一模式的警觉有助于在情况发展得不可收拾之前辨别出精神变态者。

## 结论

"精神变态"这一术语经常被使用，同时也经常被误解。精神变态的症状从低到高处于一个连续区。亚临床、商业领域的精神变态者在职场可能相当成功。如果他们很聪明又很有型，他们表面的魅力与勇气就可能给他们带来优势，尤其在变化迅猛的商业条件下。而且，我们认为是压力促使那些缺乏良知、喜欢刺激的人"跨过雷池"，产生亚临床甚至精神变态行为。

从一个人的简历中可以看出他是否属于亚临床精神变态者。从青春期开始就可能发现犯罪的早期征兆，同时也有很多人愿意证实如何被自己信任的人所欺骗。因此，在选拔高级经理人时一定要彻底调查其经历，这一点至关重要。

# 第五章　职场中的自恋者

**概要**

　　本章的论述建立在四个基本定理之上。第一，自信度无论从总体还是特定领域来看，一般都呈现正态分布。也就是说，与人类其他的特征一样，如创造力、谨慎度、诚信、智商等，自信度在整个人群中也呈正态分布，只有少数人具有极高的自信，也只有少数人具有极低的自信。而且，自信度也具备人格特征的性质，会长期保持稳定，在各种社交场合相对保持一致。

　　第二，自信与社会调节之间的关系是曲线关系而非线性的。也就是说，太多的自信与太少的自信都不太好。最佳自信度与最佳自我认识组合在一起，同职场内外的健康、有益、稳定的社交关系相关联。自信程度太低会限制人际关系的发展，而自信程度太高（自恋）则同样损害人际关系。值得注意的是，塞迪基德及其同事（Sedikides and colleagues, 2004）论证了"正常"的自恋在心理上是健康的，而极端自恋则与心理紊乱及病症有关。

　　第三，自信对个人在职场内外成功建立与维持社交关系有很大影响。与社交关系的数量及质量有关的因素很多，但自信对其影响至关重要。

　　第四，从社交及其结果的角度讲，自信与职场成功的因果关系是双向的，可能走向良性循环，也可能引发恶性循环。人们很容易将它们之间的因果关系误解为有自信而后成功，因此觉得增强自信自然会影响与工作相关的行为方式。事实上，在不少情况下两者之间的因果关系方向恰恰相反。即帮助人们在工作上取得成功，则他们的自信度也会随之增加。成功的人自我感觉良好，也就是说，人并非因自信而成功，相反是因成功而自信。

　　心理学研究中有很多涉及"自我"的词汇，如自尊、自信、自我价值、自我意识等。这说明人们会对自己进行多方面的评估，尤其是对能力与个性，另外还对自己的动机、外在的魅力与内在的潜力进行评价。尽管这些自我评价不可避免地充满主观色彩，但至少可以用其他人的判断对此进行衡量。而且，一般认为自我评价准确度越高、越客观、越深刻、与其声誉越相符，这个人越是心理健康、善于调整自己。另一方面，准确度越低的自我评价，说明这个人越可能被错觉所误导。因此，自我意识被看做精神健康与调整程度的重要指标。

职场中有才能、有魅力、谨慎的人由于自信不足而表现不佳的实例并不少见。通过他们与社会初步及再度的接触，加之缺少机会或未获准确的反馈意见，某些人对自己评价过低，从而抑制了良好表现。他们似乎从不去开发或探索自己的潜能。一些人寻求他人的帮助，以适当的方式努力促进自信心的增强，从而获益匪浅。

自恋的定义之一是一个人对自己某方面（能力、外貌、动机或个性）的自我评价高于主观评价与他人评价相结合的结果或是客观有效的测试结果。从这个角度讲，自恋者缺乏正确的自我意识。而且，这种自我意识的缺乏会在很大程度上影响自恋者和其他与其意见不一致的人的关系。

对自我意识的研究很多，从最初的多源研究到现在的所谓360度反馈（Furnham and Stringfield, 1994；Furnham, 2007）无所不有。因此，发现职场内自恋者的一个方法就是找出他们在360度多源反馈中的矛盾点，找出那些自我评价明显高于他人（同事、上级或下属）评价的人。换言之，这些人表现出一种自我放大偏好（Paunonen et al., 2006）。

这一假设被察治及其同事（Judge and colleagues, 2006）所证实。他们研究了自恋者以及他人对某些方面的不同评价，如领导能力、职场脱轨、环境条件及工作表现。他们找到了证据来支持自己的观点，即自恋与自我评价提升呈正相关，但与其他人对该方面的评价呈负相关。他们还预测并发现，一个人的自恋程度与对其环境表现进行的其他评价呈很强的负相关，而与其工作表现评价相关性稍弱。自恋者认为自己为他人着想、彬彬有礼、富有美德，而且还关注于工作成果。察治等学者还发现，自恋程度对其他方面评价的预测作用很强。一个人越是开放与尽职，他对自己各方面的评价就会越高，而自恋则是其中独特的变量。换言之，正常的个性评估不涉及自恋。

自我评价与他人评价的区别当然很有趣而且可以想见，而这些区别从哪里来，如何持续则更有趣。察治及其同事（Judge and colleagues, 2006）认为，自我夸大伤害了他人，使他们丧失自信。而且，自大者对世界的看法是扭曲的，他们由于自负可能会作出糟糕的决策，并且可能会报复那些给予他们负面反馈的人。

本章将着重讨论那些过度自信的情况，讨论那些具有自恋型人格障碍的人。尽管很多人，尤其是青少年，看起来偶而很傲慢无礼，但是只有达到各种特定标准的人才能称为人格障碍。

这种人格障碍有一种潜在的矛盾，将其与其他类型的障碍（如反社会型）区别开来，即自恋可能起初对工作以及社会交往有益。人们觉得那些自信的人有吸引力，原因在于他们认为这些人肯定有自信的理由。自恋者自以为他们过去的经历告诉他们，他们在过去成功过多次，这就意味着他们在将来也会是成功的。事实上，对那些为自信挣扎的人来讲，他人的自信具有格外的吸引力。

高度自信的人在应聘面试中表现良好，能够让别人信任自己。而当自信演变成傲慢与自恋时，问题就出现了。而且，健康的自信与不健康的自恋之间的区别可能很小。但是，我们应该记住，健康的高度自信是建立在一定标准之上的。也许这种自信还未达到自恋的程度，但可能已然很难调整。问题的核心在于对自身能力、特点、喜好具有敏锐准确的自我意识。

## 定义

罗森塔尔和彼金斯基（Rosenthal and Pittinsky, 2006）曾尝试定义自恋型领导方式：

我们提出如下定义：自恋型领导的行为动机源于他们自负而疯狂的需求与信仰，这超越了他们所领导的团队或机构的需要与利益。

自负而疯狂的需求与信仰涵盖了众多自恋型人格的典型模式：自大，充满对成功与权力的幻想，过度渴求他人的羡慕以及缺少同情心、嫉妒心强、过度敏感，从没有不如别人的感觉。

这一定义的关键点，也是它区别于对自恋型领导者简单描述的地方，就是此定义指出自恋型领导方式的产生与其所处环境相关。与权力动机理论相比，自恋型领导方式考虑了领导者的心理动机；与有关领袖气质的研究相比，自恋型领导方式考虑了环境因素与追随者的心态。与对自恋型领导者的研究不同，此定义并没有直接讨论领导者的个性特征，包括自恋。因为非自恋者也可能运用自恋型领导方式，而自恋者也能够用不自恋的方式实施领导。

从自恋型领导方式而非领导者的角度出发来定义的最基本原因，就是很难理清领导者个性特征与他们的行为之间的关系。

（第629页）

罗森塔尔和彼金斯基注意到了相关定义的重叠，他们总结道：

尽管自恋型领导方式、权力动机①领导方式以及领袖气质型领导方式并不冲突，但很难确定某一自恋型领导者究竟运用上述哪种领导方式，还是澄清这些理论的区别更容易些。比如，自恋型与权力动机领导方式都涉及领导者攻击、利用他人的行为。但是，这两种行为的动机很容易区分：前者是为了追求自我提升与扩展，后者则是寻求权力以便对他人产生积极的影响。同样，自恋型领导方式与领袖气质型领导方式都运用魅力来赢得忠心的支持者。如果领导与下属之间是真诚互动的关系，此类行为则属于领袖气质型领导方式；但如果只是将下属当做观众，通过他们的艳羡来提升领导者自身的形象，那么此类行为就属于自恋型领导方式。

（第630页）

布朗（Brown, 1997）发现了自恋的六个主要特点，这些特点可能存在于个人、团队或机构层面。

1. 否认：否认有关自己的事实，否认自己工作时存在局限的现实，否认过去的事实以避免自我理想受到挑战。
2. 合理化：为自己不符合自我理想的行为找到合理的解释。具体表现形式包括，将失败合理化，或将利己的政策与决定解释成是为了集体的利益而为之。

---

① 译者注：权力动机（power motivation）是职业动机的一种，是指试图影响他人和改变环境的驱动力。具有权力动机的人希望制造对组织的影响，并且愿意为此承担风险。一旦得到了这一权力，他们可能会建议性或破坏性地使用它。

3. 自我夸大：用某些行为证明给自己以及他人：自己有权力、伟岸、一切尽在掌握。表现为：夸大自己的优点、美德和成绩。
4. 自私的归因：将整个机构的成绩归功于自己的努力，而将负面结果归咎于外部因素或其他人，无视自己在其中的责任。这种错误归因的产生是由于自恋者需要保护自我理想。
5. 资历：觉得自己有资格享受组织的特权，如享受成功、权力以及羡慕的目光。同时又缺乏对他人的同情心，为一己之私而利用他人。
6. 焦虑：对批评过于敏感，持续缺乏安全感，对保持自信感到困难。

## 有关"自恋"的神话传说

关于"自恋"这个词的由来，有好几种不同版本的神话。这些传说用来警告人们不要狂妄、傲慢。流传最广的要属奥维德的版本：

那喀索斯（Narcissus，即英语中"自恋"一词的词根，另一意义为"水仙花"）是河神克斐索斯（Cephissus）与水泽女神利里俄珀（Leiriope）的儿子。他十六岁的时候，所有人都发现了他惊人的美丽，但是由于他太骄傲了，他讥讽所有的求爱者，不管对方是男还是女。女神厄科（Echo）无可救药地爱上了他，但是她却不知如何表白。最后，那喀索斯拒绝了她。她在悲伤中逝去，变成了回声。一个遭到那喀索斯轻蔑对待的年轻男子向上帝祷告，要让那喀索斯无休止地爱上他自己。复仇女神回应了他的请求，她让那喀索斯在海利肯山（Mount Helicon）的泉水边饮水时停下来，看到他自己在水中的倒影，并立即爱上了它。他不能拥抱自己在水中的倒影，又无法使自己离开它，因此他一直留在水边，直至最终被饿死。之后，他的身体消失了，在他消失的地方出现了一朵水仙花。

最近这个神话又出现了一个更早的版本，与上述版本类似，但略有不同。在这一版神话中，一个叫亚美尼亚斯（Ameinias）的年轻人爱上了那喀索斯，但受到了他的鄙视。为了摆脱亚美尼亚斯，那喀索斯送给他一把剑作为礼物。亚美尼亚斯在那喀索斯的门前用这把剑自尽，并向复仇女神祈祷让那喀索斯某一天尝一尝爱得无法割舍的痛苦。他的诅咒变成了现实：那喀索斯被他自己在水中的倒影迷住了，想亲近它，但他没有意识到他看到的是自己的倒影。当他试着亲吻它时，他才意识到它原本是自己的倒影。为了与前面的情节呼应，那喀索斯拿起自己的剑，伤心欲绝地自尽。他的身体变成了水仙花。那喀索斯之死是因为他只能以自己的生命为代价来爱自己。

诗人、画家以及道德学家被这段神话故事迷住了，他们努力想解释其中的深义。弗洛伊德学说认为，这段神话很有意义，他们寻求心理学以及心理障碍方面的解释。还有各种颇有启发性的心理学名剧，例如米勒（Miller，1949）的《销售员之死》，描述了典型的自恋者的故事（Tracy and Robins，2007）。弗洛伊德学说认为，生活中我们感到害怕、无助与孤立时，会形成一种"自我理想"来保护自己。这是一种"如果我们能处于世界的中心，我们的形象会是怎样"的想法。成年自恋者会重塑自我中心，将爱完全留给自己。

这个神话的中心思想是告诫人们不要错误地认识自己，不要过分地自恋。错误的自我意识可能引发悲剧或者导致自我毁灭的后果。对于自恋，道德层面、社会层面以及临床层面存在不同观点。道德层面考虑的是狂妄自大的害处；社会层面讨论的是谦逊的益处；临床层面关注错误的自我意识的后果。本章着重讨论自恋在职场中的表现。

心理学家也曾试图度量自恋，将其与"高度自信"区分开来。最受认可的度量方法大概要数"自恋人格清单"了。它包括了四个要素（Emmons，1984；Raskin and Hall，1981）：

1. 资格与利用：完全相信自己擅长且有资格利用别人达到自己的目的；
2. 领导与权威：相信自己极富领导天才，适合所有权威角色；
3. 优越与傲慢：相信自己天生就是当领导的料，就是比别人强；
4. 自我陶醉与自我欣赏：相信自己很特别，值得尊敬、崇拜。

我们在思考本领域研究成果时，应记住上述四个要素。

普莱恩和罗德斯（Pullen and Rhodes，2008）区分了"厚脸皮"的男性自恋与"薄脸皮"的女性自恋，非常有趣。前者是破坏性的，后者则是防御性的。女性自恋也表现出不能以健康自然的方式自信、自爱的问题。普莱恩和罗德斯通过案例分析指出，女性自恋者膨胀的自我理想可以通过为他人作贡献从而获取积极的反馈来解决。

## 自恋文化

自恋是否会受到组织或民族文化的制裁或鼓励呢？整体文化是否能支持鼓励自恋从而使其看起来很正常，甚至很可取呢？有观察家指出，他们发现了一种变化的趋势：从清教徒的忘我献身价值体系过渡到近乎自恋的"自我文化"。

许多当代文化的评论家都试图明辨各种潮流、道德准则兴衰的趋势与模式。莱斯克（Lasch，1979）曾对美国文化进行过一项有影响的研究。他认为，主导美国文化的个人竞争主义已经演化成追求安乐、充满自恋的文化。莱斯克（Lasch，1979）作品的核心观点是，新教职业准则（PWE）在退化，形成这一准则的思路也在退化。他非常简洁明了地描述了作为美国文化基础的新教职业准则：

> 新教职业准则一直是美国文化最重要的基础之一。这一点最近发生了变化。作为资本主义企业的神话，节俭与工业化是物质成功与精神满足的关键。美国素有机会之国的美誉，其基础就是打破世袭的羁绊，社会的进步完全依赖于个人的努力。自立自强的人是美国梦的原型。他的进步归功于工业传统、头脑清醒、克制、自律、不负债的好习惯。他为未来而努力，不贪图自我享乐，注重耐心的积累。只要大家的未来充满光明，他就觉得自我满足来得晚一些也无怨无悔，而且可能还大有裨益。在经济迅速发展的时代，作为自立自强的佐证，投入所产生的价值将数倍地增长，这是因为努力不会没有回报。

（第 52 页第 3 段）

莱斯克（Lasch，1979）认为，清教徒文化向北方佬屈服了，后者将职业准则世俗化，强调自我进步（而不是做对社会有益的工作），注重思考、智慧、洞察力以及金钱。财富很受重视，因为它可以确保精神层面的自我进步，同时也是道德与智力发展的先决条件之一。

自我进步的精神即是通过读好书、过健康的生活来关注并训练头脑与身体。莱斯克（Lasch，1979）认为，这种精神蜕变成了"自我文化"：自助书籍教给人自信、自主决断能力以及其他成功的特质。经营人际关系被看做自我发展的要义。人们收到的信息是，要成功就必须出卖自己。积极思维的新预言家们将新教的道德光芒抛到一边。追求经济上的成功、利用与欺压他人、炫耀自己的成功等等现在都被人们所接受。

这一崭新的思维方式说明，与受人尊敬相比，人们更喜欢别人的羡慕、妒忌以及庆功的狂欢。人们不太关心成功是如何取得的，只在意是否成功。这种成功包括财富、盛名与权力。成功要经过公众"曝光"才能得到认可。为了争取良好的公众形象，人们在成功完成任务的同时还要挖空心思去琢磨如何说服别人，并给别人留下深刻印象。因此，印象功夫遮蔽了成就，成功的形象比真正的业绩本身更重要。

根据莱斯克的历史分析，这是因为人们需要与他人相处，需要根据大环境的要求安排自己的生活，因此不得不出卖自己的个性，以赢得情感与信任。这一现象反映的心态就是：成功有赖于从心理上操控自己和他人积极或消极的情感以及社会行为。

对个人利益的追求，最初表现为财富的积累，现在已经变成寻求享乐与心理生存。现在的社会条件已经接近萨德侯爵构想的共和时代开始时的社会景象（Lasch，1979，第69页）。

莱斯克（Lasch，1979）认为自恋有许多明显的特点：

- 时空观念的退化：有人认为世界要发展到尽头了。这样的观点暗示着人们的时间不多了，既无法自信地前进，也不能不现实地从头再来。因此自恋者只生活在现在，只为现在而活。
- 精神治疗：自恋者会为了确保个人的福祉、健康与心理安全而寻求治疗方案。人力资源的流动、自立传统的衰退使得人们依赖于专家或专业机构来确立自信、拓展能力。人们过度依靠治疗师来帮助自己保持镇定、寻找生活的意义、确保健康。
- 从政治到自我审视：政治理论及其问题或冲突变得无关紧要。争论由政治命题的本质扩展到个人以及生平范畴，引发支持者的猜想。
- 坦白与隐晦：作家以及其他人尝试通过简单的自我剖析，而不是深刻的思考，来发现促使个人发展的心理学史的力量。但这样的剖析是矛盾的，并没有深入地洞察生活。人们自己的坦白并不是为了进行客观现实的描述，而是要吸引他人的注意、感慨和同情，并且通过这样的做法来培养恒定的自我感觉。
- **内心的空虚**：由于缺乏心里的宁静、意义及责任感，人们会感到内心空虚。为了避免这种感觉，他们就去体会别人的生活或寻找精神领袖。
- **对隐逸主义的评论**：自我沉浸在名声的幻梦之中，躲避失败、寻求能解决一切问题的灵丹妙药等等行为都意味着人们将社会问题归结为个人问题。于是，他们只将很少的精力用于情感与友情投资，避免依赖别人，只生活在眼前。

莱斯克（Lasch，1979）认为，心理学对自恋人格的研究忽略了其行为模式的社会层面，如虚幻的自我认识、工于心计的魅力，以及神经质的自相矛盾的脾气。

自恋，或者说自我保护的心态，对很多人来说似乎是应对现代生活中紧张、焦虑与逆境的最佳途径。根据莱斯克的观点，与这种心态相关的特点，如魅力、虚幻的自我意识、乱性、忧郁、肤浅、避免依赖他人、不懂悲伤与遗憾、担心衰老与死亡等等，都是在家庭中习得，又在社会中得以强化的。它们是可变的。莱斯克没有对这一观点提供佐证。自恋的矛盾性在于：它是没有信仰的人的信仰；是那些对人际关系不感兴趣的人的人际关系的核心。

对现代美国社会进行的社会历史学分析得出的结论是，职业准则演变成为了自恋准则。这一结论的普遍性如何我们不得而知，也不清楚它是否适用于其他具有类似社会及经济条件的国家。大概是因为深刻的思想总是与悲观主义相连，莱斯克（Lasch，1979）的分析没有太多展现自恋的好处。或许可以认为，莱斯克的分析对20世纪末自我价值与自恋在西方繁荣发展时会出现的问题估计不足。也就是说，莱斯克的分析从根本上讲是正确的，但过时了。

职场规则与价值观可能谅解并促进了自恋。因此，许多组织的文化可能都与董事会的自恋型价值观一致，因为这种价值观受到鼓吹。相关组织也可能会因此而寻找、选拔、表扬那些自信度接近自恋型人格障碍的人。从这个角度讲，自恋不仅是个人的特征，也可以被看做文化的产物。

## 谦逊与自我强化的社会心理

犹太教与基督教的教义都提倡谦逊、温和的美德，希望人们在估计与描述自身能力时不仅不能夸大，甚至还要谨慎。谦逊使人摆脱了吹嘘、虚荣与自命不凡。作为美德，谦逊意味着不装腔作势、不欺瞒哄骗。它体现在人们的态度、穿着与社会行为之中。

但是，这一定义的核心是自我意识的正确性。谦逊的人不会低估，但也不会高估自己的成就、能力与优点。他们平静、坦诚地意识到自己能做什么、不能做什么。

对那些不属正常范围的人来讲，准确无误地反映自己的能力可能不容易。比如说，那些与平均数相距一个标准差的人，准确表述自己的能力应该不会有什么问题；但当一个人高于或低于平均数两个标准差时，问题就出现了：如果一个人的能力远远低于正常水平，也无太多可取之处，他只能承认自己不如别人，但这样的做法是否够健康或可以接受呢？同样，如果一个人认为自己在人群中处于前面的2%以内时，他的"炫耀"是否可以为人所接受呢？是否仅仅因为能够准确地反映一个人的能力，谦卑与傲慢就可以让人接受呢？

如果说诚实地反映自己的能力是大家想要的，那么自我强化就不太受人欢迎了。但是这里也存在一个有趣的矛盾体。自我强化虽然普遍存在，但从社会和临床层面来看，又经常被看做是可取的。塞迪基兹、格莱格与哈特（Sedikides, Gregg and Hart, 2007）列举了各种相关的心理特征来说明这一问题：

- "好于一般"效应：人们认为自己在多数事情上好于一般水平；
- 利己性的偏颇：人们乐于为自己的任何成绩喝彩，但在自己的失败面前则推卸责任；
- "健忘症"：人们经常会有选择地"忘记"那些说明自己短处的意见；
- 过于乐观：人们不现实地认为，自己的未来一片光明；
- 道德虚伪：经常刻意地装做道德卫士，但实非如此。

塞迪基兹、格莱格与哈特认为，自我强化普遍存在而且很强大。他们提出这样的问题："能否使其减弱些、变得温和些呢？"他们认为这是可以做到的，因为自我强化有一定的延展性，是可控的。方法是通过亲近的人际关系来调整其心态或者促其自省。与个性理论家强调稳定的性格特征以及对行为的预测不同，社会心理学家强调环境因素。他们努力想证明自恋其实只是人们对特定社会力量的反映。同样，他们认为可以通过设计或操控环境来增加或减少自恋行为。塞迪基兹及其同事（Sedikides and colleagues, 2007）总结说：谦逊对心理健康可能在短期内收获甚微，但长远来看，对个人与人际关系益处匪浅。另一方面，谦逊与自我强化可能与不同的心理健康收益相关。比如，自我强化可能与内心的张力最紧密，而谦逊则与生活的满足感相关。同样，谦逊与自我强化也可能与不同类型的社会收益相关。自我强化促进光环围绕的、高阶层社会地位的提升（如演员、政客），而谦逊则促进有实际贡献的、中等社会阶层的提升（如公务员、护士）。未来的研究如果能致力于理清这些因素复杂的相互作用，那将是大有作为。谦逊和自我强化为发挥人的最佳状态都起到了重要作用，只是作用方面各不相同。

## 高度自信的危害

在近三十年时间里，心理学界普遍认为，自信不足是许多社会问题的根本原因，尤其对年轻人来说更是如此。因此，人们觉得从未成年人怀孕到自杀、从青少年犯罪到教育的失败都应归咎于自信不足。于是，通过各种临床与教育手段、对不同目标群体的各种培养和提升自信的项目层出不穷。其基本的假设就是：既然自信拥有巨大的力量，它就是解决各群体的社会问题的灵丹妙药。

数以百万计的资金投入到这一产业中，获得了许多不同部门的批准。社会、医疗、临床科学等多项研究似乎都证明了上述假设的正确性。上千本自助类畅销书都传达了这一信息。只有少数声音，其中多数从道德角度提出，赞扬与成就并不一定相关，持续的肯定可能过犹不及。特文吉（Twenge, 2006）认为，1970—1990年出生的人是"自我的一代"，他们自负、以自我为中心，追名逐利。他的观点指出了自恋抬头的趋势，招致了许多质疑（Trzesniewski, Donnellan and Robbins, 2008a; 2008b; 2008c）。

但是，过去的几年内社会心理学家对人们认定的自信与社会问题的关系提出了疑问，觉得固有的观点存在问题。埃姆勒（Emler, 2005）对有关作品进行了细致的评判。他的结论是，所谓自信不足导致社会问题的观点缺乏证据，因此众多项目试图提升自信的尝试也是无谓的。他的研究得出了不少具体的结论：

- 较低的自信度并非导致青少年犯罪、暴力行为（包括猥亵儿童或性虐待）、吸毒、酗酒、教育失败以及种族主义的风险因素。
- 较低的自信度并非导致自杀、自杀企图、抑郁、未成年人怀孕以及受暴力侵害的风险因素。
- 童年期较低的自信度似与青少年时期饮食紊乱相关，也与男性在刚成年时的低收入与就业问题相关，但是两者之间的联系尚不明确。
- 极度自信的年轻人比他人更容易持种族主义观点，更拒绝来于成年人及同龄人的压力，更喜欢冒险，如酒后驾车或超速驾驶。
- 对年轻人自信水平最重要的影响来自于他们的父母。这一点部分取决于遗传因素，部分取决于父母对子女表现出的爱与关心、接受与关注的程度。身体上或性方面的虐待对儿童自我价值会造成格外大的伤害。
- 个人的成功与失败也影响自信度。虽然人们重视自信对学业成就高低的影响，但其影响程度相对较小。
- 儿童的自信可以通过父母或其他设计来提升，但特定设计有效的原因尚不明确。

埃姆勒指出，自信度较低对激发动力有益，而自信度高则可能不仅没有好处，还会引发骄傲自满。

除了评论性研究，实证性研究也开始揭示高度自信的消极作用。也就是说，这些研究表明具备高度自信的人比自信不足的人对他们自身以及他人的威胁更大。

鲍梅斯特等人（Baumeister et al., 2003）的创意研究大概提供了最佳的实证来说明：自信不足与生活成功与否之间没有因果关系。但这一结论具有争议，最近一些研究就得出了相反的结论（Trzesniewski et al., 2008c）。事实上，在这个问题上众说纷纭。还有人认为自信具有正面与负面双重影响。如果人的自信来自于外在因素，如外貌，则可能会倾向于出现饮食紊乱等问题（Crocker and Wolfe，2001）。

争论的核心在于我们应该正确评价自己，这与我们的能力有关，与我们的接受能力及面对现实的能力有关。要接受自己，我们需要对我们的行为负责。因此，真正的自信与虚伪的自信是不同的。前者是内在的，在我们的掌控之下，而后者则是外在的，在他人的掌控之下，是不安全而且变幻无常的。

同样，将自信与不健康的自恋区分开来也很重要，后者自负虚荣，自我膨胀，沉浸在自我的世界里；而前者则是真正的、恰当的高度自信。那些自恋的人依赖于他人的肯定而保持自信，从这种意义上讲，他们很脆弱，对积极评价过分依赖。因此，自恋者就不断地追求别人对自己的确认，然而这些肯定却总是不足以让他们确定自身的价值。正因为他们没有真正的自信，他们才会装出自信的样子。

我们下面将提到，不少研究者曾尝试从精神病学或心理学角度去区分不同种类的自恋。自恋被认为是一种个性甚至是心理过程。对自恋的研究区分了公开型（更乐于表现、具有攻击性）与隐蔽型（焦虑、防御、脆弱）的自恋（Otway and Vignoles，2006）；也有的研究区分了"健康有益"的自恋与"不健康、破坏性"的自恋。事实上，如果将自恋从属于临床还是非临床的角度来区分，似乎的确可以发现一些区别（Campbell，2001）。问题在于如何定义自恋，通过这一定义我们可以在所有人的自信中发现自恋的因素。医生只关注需要进行治疗的极端案例，个性与结构心理学家则研究那些相对调整得较好的不太极端的个案。而精神病学在自恋型人格障碍（NPD）方面则大有作为。

## 自恋型人格障碍

多特里克与凯罗（Dotlich and Cairo，2003）将自恋与傲慢列为首席执行官们失败的第一个（大概也是最主要的）原因。这种心理状态就是"只有我是正确的，而其他人都是错误的"，是一种对自我观点的盲目认同。他们指出了其四个共同特征：

1. 学习他人及以往经验的能力减弱；
2. 拒绝负责任；

3. 拒绝改变，因为他们觉得"我的办法"是最好的；
4. 意识不到自己（多方面）的不足。

奥德海姆和莫里斯（Oldham and Morris，2000）指出，自恋者从不会对自己的野心以及超级自信感到尴尬或有所保留。然而，由于他们意识到、习惯于、并感激自己的实力，当别人指出他们的不足或弱点时，他们很容易受到重创。

在工作中，他们趋于表现得精力旺盛、外向、有竞争力。他们看起来很擅长办公室政治，懂得如何发现并利用权力。他们能够吸引住那些有权力的人以及那些他们觉得能从其身上有所得的人。

自恋型人格障碍在人群中只占1%的比重，亦被称做傲慢型或自信型人格障碍。网站 www.personalityresearch.org/pd.html 上将自恋型人格障碍的特征概括为 SPECIAL（英文单词"特殊"，这里是几个特征的缩写）：

- S：代表特别，即他/她相信自己很特别；
- P：充满对无尽的成功、权力、才智、美貌或理想化爱情的幻想；
- E：资历感；
- C：自负，即自大浮夸，认为自己格外重要；
- I：利用他人；
- A：傲慢不驯；
- L：缺乏同情心。

奥德海姆和莫里斯（Oldham and Morris，2000）用以下这些词汇来总结自恋人格障碍的精神诊断标准：自大、过度敏感、寻求关注、自我中心、持久深入的权力欲。

《心理障碍诊断与数据手册》（第四版）（DSM-IV）（美国精神病学会 APA，1994）中列举了九种诊断特征。自恋者喜欢吹嘘、伪装、自大、过高估计自己的能力与成绩、同时贬低他人。他们自比那些名人，认为别人早该发现自己同那些人一样优秀。他们令人吃惊地坚信自己有独特的天分，而且具有常人所不能理解的需求。矛盾的是，他们的自信非常脆弱，需要别人不断的关注与肯定来强化。他们期待自己的需求能够得到特殊的待遇。为了达到这一目的，他们经常利用别人，因为他们建立的人际关系都是为了增强自己的自信。他们缺乏同情心，完全沉浸在自我的世界里。他们还妒忌别人的成功。他们的典型特征是傲慢、轻蔑的态度。作为经理人，他们那些难以得到满足的需求会使得他们出现社交困难或作出不良决策。

该手册指出，自恋者对挫折格外敏感，觉得被贬低、受羞辱。他们用反抗和愤怒来掩饰这一点。他们会远离可能导致失败的局面，并试图用谦卑来掩饰自大。经诊断为自恋型人格障碍的多是男性。

还有许多诊断特征将这一人格障碍与其他人格障碍区分开来。自恋人格障碍区别于演献型、反社会型以及边界型人格障碍的主要特征在于自大。而其他几种类型都属于交互式障碍，主要特征分别为卖弄、有害以及情绪化。自我形象的稳定性以及自我损害、冲动与焦虑程度低也是自恋型人格障碍区别于边界型人格障碍的特征。自恋型与演献型人格障碍的区别在于，自恋型对成就格外骄傲、不像演献型人格障碍那样喜欢展现自己，并且鄙视他人的敏感。尽管边界型、演献型及自恋型人格障碍者都渴望他人的关注，自恋型的不同在于他们需要这种关注是以羡慕的方式表达的。反社会型与自恋型的共同特征在于倔强、善于言辞、虚伪、利用他人、缺乏同情心。但是，自恋型的特征不一定包括冲动、攻击性以及欺骗性。而且，反社会型并不像自恋型那样一定需要别人的羡慕或嫉妒（APA，1994，第661页）。

在工作中，自恋者会夸大自己的重要性，如他们会夸大自己的成绩与天分，期待别人认为他们高人一等。因此，他们不可避免地相信自己理应享受各种特殊待遇：如更大的办公室、更高的报酬、超炫的头衔、更多的预算、更多的人手、更大的自由裁量权。

多数自恋型人格障碍者充满对无尽成功、权力、才智及金钱的幻想。他们相信自己非常特别，因此只有那些同样特别、社会地位高的人（或机构）能够理解自己，自己也只应结交这样的人（或机构）。他们可能会努力"买通"自己进入这些特殊圈子的道路。在工作中，他们通常需要他人对他们所做的一切表现出特别的羡慕与尊敬。这是他们的本质特征。他们通常觉得自己很有资历，也就是说，觉得自己应该享受特殊待遇，自己的要求应立即得到满足。更糟糕的是，他们利用他人来实现自己的目的，因此他们作为经理人很低效，而且让人反感。他们不支持别人，但却要求别人支持他们。自恋型人格障碍者在职场内外都不愿承认或认同他人的情感与需要。他们的情商极低，但并不自知。事实上，他们可能觉得自己情商极高。令人吃惊的是，他们经常嫉妒别人却认为别人在嫉妒自己。从这个意义上讲，他们具有迷惑性。他们时时处处都表现出傲慢的举止和态度，无论在工作中还是在家里（Hogan, 2007a）。

自恋者超级自信，他们表现得对自己非常肯定。他们属于那种自我的人：自命不凡、自我掌控、自我夸大、自我沉浸、自我迷恋，最终走向自我毁灭。他们完全信任自己，认为自己生来就是幸运儿。在工作中，他们外向、精力旺盛、有竞争力并且依赖于其个性特征而擅长办公室政治。外向、谨慎的自恋者与那些神经质、开放型的自恋者很不同。只要他们没有受到打击，也没有被迫与他人共享荣耀，他们就可以在短期内做个不错的领导者。他们期待别人的羡慕、爱戴、需要他们，这一要求似乎永远都无法得到充分满足。旁观者会觉得这一点挺有趣也挺可悲。自恋者通常是野心勃勃、动力十足、自律向上，成为成功的领导者或经理人的榜样。他们相信并且需要这个世界作为他们的舞台。

自恋是一种自信的人格障碍，实际上是对人格障碍的一种掩护。自恋型人格障碍者会自我毁灭，因为他们的自大使他们的个人和商业判断以及管理行为变得盲目。在职场上，他们利用别人争得上游，还要求特殊待遇。更糟糕的是，他们对任何批评的反应都很极端，包括屈辱、愤恨、勃然大怒。他们的目的是消除这些批评，不管它们是否出于善意、是否有益。他们缺乏同情心，情商很低。他们因妒忌与贬低别人而消耗自己。他们容易出现抑郁，经常操纵、苛求别人，行事以自我为中心。连治疗师都不喜欢他们。

许多研究者探讨解析自恋者矛盾、脆弱、自信的本质。自恋者的自信是不稳定的、防御性的。他们的自信完全依赖于他人的反馈。而且，在这一点上，他人明示或暗示的态度对他们来讲效果都一样（Tracy and Robins, 2007）。

霍根（Hogan, 2001）将他们比做"傲慢的、高高在上的君主"，戏称他们就像是两岁大的婴儿，坐在高背椅上，要吃的喝的、让别人关注他，稍有不满就厉声尖叫。自恋者期待别人喜欢、羡慕、尊敬、关注、表扬、恭维并且宠爱自己。他们最重要、最显著的特征是资历感以及过度自信，而且他们对成功的期待通常真的会走向成功。他们希望自己承担的所有任务都获得成功；相信人们会对他们非常感兴趣，为他们著书立传。而当他们的需要与期待受阻时，他们自恋的怒火就会爆发。

自恋者显著的特征之一就是自我认同，这经常会令他们大展个人魅力。霍根（Hogan，1997）指出，自恋者总是人群中第一个表达意见的，而且即使自己错了也会自信地发表见解。他们全心全意地相信自己会成功，而且面对成功会期待得到比应有的多得多的功劳，因而拒绝承认失败、错误或失误。如果一件事发展得好，那是由于他们的努力；如果发展得不好，那是别人的错。这是一种典型的归因错误，会引发坦承真相的困难，因为他们总是将自己的失败与错误合理化或重新解释，而方法通常是责怪别人。

自恋者可能精力充沛、魅力过人、有领袖风范，并且有推进工作的创意。他们在管理、营销以及创业方面较为成功，但这只能持续很短一段时间。他们傲慢、虚荣、压制别人、苛刻、自我欺骗、骄傲自大，但他们表现得很全面、很投入，经常会吸引不少追随者。他们的自信很有魅力，天真的人会相信他们肯定有自信的理由。

自恋者面对压力与工作重担调整不善，但看起来却举重若轻。面对压力，他们也很坚持，但拒绝承认失败。由于他们不承认失败，甚至不承认失误，并且拒绝指导，忽视负面反馈，因此他们无法通过经验来学习。心理学家、记者奥德海姆和莫里斯（Oldham and Morris，2000）在他们合著的较为通俗的自助类著作中，选择了更为中性的措辞来描述他们：自信。

奥德海姆和莫里斯（Oldham and Morris，2000，第80页）指出了他们所称的"自信"的九大特征：第一，高度自我肯定，毫不质疑自己的独特；第二，他们期望别人任何时候都对他们非常好；第三，他们非常有野心，为成就而活，不惜出卖自己、自己的目标、项目以及主张；第四，他们很懂"政治"，与他人交往过程中非常狡黠；第五，他们总是充满竞争性，总想达到巅峰并停留于此；第六，他们认为自己就是英雄、明星、领头羊；第七，他们总是想着自己的主张和情感；第八，他们很自然地接受恭维、表扬和羡慕；第九，他们对批评非常敏感。

更重要的是，奥德海姆和莫里斯提出了与自恋者共事的四点建议。首先，不要批评自恋者或与其竞争；其次，由于自恋者缺乏方向性，他们的管理不佳，也不会为他们的员工指明方向；再次，他们不会给别人任何帮助，别人只能无奈地接受这一点；最后，要想和自恋的老板相处愉快，只能不停地恭维奉承他们。这是给与自恋者共事者的一点建议。这些建议显然对此持乐观态度，没有考虑到自恋的领导可能会刻薄而且低能。

米勒（Miller，2008）在另一部关于人格障碍的畅销书中将自恋型的老板与员工描写为"爱惜自己羽翼的人"。对于自恋型老板，作者建议他们记录下自己的资质，真实地评价自己可引以为荣的方面，尊重所有的员工。对自恋型的员工，他建议他们如实地列出一张自我清单以便更深入了解自己；向成功的人学习；并且恰当地表达自己的观点。同样，多特里克与凯罗（Dotlick and Cairo，2003）也对自恋型领导者提出了三点建议：确定你自己是否有傲慢的特征（即清醒地意识自我）；找到本机构内能讲实话的人，让他们与你平起平坐（以便听到真实的反馈）；将挫折当做一次回头的机会，避免更大的失败。

有关自恋型人格障碍的治疗与预测一直有许多争论。直到最近，大家仍普遍认为，这一类人格障碍很难治疗，预测效果也不理想。

商界经常呼唤并且回报那些傲慢自负的人。这些人寻求权力然后就滥用。他们擅长营销与企业推介工作。但是，与他们共事的人深知，他们不负责任的行为会给所在的机构造成不稳定或破坏性影响。有关管理以及自助型的书籍重点关注如何应对临床或亚临床自恋者。有关自恋者对机构的影响，很少有研究持负面观点，也很少有案例来说明此方面的问题。

## 自恋的两面性

保诺纳恩及其同事（Paunonen and colleagues，2006）发现领导者研究对自恋者的研究分成两类：第一类认为，尽管许多自恋者具有领袖气质，但其自负、不择手段的行为最终造成了他们的脱轨。与这一黑暗面相对的第二类研究则持乐观态度，认为自恋者很少抑郁或焦虑，幸福指数高。另一方面，他们对成就、掌控、权力及地位的渴求帮助他们获得了领导职位，但长期来看，他们内在的特质通常会引导他们走向自我毁灭。

很明显，长远来看，那些利用他人、一心想着自己权力的自恋者是不可能成功的。但是，保诺纳恩及其同事（Paunonen and colleagues, 2006）将自恋区分为良性与恶性两种。而且，他们希望将自恋看做一种特征而不是类型，这种特征是由一系列相互关联的内在特质组成的。

保诺纳恩及其同事（Paunonen and colleagues, 2006）在他们对自恋与领导的研究中，将自恋按程度分为光明面、不择手段的一面以及阴暗面。他们还将印象功夫（刻意给人留下印象）分成有意识与下意识两种。他们的研究针对同届军官学校学生进行了五方面因素的评级，即领导力、受欢迎程度、宽容程度、攻击性以及诚实度。他们得出的结论支持了自身的理论，尤其值得关注的是，在领导力方面得分最高的人具有积极的（光明面）自恋，高度自信但利用他人程度低而且不善印象功夫。他们总结说，他们努力去寻找那种不至于导致领导与下属关系迅速崩溃的自恋情形。

许多研究自恋型领导的学者对正直与邪恶的自恋领导进行了比较。这有助于解决自恋型的经理人可以（在短期内）成为好领导的矛盾观点。罗森塔尔（Rosenthal, 2007）列举了许多互相关联的黑暗特征，以及突出具备这些特征的领导者：

- 自卑感：需要阿谀奉承的人围绕在他们的身边（赫鲁晓夫）；
- 对认可与优越性不知满足：不断地追求权力，以显示自己的能力（如萨达姆·侯塞因）；
- 超级敏感与坏脾气：如果被惹恼了，就会紧张、报复、敌对、暴怒（如肯尼迪、卡斯特罗）；
- 缺乏同情心：怪癖、自我中心、傲慢的行为举止（布什）；
- 缺乏道德观念：对他人的残酷行径（如萨达姆·侯塞因）；
- 不可理喻、完全不知变通：过度自信、思维与决策充满幻想；
- 偏执狂：认为谁都是敌人。

毫无疑问，特定组织在历史上的特定时期吸引过不少自恋者，而且他们都做得很好。他们经常能通过公关引起人们的注意，引起那些正处于危机之中、寻求铁腕领导的组织的注意，因此，这些组织经常会任命那些很危险的自恋者。

另一方面，罗森塔尔（Rosenthal, 2007）认为自恋在危机时期能够发挥重要作用。自恋者具有洞察力以及戏剧性的表现。他们不光是表面上，实际上也确实是具有传奇色彩的重要人物，通常被称做"发挥建设作用的自恋者"。他们是对权力、荣誉以及他人的仰慕如饥似渴的首席执行官。他们是目光远大的冒险者，看到了广阔的前景，将阻碍他们的规定、法律以及惯例抛在一边。如果他们发现了自己的特点与能力，同时意识到组织中某些力量会压制自己的这些特点与能力，那么他们就会行动起来，强力推行有利于自己的变化。

解决自恋两面论的方法是关注以下两方面：第一，如果自恋是一种特征，那么无论其是光明面还是黑暗面的自恋，一个人的得分都可能相同。这表明了自恋本身的可变性。第二，我们还需要考虑其他因素，如认知能力、社会良知以及道德观。一个能力很强又勤勉的光明面的自恋者可能在组织中干得很好，而一个能力不强、不够勤勉的黑暗面自恋者则会走向最终的失败。

## 自恋型经理人

我们不应认为自恋在商界一定是种缺陷。事实上，情况可能恰恰相反。如果一个经理口才出众、受过良好教育、聪明，而且仪表堂堂，他/她就可能被接受。

罗森塔尔和彼金斯基（Rosenthal and Pittinsky, 2006）列举了许多美国成功的自恋型商界领袖。他们就被个人对权力与仰慕的需要所驱使，并不真正关心其所领导的员工的利益。但是，罗森塔尔和彼金斯基指出，这些自恋领导者的超级自信与铁腕管理的确激励了他们的员工。那些迷恋自我的自恋者可能确实帮助了那些迷恋偶像的追随者。正如有成功的精神分裂者一样，发挥建设性作用的自恋者也能够稳定变迁中的组织、提供真知灼见、制订可行性方案。有远见和创意的自恋者不管怎么说在短期内都是非常成功的。

罗森塔尔和彼金斯基（Rosenthal and Pittinsky, 2006）认为在自恋型领导者的上升过程中存在最佳的结局：

我们认为，在领导气质与外向性格非常重要的岗位上（如营销）、在自我沉浸与自我夸大非常重要的岗位上（如科学研究），自恋者会取得成功；而需要建立长期关系与互信的岗位上则不然。如果在所处的环境中，自恋者自身的目标与下属及组织机构的目标一致，他们就可能获得成功，而在那些他们必须牺牲周围人的利益才能实现自身目标的环境中则不然。在建立新秩序的过程中，自恋者会出现并充分发挥作用，而在新秩序建立以后，他们则无法维持其稳定。

（第625页）

光明面自恋者能够成为优秀的代言人、团队建设者和任务执行者。他们可能成为优秀的导师，真诚地帮助他人。但是，如果他们的下属不遵守特定的规则，就会很快出现问题。

- 所有人必须明白谁是老板，并且接受等级制度的安排；
- 下属必须绝对忠实，从不抱怨、批评或竞争，他们永远不能抢功，并且要承认成绩归功于自恋领导者的才能、指导与远见；
- 他们不能指望自恋领导对他们的个性、事物或雄心感兴趣，同时又必须对自恋领导的事情非常关心；
- 他们得殷勤备至、不断恭维自恋领导，对领导的反复无常、需求与渴望都要只讲付出、不讲回报；
- 自恋的经理人被惹恼或轻视时可能会小气、暴躁、极易发怒，因此下属为他们工作要格外小心；
- 在方向性问题上，下属需要时时请示自恋领导的指示、帮助与确认；
- 下属们应该明白，自恋经理人的自我迷恋以及自我夸大并不会影响他们的商业判断与决策；
- 下属们需要找到一种方式来反馈自己的不同意见，要让自恋领导在理解自己意见的同时不会反感。

黑暗面自恋经理人的人际关系通常很一般、很功利，而且缺少承诺。由于他们有许多渴求而且以自我为中心，他们一般会在职场上建立起关系网。他们可能会经常感到空虚、被人忽略。

自恋型领导者具有短期优势、长期劣势，原因在于他们不断地努力提升个人形象，导致团队矛盾。坎贝尔及其同事（Campbell and colleagues, 2005）指出，自恋领导者通常持自我肯定的态度，这种态度的积极影响大于消极影响。但是，他们为了自身的需求而歪曲现实、提升自我，这是有代价的。他们需要正面的社会反馈，以此攻击和蔑视负面的反馈。而且，如果他们对成功的幻想妨碍了取得真正的成功，他们就会出现长期的低迷表现。自恋者还会用互相依赖及拉近关系来换取个人地位与自信。他们采取的策略最终达到的效果就是，个人层面的收获与团队层面的损失。也就是说，他们自身在短期内可能获得一些优势，如有能力、坚韧、有远见等，但是他们的决策长期来看实际上会产生灾难性后果。激进的改革会产生短期收效，但导致长期的混乱与崩溃。

凯兹·德·乌莱斯（Kets de Vries, 2006a）认为，一定程度上的自恋是领导者必备的先决条件。他对自恋者的心理成因进行了分析，认为其主要原因在于父母的不良教育。这一问题有两个相互关联的方面：自恋者如何看待自己及他人。更确切地说，他们如何应对自己并非无所不能、自己的父母并非完美的事实。孩子穷尽一生追求羡慕与赞同通常是为了掩饰对自己的疑虑甚至仇恨，或者掩饰自己没有得到足够的爱而产生的感受。

心理分析家认为，无论是被忽略还是被宠坏的孩子都不可避免地会形成自恋。那些受到溺爱、纵容、整天表扬的孩子，长大以后和人们对他们的期望恰恰相反。过分地褒奖会让他们产生优越感，并且认为自己天生就了不起。这对真正的天才是有益的，但对其他人则会使他们困惑，为什么这个世界上的其他人与溺爱他们的父母对自己的反应不同。自恋者做了不少转换，他们下意识地将早期对父母的感情转换到他人身上。父母作为早期抚育者留下的印迹会表现在他们整个成年生活中。

尽管少量自恋对领导者可能有好处，但长远来看却是问题的根源，而且这一问题可能会很严重。由于他们的自私与自我，自恋的经理人将自己的福祉看得比团队乃至整个机构的利益更重。凯兹·德·乌莱斯（Kets de Vries, 2006a）还区分了建设型与反应型自恋。

健康的建设型自恋者（即具备高度自信的人）会听取建议、接受反馈、正确面对成功与失败的责任。他们的能量、热忱以及超乎寻常的热情与"表演水平"正是机构转变所需要的。与此相对，反应型自恋者的自我意识与自信则是有缺陷的。他们被愤怒与缺失感所困扰，还时时感到萦绕不去的空虚与落寞。他们的目标就是补偿自己的缺失与不安全感。因此，他们需要不断地受到表扬。他们童年被忽略、贬低或虐待的记忆可能只有通过成年的成功来弥补。

在一定程度上，我们可以认为自恋者强烈的愿望是一种强大的动力。如果自恋的经理人非常需要表扬与认可，这可以促使他们努力工作以达到目标。从这种意义上讲，他们能够学习如何获得认可。但是，他们的需求可能会蜕变成妒忌、敌意、贪婪或者报复。

如果事情进展顺利，拥有自恋的经理人是件好事。他们积极向上的生活态度会感染其他人。但是，即使一点点或暂时的挫折都会导致他们极不相称的负面反应。这可能表现为勃然大怒，既而是沮丧、抑郁以及沉闷。但是，自恋者很擅长推卸责任。他们将自己的行为合理化，轻易地为自己开脱。一些自恋者会带着报复心理，要与那些他们认为轻视了自己的人算账。更主要的问题在于他们不会从自己的错误中吸取教训。

凯兹·德·乌莱斯（Kets de Vries, 2006a）以政界与商界为例来说明这个问题，因为这两个领域都是自恋者报复行为绝佳的舞台。自恋者的短期利己主义、机会主义、自我正确感、自我中心会导致商业决策不利、问题解决不善以及士气低落。

但是，职场中自恋情形最重要的特征当数追随者与自恋领导的串通一气。这样的追随者就只配有这样的领导。也就是说，如果我们怀着不切实际的想法，其结果通常会让我们感到失望。尤其在危机或困难条件下，人们会对自己的领导者抱有不真实的期待，希望他们是超人，能够保证获得成功。

按照凯兹·德·乌莱斯（Kets de Vries, 2006a）的观点，下属对自恋型领导两种行为的鼓励对领导者及下属都非常有害。第一，就是反射效应，下属当领导是面镜子，只反射出他们想见到的东西。自恋者于是得到了他们期望的仰慕，领导者与下属之间于是相互欣赏。但问题在于这样会让领导将注意力转移到如何令自己的形象更好，而忽略了所有股东的权益。第二，就是理想化效应。下属将他们所有的希望与幻想投射到领导者的身上。这样，领导者就会发现自己置身于一个满是镜子的大厅，离现实越来越远。

凯兹·德·乌莱斯（Kets de Vries, 2006a）认为，当自恋型领导变得具有攻击性、报复性的时候，一些下属为了消除自己的不安，选择站在领导者的一边。这些下属于是变成了自恋型领导坚强的帮手。这当然不可避免地使得问题更加恶化，导致了自恋型管理失败的恶性循环。

对于研究职场的心理学家来讲，核心的问题在于如何在精心选拔之外建立起相应的程序，防止出现由自恋引发的管理失败。

我们是否能减少任命、提升或鼓励自恋型领导的可能性呢？很明显，在选拔策略方面有很多工作要做。凯兹·德·乌莱斯（Kets de Vries, 2006a）提出了三种可能有助于减少自恋者的策略：

1. 通过保证决策的分散性来确保制衡与审查。因此，不能将首席执行官与董事会主席的职责合并在一起。
2. 对首席执行官及董事会进行培训，帮助他们发现自恋的种种迹象，并制定有关政策，以便他们在发现相关迹象后采取措施。这包括明晰的责任体系，以及让股东参与重要决策。
3. 对那些明确判定为反应型自恋的人进行指导与咨询，尽管由于他们对自己的行为不负责任而很少会愿意接受帮助。

某些机构可能比其他机构更吸引自恋者。因此，我们强烈推荐这些机构要意识到自恋的心理过程，愿意且能够为他们做些什么。

## 未决的问题

罗森塔尔（Rosenthal, 2007）认为自恋型领导者这一课题很值得研究，他指出七个可供讨论的题目：

1. 自恋与健康的自信及自尊之间的界限：也就是所谓光明的、具有领导气质的、建设型的自恋者与阴暗的、破坏型的自恋者之间的区别。这一题目旨在划清自信与傲慢、健康与不健康、正常与非正常的界限。问题在于这些区分是否能够精准，是否符合不同的情境。
2. 是否有自恋型领导者存在的最佳条件？即在一个机构的发展过程中，是否有某些阶段需要自恋型领导者，而他们又会非常高效呢？在危机或高速增长时期，这种类型的领导可能极有用武之地，而在稳定发展阶段，需要建立可持续关系、信任为先的时候，情况就不一样了。事实上，关于自恋者是否能够建立真正长期互信的关系一直存在争议。
3. 自恋型领导者是否只擅长获得权力，而不擅长保有权力？也就是说，由于他们自我挫败的行为会迅速压倒表面的领导气质，他们是否会容易出现大起大落的反复？从这种意义上讲，对股东来说，他们是否只是表面光鲜而已？
4. 为什么追随者会选择自恋型的领导者？人们是否期待他们的领导强悍、自信、具有领导气质呢？是否因为这些人超人般的自信才让他们看起来如此有吸引力？有人认为自恋型追随者选择自恋型领导者是一种镜面反射效应。即机构乃至国家可能为了平复自己"自恋的不安全感"而选择这样的领导者。但是，追随者可能很快就开始反对自己选择的领导，责怪他们每天为自己不现实的想法而活。这样，自恋型领导与追随者双方的自我厌恶投射到了对方身上，引发了负面结果。
5. 是否所谓建设型或破坏型自恋型领导的区别能够决定其在多大程度上甘愿为成功而牺牲（职场或家庭的）个人关系？许多成功的领导个人关系都受到损害（如多次离婚、家庭破裂）。但问题是，这是否就一定是自恋的表现之一？
6. 为防止自恋型领导的破坏行为给机构造成严重的损害，我们能够或者应该做些什么呢？可以给这些领导配备一位稳定的、非自恋型的副手，或者鼓励自恋型领导接受指导。其他的做法可能包括建立各种程序来制衡自恋者对权力的渴求以及鲁莽的决策。
7. 最重要的是，研究应以历史案例为论据来支持自己的观点。最好的研究能够对自恋型人格进行准确预测，而且这些预测能得到研究数据的支持。

## 结论

直到最近，心理学家们才开始关注临床型自恋的研究。许多研究者都指出自恋在职场中的矛盾性，因为很多与之相关的特征看起来积极有益，但还有不少特征则恰恰是消极有害的。通过区分调整得好与不好的自恋者，这一矛盾似乎得到了解决，但是这种区分是否只停留在措辞上还不得而知。我们是否能将建设型的自恋者称做自恋者呢？这本身就是自相矛盾的。

就像许多人格心理学家认为的那样，将自恋理解为一种自信个性的障碍意味着健康与非健康的自信是一个连续的波谱。但问题在于，界限在哪里。

我们需要记住社会及职场心理学家的观点,他们强调环境与文化变量对自恋的影响。也就是说,某些机构可能会不明智地强化了自恋,因而导致对自身的损害。它们可能通过鼓励或阻止某些做法(如对工作表现的表彰)而加剧自恋者的问题。

它们可能会解散特定的委员会,让自恋型领导自己决策,也可能会允许或鼓励人们在达到特定层次后享受特殊待遇,还可能会禁止负面反馈传到上级领导的耳朵里。

当然,自恋者在组织机构中也交友树敌,他们是导致职场异常的主要因素之一(Langan–Fox et al., 2007)。要确保他们的优势与机构的利益不发生冲突,保持一致并为其服务,这对管理提出了严峻的挑战。

# 第六章 不择手段的领导者

## 概要

《王子》一书是马基雅弗利1532年的作品，他可以说是第一位政治科学家。他的名字后被借用来指代一种与愤世嫉俗、欺骗、狡诈相关的领导能力与管理风格。用这个词（马基雅弗利主义指不择手段）来形容一个人是一种污辱。它意味着口是心非、自我中心、操纵他人。这种人利用别人、争强好胜、自私自利。

不择手段者结盟、承诺、订立规则之后又会去拆散联盟、违背承诺、破坏规则。他们的话使人误入歧途，应该受到谴责，不值得原谅。他们非常愤世嫉俗，可能在很多机构中做得都不错。在"狗咬狗"的企业文化氛围中，可能只有不择手段才能生存，更不要说发展了。

马基雅弗利提倡并推荐了在社会竞争条件下获取并保有权力的方法，那就是毫不内疚地为人处世。这与掌控局势以及印象功夫密切相关。他认为所有的领导者都应该努力表现得大胆、伟岸、强悍、气势夺人。同时，他们又非常功利，认为结果可以证明手段。正如现代银行家宣称自己的动力来自于害怕或贪婪一样，不择手段者也宣告自己的动力是真爱与惧怕。

不择手段者带着一种疏远、克制的冷漠，同时又想表现出热情与公正，但这明显并非出自真心。他们是高超的骗子，表面上富有魅力，实则口是心非。

不择手段者并不一定敌对、恶毒或有害。他们能够而且的确在压力、竞争或无序的环境下游刃有余，如谈判场合。他们的冷漠无情对此非常有用，而且经常会产生积极的结果。他们的尖锐与敏感在谈判中尤其有用武之地。在讨价还价中，冷漠、观察力与魅力正派得上用场。

很明显，国家或企业文化支持了不择手段者的价值观，或者至少支持他们的行为。在企业发展过程中，目标和现实之间经常会有明显差距。企业的宗旨及其开放、公正、诚信的价值观与董事会或该企业的所做所为完全无关。事实上，这可能会让天真的人放弃自己的职业准则，转而接受其周围那些不择手段者的策略。他们看到了企业中权力与特权如何运作，于是抱怨这些"办公室政治"。下列是已经辨明的不择手段者的特征：

- 抵制社会的影响；
- 将个人的信仰掩饰得很好；
- 在争论中见风使舵；
- 拒绝坦白；
- 在讲真话时很有说服力；
- 怀疑他人的动机；
- 审时度势；
- 不会与人互利互惠；
- 不对他人可能采取的行动进行评论；
- 能够根据形势改变策略；
- 说别人爱听的话；
- 对有关他人的信息很敏感；
- 利用他人，但并不一定出于恶意；
- 如果别人不回敬，他们就变本加厉利用别人；
- 对别人提出的遵从、合作或改变态度的请求无动于衷；
- 其操纵别人的特点从不显露于外；
- 喜欢变动的环境；
- 同行愿意让其担当领导职务；
- 同行愿意与其共事。

专制型领导者在多变、崩溃、混乱的形势下蓬勃发展。当理想与现实、富裕与贫穷、美德与腐败之间出现冲突，当社会机构不能发挥作用时，不择手段者就出现了。当人们焦虑不安、孤立无缘时，他们就容易随波逐流，支持强悍的领导者，屈从于专制统治。

马基雅弗利认为专制统治是特定时期的必然产物。专制者可能会压制百姓，但他们颇具争议的积极面会促使他们将被冲突分裂的人民团结起来，推行法律与秩序，在一定程度上消除腐败，保护人民免受外部压力。动荡的时局呼唤铁腕领导者。但是，凯兹·德·乌莱斯（Kets de Vries，2006a）认为马基雅弗利的观点有误，因为不择手段会迅速演变成彻底的专制与暴政。他认为：

渐渐地，管理者的特权就会变得格外显眼，领导者及其心腹的不恰当行为，如滥用职权、攫取稀缺资源、压制自由意愿、违反人权等，都意味着其拥护度的下降、经济的滑坡。

（第203页）

但是，专制者不同于不择手段者或暴君，因为他们使用意识形态来进行统治。专制者提供了乌托邦的前景以及美德基础上的世界观。这些虚幻的梦境会让人误以为大家团结一致，但其实对与错的界限一直都很分明。专制者不同于暴君，他们以笑脸出现，控制头脑、操纵媒体、寻找替罪羊，还会利用其他手段。

## 心理学研究

此领域的心理学研究最早可以追溯到克里斯蒂和盖伊斯（Christie and Geis，1970）的研究，他们在该书的第一章中指出了不择手段这种个性风格（或称特点、症状、障碍）的四方面特点。它们是：

1. 对人际关系不太感兴趣，缺乏同情心，不遵守道德准则，目的性强；
2. 对道德规范不以为然，他们经常出于功利目的而不讲道德；
3. 不具备心理或精神病症，对现实认识清醒，不能归入任何已有的类型之中；
4. 不受意识形态的约束，短期战术性目标的实现是他们的主要任务。

上述特点中最重要的是第三点。不择手段实际上是一种临床症状，其行为方式是以深层的信仰与价值体系为基础，并受其激发而产生的。辨明了这种个性风格之后，克里斯蒂和盖伊斯就着手考虑应对措施。心理学家，至少心理测量学家，对于某个概念一般先定义后"实践"。所谓"实践"指的是如何衡量这一概念，并找到与之相关的想法与行为。这当然要花不少时间，来确定项目与分项指标（如道德、技巧、观点等等）以及理想的模式，如使用选择题型。

下面由二十个问题组成的问卷可以帮助我们理解不择手段者的哲学。请注意一些命题是逆向的（如问题2、5和8）。

**调研问卷**
1. 与别人打交道的最好方法就是讲他们爱听的话。
2. 如果你想让别人帮你做某件事，最好讲出真实原因，而不是找一些堂而皇之的借口。(r)
3. 任何人如果完全信任所有的人，那就是在自寻烦恼。(r)
4. 如果不偶尔打打擦边球，就什么事都无法做成。
5. 在任何情况下诚实都是最佳原则。(r)
6. 安全起见，应该认为每个人都具备阴暗的一面，只要一有机会，其阴暗面就会表现出来。
7. 不要告诉任何人你做某件事的真正原因，除非这样对你有好处。
8. 只有在确认某件事符合道德准则时，才能去做。(r)
9. 奉承重要人物是非常聪明的举动。
10. 总地说来，谦恭诚实比趾高气扬又不诚实要好。(r)
11. 巴纳姆（Barnum）认为每分钟都有一个阿谀奉承者出生，他这样说是错误的。(r)
12. 如果某人患有不可治愈的痛苦病症，应该准许他选择安乐死。
13. 一个人各方面都好的可能性是存在的。(r)
14. 多数人本质上是好的，是善良的。(r)
15. 不应对他人撒谎。(r)
16. 多数人很快就会忘记父亲去世的伤痛，但不会忘记自己的继承权。
17. 多数争得上游的人都是问心无愧、德行清白的。(r)
18. 大体上讲，如果没人强制，人们是不会努力工作的。
19. 罪犯与其他人最大的区别就在于罪犯很蠢，所以才会被抓住。
20. 多数人都很勇敢。(r)

这些命题是克里斯蒂和盖伊斯经过较长一段时间形成的，下面是更新的版本。其中"r"表示相反的，或与不择手段者的想法是相反的。回答者对每一个命题是否同意是问题的关键。

**问卷第四版（Mach – IV）：**

1. 不要告诉任何人你做某件事的真正原因，除非这样对你有好处。
2. 与别人打交道的最好方法就是讲他们爱听的话。
3. 只有在确认某件事符合道德准则时，才能去做。(r)
4. 多数人本质上是好的，是善良的。(r)
5. 安全起见，应该认为每个人都具备阴暗的一面，只要一有机会，其阴暗面就会表现出来。
6. 在任何情况下诚实都是最佳原则。(r)
7. 不应对他人撒谎。(r)
8. 如果不偶尔打打擦边球，就什么事都无法做成。
9. 总地说来，谦恭诚实比趾高气扬又不诚实要好。(r)
10. 如果你想让别人帮你做某件事，最好讲出真实原因，而不是找一些堂而皇之的借口。(r)
11. 多数争得上游的人都是问心无愧、德行清白的。(r)
12. 任何人如果完全信任所有的人，那就是在自寻烦恼。
13. 罪犯与其他人最大的区别就在于罪犯很蠢，所以才会被抓住。
14. 多数人都很勇敢。(r)
15. 奉承重要人物是非常聪明的举动。
16. 一个人各方面都好的可能性是存在的。(r)
17. 巴纳姆（Barnum）认为每分钟都有一个阿谀奉承者出生，他这样说是错误的。(r)
18. 大体上讲，如果没人强制，人们是不会努力工作的。
19. 如果某人患有不可治愈的痛苦病症，应该准许他选择安乐死。
20. 多数人很快就会忘记父亲去世的伤痛，但不会忘记自己的继承权。

克里斯蒂和盖伊斯（Christie and Geis, 1970）这部突破性的著作结尾一章题为"含义与思考"。在这一章的开头，他们承认对不择手段这一概念清一色的负面含义有所担忧。他们将不择手段者称做"Machs"。他们的疑虑在于，是否所有的 Machs 都是阴暗的、令人讨厌的操控者？他们对自身有深入了解，愿意承认自己不讨人喜欢的特点，还是出色的谈判者。当然此个性程度高与程序低的人对彼此的看法不同：前者认为后者天真、与世隔绝、不现实；而后者则认为前者不道德、不人道、缺乏同情心、缺乏对他人的信任。

克里斯蒂和盖伊斯用一个模型来解释不择手段程度高与程度低者在不同情境下采取的不同策略。他们将这些情境区分为松散结构情境与高度集中结构情境：

> 不择手段者的突出特点就是冷漠与疏离。为了追求自己的目标，他会不顾对自己及他人的影响，倾尽所能解决自己面对的问题。他们会解读各种可能的情境，并在明确了何种行动能产生何种结果之后采取行动。
>
> （第 89~90 页）

> 情境可以区分为松散结构情境与高度集中结构情境。在高度集中情境下，有关人员的角色明确，实现目标的方法明确，实现每一个目标的回报也是明确的，不存在摇摆的空间或改进的可能。在这种情况下，行为方式的规则是确定的，偏离这些规则要受到惩罚。与之相对，松散结构情境的特点则是不明确，无论是参与者的角色、实现目标的手段还是回报都是模糊的。而且由于缺乏正式的规则，这种情境下人们可以运用各种不同的方式，利用规则的空子。
>
> （第 352 页，第 4 段）

> 互动模型显示，不择手段程度高与程度低的人在松散结构情境下的区别最大。我们认为，这一发现受实验数据支持，并且与实地研究的结论一致。松散结构情境给不择手段程度高的人提供了广阔空间。他们会考虑：怎样做到极致？如何利用这种情境建立有利于自己的格局？不择手段程度低的人则不会关注此情境下的格局问题，他们倾向于认为格局已定，并服从于他人（高度不择手段者）对格局的解释。由于他们对参与格局的形成有顾忌，这降低了他们纯粹从认知角度分析形势的能力。
>
> （第 359 页）

这一模型引发了一个问题，即在何种条件下不择手段者会成为更好或更糟的领导者。克里斯蒂和盖伊斯认为，这主要与一个组织机构的结构有关。

克里斯蒂和盖伊斯（Christie and Geis, 1970）在 35 年前指出，随

着社会的前进，作为领导，不择手段程度低的人将会失败。由于情感的疏离以及极强的目的性，程度高的不择手段者能够成为好领导。如果他们能够再装出些不择手段程度低的人的那种同情心，那就更成功了。克里斯蒂和盖伊斯发现，不择手段与智力无关，但与职业偏好明显相关。

在过去很多年里，不少研究从人格特征角度进行了分析。麦克霍斯基（McHoskey，2001）发现不择手段与四种人格障碍相关：边界型、偏执型、否定型与反社会型。威尔逊及其同事（Wilson and colleagues，1998）发现程度高的不择手段者利用他人，而程度低的则与他人合作。程度高的人会被推选为攻击型领导者以对抗外敌。

尼尔森和吉尔伯特森（Nelson and Gilbertson，1991）对不择手段这一概念进行了修正，将其区分为良性与掠夺性两种。前者是优秀的管理者、有能力的谈判者与专家。但是，后者的特点则是追求名利的野心家与机会主义者。

德鲁戈（Deluga，2001）在一项有创意的研究中，以标准简历为基础准备了美国39位总统的介绍材料，请参与者对其不择手段的特点进行评价。弗兰克林·罗斯福得分最高。多数不择手段者都表现得非常自信，具有优秀的管理才能，且很有说服力。

有趣的是，最不择手段的总统也是在立法上最成功的总统。他们能够建立有说服力的政治团体，在模糊难测的关键时刻作出自信的决策。他们在情感上与他人的疏离显然给自己带来了特殊的优势。不择手段的领导者通常都看起来很有领袖气质。他们擅长树立形象、具备高情商、有说服力与影响力，这凸显了他们的领袖气质。

萨顿和凯澳格（Sutton and Keogh，2001）发现了这种特征在儿童身上的表现。他们使用了克里斯蒂和盖伊斯（Christie and Geis，1970）的儿童版调研问卷如下：

- 多数成功者都是诚实优秀的；
- 多数人都勇敢；
- 一个人任何方面都好的可能性是存在的；
- 多数人都是好人、善良的人；
- 与人相处的最佳方法就是讲他们爱听的话；
- 失去钱财比失去朋友更让人痛心；
- 即使你不喜欢一些大人物，但也要对他们很好，这样才算聪明；

- 罪犯与其他人一样，只是因为太蠢才被抓住；
- 做个普通但诚实的人要好过做个出名但不诚实的人；
- 说谎永远都是错误的；
- 有时要得到你想要的东西，就得要些小花样；
- 不管怎样你都要诚实；
- 要别人帮助你，最好告诉他真实的理由，而不能编造借口来诓骗他；
- 你应该在确认一件事正确后才去做；
- 多数人都不会轻易上当；
- 除非对你有用，否则不要告诉别人你为什么做某件事；
- 如果没有强制，多数人都不会努力工作；
- 任何人如果完全信任所有的人，那就是在自寻烦恼；
- 相信所有人一旦有机会就会表现出阴暗面，这是一种最聪明的想法；
- 有时为了得到你想要的，你不得不伤害别人。

与成年人的问卷类似，上述问卷的命题也分为三类：缺乏对人类本质的信心、不诚实和不信任。萨顿和凯澳格发现，这些命题上的得分情况与受访者实用主义及掩饰程度高度相关。他们还发现了性别差异，认为男孩对不公及梦想破灭的感受要早于女孩，并且强烈得多；高度不择手段的男孩会压抑情感、回避问题而女孩却会寻求帮助。不焦虑的不择手段者情感冷漠，容易出现不良行为，百无禁忌。

同样，克利恩和库珀（Kline and Cooper, 1983）也发现，在学生中间，不择手段表现为反宗教、享乐、激进与实用主义。奥斯汀（Austin, 2007）最近的一项有趣的研究讨论了不择手段与情商之间可能存在的关系。不择手段者操纵别人，而且缺乏同情心。奥斯汀认为这些人情商低、不随和、不谨慎。他们还开发了衡量情商与利用别人两者之间关系的模型，来说明情商和不择手段的想法与行为如何相关。从这种意义上讲，他们认为情商也可能存在阴暗的一面。

## 职场中的不择手段者

尼柯罗·马基雅弗利在《王子》一书中指出，领导者应该信奉不顾一切去赢的哲学。他的关注点在于政治权力，那么他的观点是否也适用于商界领导者呢？大企业在规模和治理方面确实犹如小国家一样。核心问题在于：尽管有上述观点存在，但是领导者是否真的以马基雅弗利建议的方式取得并保有权力呢？不择手段者在工作环境宽松、灵活、规则不定的情况下表现优异。规则限制与约束越少，他们表现越好。他们在面对面的交流中做得很好，因为他们能够显示自身外在的魅力。

各类研究者都研究了职场中的不择手段者。格雷汉姆（Graham, 1996）指出，政治技巧是很多工作必备的能力，如项目管理。他们需要高度的任务驱动；需要严密有效的管控；需要抵制社会影响；需要精力充沛、充满自信；需要关注结果，具备良好的沟通和解决问题的能力。事实上，格雷汉姆发现，不择手段程度与项目管理的成功无关。但同时他也认为，这可能是由于所有项目经理为了做好工作都需要使用欺诈与操纵手段。

与不择手段相关的两个核心概念是信心和互惠。人们自主地交换商品与好处，并且认为会得到互惠的回报。合作者互信互利，而欺骗者则利用别人的信任，是自我的机会主义者。在职场中，对低效与不公平，他们更在乎前者。他们玩世不恭、操纵他人、不讲道德。

贝克和奥黑尔（Becker and O'Hair, 2007）探讨了不择手段者的"好市民"行为以及他们超越职责来帮助员工及同事的频率。这关系到不择手段者利他、合作及助益行为以及表达良好意愿的程度。当然，贝克和奥黑尔并不认为不择手段者与上述特点有任何关联。但矛盾的是，这类人会努力给人留下他们确实有这些优点的印象。他们尤其会努力让老板形成这样的印象。他们不断改进的姿态会让他们获得良好评价。

老板有时不了解他们，但同事与下属则很清楚这些人自私自利、玩世不恭的本性。通过全方位（360度）的信息反馈，这一问题就会明确地显现出来。当然，让人吃惊的是，不择手段者通常相信他们自己真的是企业中的好公民。

最近一项研究讨论了不择手段者的谈判技巧（Al‑Khatib, et al., 2008）。研究者关注了谈判过程中的竞价、不当信息收集、攻击对手网络、假意退让、提供虚假信息等。研究者认为，不择手段行为的产生与环境有关，根据任务的大小轻重而随机变化，即特定的商业环境会引发不择手段的行为。

## X 理论、玩世不恭与办公室政治

麦克格雷格（McGregor, 1960）区分了 X 理论与 Y 理论。他这一简单但吸引人的发现令人难以忘怀。这两个理论描述的是职场中经理人的观点、信念、理论、计划等。简单地讲，X 理论者对其员工持玩世不恭的态度。他们认为员工大体上都厌恶工作，因此只能迫使他们去做事。而且，他们认为员工不愿承担责任，从众心理是一种大趋势。

研究表明，持 X 理论的玩世不恭的经理人令人厌恶、威胁欺骗别人，这从一定程度上是因为他们相信反社会、不道德行为在工作中很有效。很明显，不择手段者属于 X 理论者。虽然他们不受人喜欢，但如果他们够聪明、有能力，就可能会很高效。另外，通常认为他们很懂"政治"，是办公室政治的高手。

办公室政治的主要特征是什么呢？首先，就是隐密性，包括不公开的计划、各方面的隐晦保密等等。香烟缭绕的房间里、紧闭的门后面、私密的俱乐部内、高尔夫球场上进行着一幕幕"政治交易"。人们被分成内部人与外部人、玩家与棋子、了解内幕者与蒙在鼓里的人。办公室政治与暗箱操作的过程、程序及决策相关。政治关乎隐晦，而非透明。

第二，印象秀。未经选举就产生的办公室"政客们"巧舌如簧。聪明的人懂得说与干的区别。你看到、听到、读到的东西并非你真正得到的。内部交流（除非是那些细加伪装的）都是半真半假，只不过是自我宣传。办公室政治关乎伪装。

第三，办公室政治与自我利益有关。与之相关的包括权力，以及其他利益陷阱，如金钱与名誉；包括利益集团组织的活动、进程、程序等，以确保自身的利益。人们偷偷地结党营私，基础是裙带关系、思想意识或者干脆就是贪婪。他们彼此合作以获取超出应得的资源份额。从这个意义上讲，至少从股东的角度看，办公室政治有悖组织的长远利益。

办公室政治会导致不信任与矛盾，降低劳动生产率。人们彼此互相戒备，缺乏共享。他们过多地将时间与精力投入到小团体中，努力使其运转良好。这些小团体关注权力的增加与保有，同时也重视对企业的操控。这种对立发生在企业内部，而非外部。办公室政治是企业异常运作的表现。

但是，也有另一种观点从较为积极的方面去理解这种现象，认为办公室政治建立并强化了网络与联盟；将各方面要素组合在一起，为最困难的工作做好准备。它对于推广那些必要但不受欢迎的政策很有帮助，还有助于发现那些精力充沛、目光长远的人，即那些小团体的主导者。

办公室政治关乎权力，即影响、说服、诱导别人的权力。多数机构寻求并仰慕那些受人尊敬、人脉很广的首席执行官，因为他们懂得游戏规则；知道该如何赢得他人（包括投资者、记者以及真正的政客）的支持。从这个意义上讲，擅长办公室政治就意味着圆滑、积极与策略。

不择手段者因此而获得成功。他们越精于游戏规则，就越能够抓住并且稳固住他们最理解的东西：权力。他们会用这些权力来推进自己的职业生涯，而不会为员工或者整个组织着想。

## 结论

不择手段是一种哲学，一种对人类本性持霍布斯哲学①观点而不是卢梭学说②观点的价值或信仰体系。有人认为，这就是一种达尔文主义的表现，完全没有利他、无私或美德的存在。

当然，不少著名的政治领袖明显就是不择手段者。他们懂得权力如何运作，因而能够让其为自己服务。人们选出的优秀领导者中少有不是不择手段者的，事实上，他们大多数都不择手段。

但是，尽管不择手段者不可能特别成功，在商界也不受人欣赏，我们是否可以认为，略有一点不择手段的特质对人们在组织内漫长而危险的攀升过程有所帮助呢？年轻的经理人为了权力、为了成为人们关注的焦点、为了升职而横冲直撞。人们对不择手段者与其说尊重，不如说是惧怕。不择手段自身不构成脱轨的诱因，但与其他障碍一起就可能成为脱轨的重要一环。

---

① 译者注：霍布斯哲学是一种机械唯物主义，认为哲学对象是物体，从运动解释物质现象，拥护君主专制。

② 译者注：卢梭是法国伟大的启蒙思想家、哲学家、教育家。在社会观上，他坚持社会契约论，主张建立资产阶级的"理性王国"；主张自由平等，反对大私有制及其压迫；提出"天赋人权说"，反对专制、暴政。

# 第三部分

## 第七章 | 特定行业的人格障碍

**概要**

本章将讨论五种人格障碍及与之相关的领导风格。每一种风格都在特定行业体现得更加明显。偏执型领导风格在安全领域表现出色，而歇斯底里型在演艺圈内则表现突出。另外，我们还要明确两点：第一，一个人同时拥有多种人格障碍类型的可能（而且经常确实），使每个人都风格独特。第二，有两种情况之间有细微差别，一种是人格障碍可能是健康适应型，另一种是领导者有巨大负面效果。

有些工作不仅要求具备特定的技能，还要求持某些态度与信条。一些领域能吸引随和、感性、细心的人并使其得到回报，而另一些则恰恰相反：它们需要多疑、自我、铁石心肠的人。某些机构的文化与个人的偏好及价值观完全一致。从这种意义上讲，我们选择一个机构并被其选择且同化。于是，就有了这些人以群分的团体、行业与机构。本章的观点就是，具有特定阴暗特征的人受到特定机构的吸引并加入其中，在那里他们最初得到发展。当然，并非所有这样的人都出现脱轨，这要考虑特定的环境，也与其人格障碍的程度有关。

**偏执型（好争论、戒备）**

有些工作涉及保密领域。科研开发、国家安全、一些金融组织、还有一些制药公司可能都与安全相关。许多机构聘用最高层次的安全人员来管理复杂的机构运作，如机场或综合生产企业。

在安全领域工作的人必须非常警惕。他们经常认为身边到处都是潜伏的间谍。他们受聘就是为了确保安全，不能有一丝差错。他们为自己的坚韧与理性而骄傲。事实上，很多有过当兵或间谍经历的人在此行业中找到了自己的位置。他们相信要让一切绝对安全非常重要也非常困难。对他们来说，安全是第一要务。

有时，人们依赖于电子设备来确保安全，如使用摄像机、电子门以及其他类似的东西。在这一领域偏执变成了正常，甚至越偏执越好。偏执型的人会被提升到高位。凯兹·德·乌莱斯和米勒（Kets de Vries and Miller, 1985）指出，整个机构都可能会变得偏执。他们认为，如果权力高度集中于某个具有偏执倾向的领导，该机构就会因为下属及竞争者的不信任而产生很多戒备情绪。这样可能会导致许多小团体的出现，人们醉心于收集企业内外部信息。偏执型思维方式易导致集权，因为高管会努力由自己掌控所有事，觉得谁都不值得信任。其策略强调"保护"，并且减少对特定顾问、数据来源、市场或客户的依赖。其表现形式可能多种多样，但都强调对各部门严密控制和审查。偏执的领导充满不信任的想法，会对机构的战略、结构与文化设定很明确的基调。

这些机构的特点包括多疑、不信任他人，超级敏感、格外戒备，时刻准备与假想敌作战，过度担心隐藏的动机与特殊含义，关注面过宽，冷漠、理性、人际关系冷淡。偏执的机构防御与警惕过度，整个机构弥漫着不信任的气氛。

据信，0.5%~2.5%的人属于偏执型人格障碍。但这与精神分裂者的偏执幻想，或一些移民以及难民因过去的经历而产生的对他人普遍的不信任并不是一回事。偏执者异常警惕，任何事都逃不过他们的眼睛。他们就像校准过的机器一样，专门针对隐密的信息、隐藏的动机以及秘密的团体。他们对权威与权力尤其敏感，格外在意保持自身的独立与自由。

在工作中对他人不信任与多疑是他们的本质特征。任何时候，所有同事及老板的动机都被他们解读成恶意的。他们认为，"敌人"不只在外部，还在机构内部。

他们毫无证据地怀疑他人在所有的事情上利用、伤害或欺骗他们，不管在职场还是家里都是如此。他们满脑子都是对下属、客户、老板、股东等人的忠诚与可信度的疑虑，而且无论事情大小都是如此。他们不愿意向他人（如同事）吐露自己的想法，因为担心他人会利用这些信息造成对自己的不利，比如，将这些信息记录下来，用来将他们挤出公司。他们甚至对使用电子邮件都小心翼翼。即使最善意的话语或事件，也不管是电子邮件还是咖啡室内的闲聊，他们都会解读出隐藏或威胁的意思来，并且记住它们。当然，他们对批评也超级敏感。他们会为了一点小事抱怨许多年前的人或事，会记得每一个批评自己的细节。他们将批评看做对自己个性或名誉的攻击，会迅速愤怒反击，而其他人完全不会这样理解。他们时刻保持高度警觉与敏感，对性伴侣或生意伙伴的疑虑重复出现，而且毫无根据。他们对性生活可能感到相当困扰。

偏执者很难作出承诺或信任别人，但一旦他们做到了，就是特别忠实的朋友。他们对他人的动机非常感兴趣，喜欢"看家"的工作。他们喜欢作"下层人"中的强者，敲响腐败的警钟。他们无畏，因为他们对自己的角色很有信心。他们站在正确的一方，是为创造更好的世界而存在的理想主义者。但是他们也会过度多疑或担心特定的人群，可能表现为对特定种族、宗教或政治团体非理性的仇视。

他们不妥协，非常争强好斗。他们身上的许多特征可以让他们成为优秀的经理人，如警惕、细心、有观察力、有策略。但是他们可能会与意见不一致的上级产生矛盾。他们对别人的毛病比对自己的问题更敏感。他们相信（有时他们的观点确实是对的），商业领域充满危险、不诚实的人，以及不值得信任、会让他们失望的人。由于他们认为别人成心要伤害自己，因此他们过于爱争论、好斗、好战、敌对、隐秘、固执，深陷在不信任之中。他们不愿表露、对人多疑，擅长将责任推卸给他人。

心理分析家认为偏执者内心虚弱、有依赖感，但他们拒绝承认这一事实并对他人的虚弱非常敏感。他们渴望但又害怕依赖别人。他们不会表现出对自身的疑虑，反而怀疑他人。他们表现出的正直、高尚以及惩恶扬善的感觉对一些人很有吸引力。

多特里克和凯罗（Dotlich and Cairo, 2003）认为偏执领导者表现出的是习惯性的不信任。他们"不恰当的、过分的多疑"（第53页）对其周围的人形成一种潜在的恶性影响。他们倾向于看每一种行为的负面，认为每个人都无一例外地从办公室政治的角度行事，或为其个人利益以及其他隐秘的动机行事。

他们对反馈的信息很挑剔，总是认为有什么事可能（或将要）出问题。在他们身上可以发现三种迹象：

1. 无休止地怀疑他人的动机；
2. 他们的直接报告变得越来越有高度的防御性；
3. 他们与外界团体、公司或机构越来越难以结交。

多特里克和凯罗相信，特定的职业将人们训练成不信任与多疑的人，但这可能会走向极端。两位研究者认为，偏执型领导者应该经常分析自己不信任别人的原因，同时意识到这样做对自己的职业生涯会造成很大的伤害。他们应该更积极些，多想想自己的行为对他人会产生怎样的影响。

米勒（Miller, 2008）将偏执型领导者称做"戒备者"，因为他们的哲学是"小心背后"、"人是不可信的"。他们看到的都是欺骗、恶意与迫害，因为他们高度敏感但运作异常的"雷达"对准的就是背叛、欺诈与敌意。当然，他们还会将不喜欢的自身特质转移到别人身上去。他们总是处于斗争状态，轻易不能去惹他们。

偏执型领导者的战斗心态意味着他们适合在竞争行业工作。偏执型老板会要求员工百分百地服从并且完全袒露个人隐私。然而，对这样的领导而言，可能一点微不足道的事就让他从原有的支持立场变成多疑的敌人。他们沉思良久、暂时忍耐，记住并记下这些事，然后寻机报复。有趣的是，他们对不真诚与阿谀奉承有极灵敏的嗅觉。他们对周围所有人的动机都有所体察。米勒（Miller, 2008）认为，他们需要了解谁才是他们真正的敌人，警惕自己的非白即黑的思维方式。

据奥德海姆和莫里斯（Oldham and Morris, 2000）所述，《心理障碍诊断与数据手册》（第三版）（DSM-Ⅲ）将偏执型人格障碍描述为：总是认为自己会被欺骗与利用，因而总是质疑他人的忠诚。这些人仇视他人，不能够也不愿意对他人表白。他们甚至可能毫无根据地攻击别人。

霍根（Hogan, 2001）将这一人格障碍称做"争论型"障碍。他们认为，这类人认为别人会错误对待、背叛、陷害或以某种方式欺骗自己。他们觉得这个世界非常危险，充满潜在的敌人。他们很欣赏自己的阴谋理论，积极寻找自己被人错误对待的迹象。当他们觉得自己受到不公正的待遇，就会公然直接回敬。这种回敬可能涉及暴力、谴责、报复或诉讼，目的在于传递一种信息：他们随时准备保护自己。他们的本质特征就是多疑、好斗、对他人缺乏信任。人们很难与他们长期相处，因为你永远不会知道他们什么时候被惹恼（不可预知性），而且他们过于沉浸在自己的思路中，没有时间与别人相处（不知回报）。

他们的最佳状态就是对机构中的"政治"，以及对手的动机很有洞察力，而且他们也可能成为了解他人真正计划、了解事件真正含义的良好的信息源。但是，尽管对政治有洞察力，他们自己却不擅长办公室政治。这是因为他们深信自己的世界观，不愿妥协，即使在很小的事情上也是如此。然而，他们对自己世界观的笃信会使他们显得有真知灼见和领导气质，吸引很多人聚集在其身边……因为他们不可预知、很难对付，所以很难与别人保持长期关系。

（第48页）

偏执者应对压力处理不佳，他们会退缩到自己的意识中，然后攻击那些威胁他们的人与事。他们非常执着，倾向于积聚敌人。他们以自我为中心，以自我意识为中心。所有的信息与经历都会经过他们古怪的世界观的过滤，以他们同自己的世界观一致的程度或威胁这一世界观的程度来进行评价，而他们的世界观会在一定程度上反映在这些评价中。

与偏执者共事，员工别无选择只能与其意见一致，否则他们会以自己满意的方式打击你的反对意见。员工的汇报无法说服他们，也无法告诉他们做错了，因为这样会由于挑战他们而导致疏远。一旦他们认定这些员工不可信，关系就断了。员工要么服从他们，要么反对他们。

据奥德海姆和莫里斯（Oldham and Morris, 2000）所述，他们所称的戒备型人格障碍有六种特征与典型行为。第一种就是"自治"，即他们遵循自己的原则，不需要外部的确认与建议。他们轻易地作出决策，不用别人管。第二，"小心"，他们在与他人打交道时非常谨慎。他们还有很好的"理解力"，是很好的倾听者，擅长各种方式的自我防护。当然，他们还"对批评很警觉"，较容易被胁迫。最后，他们非常重视忠诚。他们的戒备会演化成偏执，继而发展成不信任。戒备型领导者在经过一段时间后可能会形成亚临床的偏执症，从而给组织机构带来灾难性的后果。

## 古怪型（妄想、怪癖）

在崇尚知识的经济生活中，创造力与创新能力是非常受欢迎的。而且，一些机构对古怪行为也非常宽容，它们认为这是天才的表征。古怪型个人可能会获得很高的地位，尤其在那些具有后基督的新时代理念的机构中更是如此。

某些案例讲述了一些名人突然失控的情况。尽管这类人的古怪得到宽容，甚至受到尊敬，他们却很少会成为大机构的领导者。他们以自己出乎意料的古怪行径以及能力致使不少小机构脱轨。

这种人格障碍多出现在男性身上。据估计大约3%的人具备此类障碍。从某种意义上讲，他们属于温和的精神分裂，但尚未表现出思维与情感的混乱，或是严重的情感问题。然而，他们都显得很古怪，经常表现出创意性的才智，而且很好奇。他们经常产生非常奇怪的念头，并且为这种神秘想法乐在其中。他们有古怪的习惯、奇异的生活方式以及丰富的内心世界。

古怪型个人内心丰富，经常寻求情感经历。因此，他们对宗教与药物学技术很感兴趣，因为这些领域"考验极限"。他们痴迷地向往极乐主义。

此类经理人的特征是，对亲密关系极度不适，无力把握。他们的行为举止怪异，人看起来也有些怪，并且以"独特"著称。

他们对商业的观点通常也很古怪，如怎样取得成功，应该聘用何人，什么控制什么等等。他们会产生怪异的信仰与想象，以至于影响了他们的行为方式，并且与商业规则不符，如迷信、相信通灵与感应。他们相当认真地相信巫术、风水等。他们的思维与讲话风格与常人迥异，有时非常含糊，有时相当详尽。他们就像"另一个世界"的人，让人很难理解。他们对事物的理解不合常规，明明没有的东西他们会看到。嗅觉与味觉感官也与众不同。这类人中有些在家中或工作中相当多疑或偏执。他们对不同条件下事物的反应情绪化、不合时宜。也就是说，他们可能对一些琐事反应过激，但对其他事则表现得出乎意料的冷静。

许多机构无法忍受古怪型的特异行为。他们穿着奇特，工作时间也不同常人；他们对自己的公司不忠诚，不喜欢商业圈子；他们不接触员工、客户或自己的老板；古灵精怪的近乎宗教的信仰更使得他们远离正常人的世界。他们经常都很孤独。

多特里克和凯罗（Dotlich and Cairo, 2003）认为古怪型领导者很反常，喜欢自己与众不同的感觉，只要自己高兴不管他人感受。实际上，充满创意、不同寻常的奇特与不实际、不现实的古怪之间有很大差别。古怪型领导者的问题在于他们满脑袋都是没用的奇思怪想。而且，股东们也为他们的不守常规所困扰。他们似乎不能也不愿突出重点或协调合作，表现得非常固执。因此，他们得不到别人的重视。与其他类型人格障碍一样，他们需要清晰的自我意识，明白自己行为的后果；需要了解自己的意图与实际影响之间的差距，并努力进行弥补；需要一些能够并愿意执行他们意图的敬业的员工；还需要懂得他们将为自己的特立独行付出怎样的代价。奥德海姆和莫里斯（Oldham and Morris, 2000）转引了《心理障碍诊断与数据手册》（DSM）对此类型的标准如下：

（此类型）在人际关系、思维、外表、行为等方面广泛地表现出缺陷。此类型开始于刚成年时，出现在各种条件下，其表现包括下列九点特征中的至少五点：

1. 关联感，如："我肯定那两个人正在谈论我"；
2. 过度的社会焦虑感，如在有陌生人的社交环境中感到极度不适应；
3. 奇思怪想，影响行为方式，并与亚文化常规不符，如迷信、相信通灵、感应或第六感觉，"其他人能感觉到我的感受"（在儿童与青少年身上表现为怪异的幻想）；
4. 不寻常的感官体验，如幻觉，感觉到本不存在的人或力量的存在（如"我觉得我过世的母亲出现在我的房间里"）；
5. 古怪的行为或外表，如不整洁的外表、不寻常的举止、自言自语等；
6. 除了直系亲属没有亲近的朋友，或仅有一个朋友；
7. 讲话怪异（前言不搭后语），如言辞匮乏、离题万里、含混、过于抽象；
8. 对事物的反应不当，如愚蠢、冷漠、缺少回应动作或面部表情，如微笑或点头；
9. 多疑或偏执的思维方式。

（第259页）

霍根（Hogan，2001）将此类型称做想象型，并进行了这样的描述：他们可能喜欢用自己独特的理解与观察来娱乐他人。他们总是对新视角、新思维以及独特的自我表达方式非常敏感。他们经常看起来很聪明、有见解、想象力丰富、非常幽默而且有创意，但同时也疯狂、古怪、不着边际。

奇怪的是，这类人很有趣，与他们相处可能挺有意思。但他们注意力不集中、不可预知。作为经理人，他们经常让人们辨不清方向以及他们的意图。他们的古怪方式对沟通很不利。表现最好的时候，他们充满想象力和创造力，有趣且对他人的动机有令人吃惊的洞察力；但当他们表现糟的时候，则沉浸在自我之中，固执己见，对他人的反应不敏感，无视他们一意孤行带来的社会及政治影响。

面对压力与重担，他们非常忐忑不安，失去重点，胡子眉毛一把抓，行事怪异，无法明确交流。他们可能会很情绪化，因成功而狂喜、因失败而沮丧。他们当然也期待别人的关注、赞同与表扬，这就是他们愿意为此而努力的原因所在。

与想象型的人共事首先要做好听众，欣赏他们的幽默、创造力与即兴表演，并且知道他们对反对意见不太容易接受。他们不会介意别人对重要决策提出建议和看法，事实上他们可能还会对此表示欢迎。人们应该研究他们解决问题的方式，倾听他们对他人的观察，并效仿他们"置身事外"的能力。奥德海姆和莫里斯（Oldham and Morris，2000）将此类型称为"怪癖型"，指出他们具有社会焦虑感，信仰、感官、讲话以及举止都很古怪。他们通常没有亲近的朋友，讲话怪异、情绪不稳、处处多疑。

这类充满幻想、怪异的人不太可能在某机构中升任高级职务，但他们在广告业或学术方面可能有进步空间。粗枝大叶、大智若愚的教授与有创意的广告天才都有许多共性的怪异行为。如果他们够聪明，可能会工作得很好，但很少会成为经理人。

## 演献型（戏剧型）

在某些领域内，如广告、媒体、时尚或舞台，一些特殊的个性特征引人注目。他们的百无禁忌有时匪夷所思，是情绪化的"戏剧女王"。

通常，他们很擅长吸引别人的注意，并能够激励与他们类似的人。凯兹·德·乌莱斯和米勒（Kets de Vries and Miller, 1985）指出，整个组织机构可能都会受到这种"戏剧"的影响。

戏剧化的机构极度活跃、冲动、没有禁忌。在这样的机构中，决策者喜欢依靠印象与直觉行事，涉猎各种不同的项目。高级经理有权独立决定进行大胆的冒险，而下属的权限则非常有限。

这种机构的特征是：自我戏剧化，过度情绪化；围绕危机进行的过度自我表演；渴望行动和刺激；在理想化他人与贬低他人之间剧烈转换；利用他人；无法完全集中注意力。这不是广告界世界特有的状况。电子商务领域也日益演化如此了。

戏剧化的经理人不反对冒险。他们经常依靠直觉作出鲁莽的决策，使公司的策略在各个方向间剧烈摇摆。他们冲动且不可预知。最好的情况下，他们能够使疲软的公司重新恢复活力，或是在公司历史上的关键时期为之提供动力（如合并、收购或启动）。但是，多数时候他们只会带来不稳定、混乱与苦恼。

演献型领导者很有煽动力和鼓舞性。加上他们其他的才能，他们能够发表非常精彩的演说，让大批的观众激动起来。他们喜欢和仰慕者在一起，不担心自己情绪化。但是作为管理者，他们大部分的工作做得很不好，具备脱轨的潜质。

"演献"一词出自拉丁语，意指演员。其原词为"歇斯底里"，词根出自拉丁文，意思是"子宫"。这一类型的人格障碍多发于女性。她们喜欢聚光灯下的职业，喜欢别人的关注与赞美，但是挫折很容易引发她们内在的疑惑与沮丧。演献者自然是很情绪化的：他们的情感完全开放，但这些情感变化非常快。此类经理人过度情绪化，并寻求别人的关注。他们是商界的"戏剧女王"。

此类人对自己不是中心的场合感到很不适应，因此努力让自己总是目光的焦点。他们喜欢将危机戏剧化。他们与他人的交往经常会伴随着不恰当的挑逗或煽动性行为。不用说，女性对这种举止的反应大于男性。此类人的情感表现变化迅速且肤浅，别人很难读懂他们。很多演献者利用外表或服饰来吸引别人的眼球，做法可能包括身体穿刺或刺青。当然，他们在办公室以"行头奇特"而闻名。他们中不少人用那种给人留下深刻印象的方式讲话，实际上缺乏具体内容。他们总是表现得很夸张、很戏剧化，夸大自己的情感，而且通常是负面的情感。对他们来说，即使最乏味的话题都能表现得很戏剧性。他们很容易被他人或环境所影响，因此他们既不可预知，又容易被说服。很多演献者认为自己的人际关系比真实情况要亲密得多。由于他们的戏剧化特征，他们对单调工作的感触比他人要强烈得多。

演献者成不了好的经理人。他们对日常具体管理工作感到不耐烦与焦虑。与理性分析相比，他们更喜欢八卦，不擅长细节。他们很会社交，与人相处充满热情。他们活着就是为了赢得朋友、影响他人，方式为大方地接受恭维、奉承与欣赏。他们憎恨无聊的感觉，生活对他们来说永远不会是沉闷的。他们不喜欢独处。

有趣的是，他们对自我的认识来自外部，即他们对自己的认识取决于别人对他们的看法。因此，他们的自我意识不稳定，需要别人不断地进行正面确认。而且，由于他们的情绪决定他们的思维，他们非常冲动、鲁莽、不耐烦。他们生活在童话世界而不是现实世界里。

在工作中，他们可能会很有说服力与洞察力。他们喜欢广告、公共关系、销售与市场领域，但需要强大的支持来完成计划、预算及其他细节工作。他们在工作中很多变、很情绪化。对表扬与批评，他们可能都会表现得很激动。对他们来说，每件事都如同戏剧，而他们则很孩子气。他们不喜欢稳定的关系。他们希望自己是职场中的明星、关注的焦点，否则他们就会感到无助或完全没有价值。他们不会自省。对他们的过激反应，人们最好不要反应过激。

多特里克和凯罗（Dotlich and Cairo, 2003）称演献型领导者为"情节剧"。因为他们总是努力吸引别人的注意。这些"演员"分散了大家对商业真正焦点的注意力。他们主宰了所有会议，用吸引别人注意力的方式来制造无争议的服从，并且以戏剧化的风格将关注从业务转移到他们自己身上。他们自身比公司策略更耀眼，总是兴致勃勃，从不自省。

根据多特里克和凯罗（Dotlich and Cairo, 2003）的观点，他们具备四个典型症状：

1. 注意力不集中、重点不清、浪费精力；
2. 由于过分关注自我而忽略他人的发展；
3. 吸引其他喜欢炫耀的人，因此高管层整个团队都折射出其不健康的行事风格；

4. 提高他人的预期，发展出追随者但不能够坚持履行职责。

多特里克和凯罗建议采取一些补救措施，如让这些人听取对其决策的反馈意见，以此来避免戏剧化场景；让他们利用一些时间来反思，听取别人的意见。

米勒（Miller，2008）称演献者是"过火的演员"。他们寻求关注、依靠直觉与做秀的风格会导致冲动多变的决策。他们充满热情、非常幽默、乐观向上、精力充沛，但是经常很不现实。他们容易杂乱无章，这可不是机构管理者应有的素质。

由于演献型老板不能履职，不能始终如一，会带来很多问题。而且，他们无法将工作与娱乐、任务与社交分开。他们需要完善自己，并且补充多项能力。他们应该懂得什么时候可以娱乐，什么时候不可以，什么时候是不恰当的。而且，他们不应从个人角度去理解工作。

霍根（Hogan，2001）将演献型称做"多彩型"，认为他们很有趣、吸引人、值得关注。他们擅长吸引他人的注意力，知道怎样戏剧性地登场与退场，他们很有眼光，下意识地留意自己的服饰以及他人对自己的反应。

演献者的舞台亮相与风度、自我意识与出众的领悟力独树一帜。他们在面试、评估中心或其他公众场合都有极佳表现。

他们看起来很有意思，但也非常冲动，不可预知。这些特点使他们长于销售（以及自我推销），但却让他们成为失败的经理人，因为他们吵闹、注意力分散、过于投入、喜欢作关注的焦点。他们不见得外向，只是擅长引人注目。表现好的时候，他们很聪明、丰富多彩、风趣、有挑逗性，是晚会的主角。表现糟的时候，他们不听取意见、缺乏计划、自我推崇、自我提升、忽略负面反馈。

[霍根（Hogan，2001），第49页]

演献者通过忙碌来应对压力与重任，喜欢能让自己成为"明星"的高压状态。他们因兴奋而气喘吁吁，将活动与能效混为一谈，以出席多少次会议而不是做了多少工作来评估自己。他们为别人所不解的特征之一就是，他们是多么需要赞扬的声音，而且又是多么甘愿为此而付出。这就解释了他们为什么坚持要成为明星，即使在光华褪尽之后也是如此。与他们共事，员工要做好心理准备，忍受爽约、组织涣散、指导方向快速变化以及决策不到位。这一切都在预料之中，而且永远不会改变。但是，员工通过观察这样的领导者可以学会如何解读社会现象，学会如何有效、有力、戏剧性地陈述自己的观点，学会如何逢迎，如何易如反掌地迷住别人。

奥德海姆和莫里斯（Oldham and Morris，2000）指出这种类型人格障碍的七种特征。首先也是最重要的一点就是，他们生活在情感的世界里。他们明显具备情感表达的能力、充满热情。第二，他们具有丰富的想象力，被故事和情节剧所吸引，而且似乎故事中的情节一幕幕上演的正是他们的生活。第三，他们本能的活跃，热爱有趣的事。第四，他们喜欢受到关注，因此能够应付各种场合。第五，他们总是寻求赞扬。第六，他们花费很多工夫来修饰自己的外表。最后，他们具有挑逗性，努力吸引、诱惑别人。在各种行业中，都存在这样的"戏剧女王"，但是在与人打交道多的领域内更为多见。他们在公共关系、市场营销与培训方面做得很好，如果他们有天分就会更好。但是不管怎样，对他们的员工而言，有他们这样的领导日子会很艰难。

## 被动攻击型（悠闲型）

攻击型的人在机构中很难达到很高的位置，但是他们可以做到部门负责人的职位，并且对整个机构具有强大的影响。机构内各部门之间越是互相依赖，这些攻击型的领导者越有可能使整个机构脱轨。

这种类型的人格障碍关心的是"做自己的事"，他们要求的是"做我自己"。他们有权以自己的方式做事，别人无权干涉。无论在工作方面还是在私人关系方面，他们都相信没人有权力主宰他们。他们喜欢有他人的陪伴，但为防止别人利用自己，他们筑起很强的心理防线。他们对公平非常敏感。

他们不认为职场是什么大不了的地方。他们可以做不错的经理也可以当很好的工人，但是他们不会加班，也不会将工作带回家或是为工作烦恼。很明显，他们不会做超出自己契约职责之外的工作。他们工作不为取悦老板，也不为让自己感觉更好。人们会经常听到他们说"这不是我的工作"。而且，他们对职场的所谓权威持怀疑态度。如果老板让他们工作再努力些、干得再快些、再准确些，他们会觉得受到了不公平的对待，甚至虐待。他们对自己的权利、公平以及被人利用极度敏感。他们看起来很悠闲，相信成功并不是生活的全部。他们一般处于中等偏上的管理层，因为他们没有野心，也没有冲劲。对他们来讲，工作不值得他们为之耗费自己的精力。

被动攻击型通常没有压力。如果有人让他们去做他们认为不公平的事，他们会闹情绪、拖延，然后忘记。他们被称做被动攻击型，是因为他们很少公然挑衅，但是他们经常很愤怒。只是他们采用伏击的方法而不是正面冲突。他们经常狂怒，但对自己这种情绪厌恶而又无奈。他们实际上抵触但并不声张。他们经常工作动力不足。

《心理障碍诊断与数据手册》（第三版修正版）（DSM–Ⅲ–R）将被动攻击型人格障碍描述为：被动反抗对其提出的恰当的社会或职业要求。这种障碍开始于刚成年时，在各种环境中都存在。具有下列九种特征中的五种即符合这一人格障碍的条件：拖延（未在时限前完成任务）；闹情绪、急躁、好争论；对不喜欢的工作故意放慢速度或做得很差；抗议他人对自己提出不合理的要求；回避责任；认为自己干得比别人想象的要好得多；厌恶那些有关如何能提高效率的建议；阻碍别人的努力；没有缘由地指责所有领导。

多特里克和凯罗（Dotlich and Cairo, 2003）将被动攻击型人格障碍称做"被动反抗型"。他们工于心计、口是心非，小心地完成自己的计划。他们似乎来自某种未知的文化环境，没人能真正了解他们的想法。这种较为普遍的类型的实质在于：嘴上说的是一样，实际做的是另一样；具有严格保密、不予分享的计划；总是回避冲突，很少公开表达不同意见；并不真地关心别人的期望。

这种领导风格让人愤怒、困惑，而且非常愤世嫉俗，使团队与伙伴关系分崩离析，所有的事绞成一团。多特里克和凯罗建议此类领导者分析自己内心的感受与自己的言行举止。他们认为，应该鼓励这些人面对自己的自负，进行换位思考。还应该鼓励他们面对自己回避矛盾的原因，思考成功的领导者是如何工作的。

米勒（Miller, 2008）将被动攻击型领导者称做"被宠坏的人"。他们觉得自己处于劣势、很脆弱，好像生活跟他们过不去似的。于是他们谨慎地、悄悄地攻击别人。事实上，他们将自己对权威的反抗与对立掩饰得很好，因此他们在逃避责任的同时，还可以责备别人逃避。当然，他们精于各种权谋。

米勒（Miller, 2008）指出，他们类似于"殉难者般的呻吟"与转移他人责备的技巧相得益彰。

他们很容易破坏团队士气，在同事中滋生敌意。他们擅长拖延。他们希望别人认为，自己为克服那些不公平的待遇而无助地挣扎。他们不会表现得健康独立，因为这样他们就得同其他人一样必须承担同等的责任，而不能像"受害者"那样要求特殊待遇了。在职场中，这种类型的人格障碍一般代表了典型的成功挫败综合症：就在某人看似接近了自己设定的职业目标时，突然被他所不能控制的外力击垮了。

（第96页）

很明显，为被动攻击型老板工作不是件有趣的事，他/她会为自己的失败而责备你。米勒（Miller, 2008）指出，"也要记住，对这种类型的人来讲，成功意味着期待，期待孕育着担忧，担忧则引发自我厌恶，而这种自我厌恶会投射到别人身上，包括员工。因此，最终他会因为你帮助了他而记恨你，因为这贬低了他。你需要准确记录自己所说的话、所做的事，以保护自己"（第97页）。他建议首先寻求帮助，还要记住"回报是魔鬼"，意思是说你的所作所为可能会有反作用，因此要小心点。

霍根（Hogan, 2001）将这类人称为"悠闲型"。他们认为，这些人听从自己的节奏，对自己的能力充满自信，对他人的才能与意图愤世嫉俗，尤其是对上级。他们坚持按自己的节奏工作。他们容易发怒，如果别人让他快一些，他们会故意更慢一点。他们容易感到待遇不公、不受欣赏、被人强迫。如果他们感到受骗，就会反击，但却会对此矢口否认。奇怪的是，他们很擅长掩饰自己的愤怒，装出很合作的样子，他们的暴躁与拖沓很难被发现。

开会时他们经常迟到，喜欢拖延，只用80%的力气工作，非常固执，不听指挥。他们很少会直接与他人发生冲突。他们高度敏感、合作隐晦、固执、自我沉浸，这使他们不可预知，与他们打交道没有回报。因此，他们在建立并维系团队方面有困难。

被动攻击型的人应付压力与重任的方式是：故意放慢工作速度、忽略高效工作的要求或者找到方法躲避工作。由于他们表面看起来很合作、很随和，人们很难发现他们实际上无所事事、固执己见。他们以自我为中心，以自己的计划为焦点，对自己具有超常的天分与悠闲度日的权利深信不疑。他们认为没什么需要向自己证明的，对他人的反应漠不关心，因此当受到批评或被要求工作更加努力时，他们就会很恼火、很愤恨。

人们应该意识到他们并不像看起来那样合作，只是装做赞同你对工作的意见而已。而且，应该让他们在公众面前作出承诺，以便让大家作证，从而迫使他们负责任。社会压力不会改变他们的世界观，但能够让他们表现出的缺点更不容易否认。

奥德海姆和莫里斯（Oldham and Morris, 2000）认为此类"悠闲型"的人具有以下五种特点及行为。明显有悠闲型人格障碍趋势的人在这些方面表现得更突出。首先，他们认为自己有权用自己的时间、以自己的方式享受生活；其次，他们只会干分内的工作，多一点儿都不会去做；再次，他们会抵制自己觉得不公的要求，不会屈从；第四，他们不会担心工作时限或紧迫性；最后，他们从不会被权威吓倒。不少高级经理都有这种不招人喜欢的特点。他们的症状对其自身似乎没什么损害，但他们的工作重担却不得不由下属员工承担。

## 强迫型（勤勉型、认真型）

在所有的人格障碍类型中，这一类最广为人知，也最容易理解。这一点很自然，因为很多领域都要求从业者具有缜密的思维、遵循官僚程序与格式、遵守固定的行为规范。质量控制员、内部审计员、卫生与安全监察员等职业都要求一丝不苟、全心全意地遵章办事。

强迫型经理会使整个组织向强迫型发展。强迫型组织强调规矩，事先将每个细节都计划好，并按常规预置的模式进行活动。这种组织欣赏办事彻底、完全规范的人。这种组织机构等级观念强，一般都有详尽的政策、规定与程序。强迫型企业的战略反映了它们非常关注细节与已确定的规矩。每个强迫型组织都有自己的专长和专门领域，无论这一领域是否与市场相关。

凯兹·德·乌莱斯和米勒（Kets de Vries and Miller, 1985）认为，这类组织的特征包括：完美主义、注重细枝末节、坚持要求他人按照既定的方式做事、人际关系限于统治与服从、缺乏能动性、不懂放松、小心谨慎、教条主义、顽固不化。

强迫型经理犹豫、谨慎、担心犯错。他们过分纠缠于细节，喜欢宣扬规章制度，觉得这样自己的日子更好过。他们一般都很刻板、沉湎于过去、不愿改变。典型的强迫型经理会建立严格的内审机制以及完善的程序。但他们通常都是官僚，属于时代的产物，似乎与今天灵活多变的企业完全隔绝。这个世界变化越快，他们就越跟不上时代。对他们来讲，改变是敌人而不是机会。

此类组织的问题在于：完美主义受到欣赏与褒奖。如果对最细微的明示或暗示的行为规范一个人都能够出色地遵守，那他就是该组织中的英雄。这种观念无疑会使整个组织都更具强迫症状。

这一人格障碍在男性身上更多见，大约1%的人表现出此种症状。他们以热衷完美、关注细节、刻板、拘泥于形式而著称。他们经常都是工作狂，就是那种靠工作活着的人。他们有能力、自律、办事利落、忠诚。即使是在假期与休闲时间，他们也乐意从事紧张、具体、有目标的活动。

此类经理表现出对秩序、完美、心理与人际关系调控的关注，付出的代价是应变能力差、开放程度低、效率低下。他们是最地道的官僚。由于他们过分关注细节、规则、秩序、计划等，商业活动的主要目的都被遗忘了。这些人都表现出为了完美而牺牲工作的特点，即由于未达到其过分严格的要求而未能完成某项工作。当然，他们对他人的要求也是如此，不管这样做是否会延误工作。这类经理属于经常放弃假期与朋友的工作狂。他们的过分认真谨慎、对职业准则与价值观的一丝不苟名副其实。

令人吃惊的是，他们舍不得扔掉废旧没用的物品，即便这些东西没有什么情感价值也是如此。他们在家或工作机构都储存"垃圾"。他们不愿与别人共事或委托别人做事，除非其他人都能完全按照他/她的方式去做。他们不会放手让别人去做事，因此付出很大代价。无论对自己还是别人来讲，他们都是吝啬鬼。他们认为钱要存起来以备不时之需，因此他们的预算从不会用光，他们的预算额也就永远不可能上调。总之，他们表现得刻板固执，为他们工作令人很不愉快。

认真、强迫的人通过埋头苦干而获升职。但是，在到达一定层次后，他们会出现脱轨，原因是他们不能迅速决策、无法确定优先事项，也不放心别人去工作。他们会一遍遍地反复核查细节，因而适合做有能力与远见的领导者的副手。他们非常自律并以工作为先。他们通常情商不高，但对道德、政治与宗教问题持狂热且正统的观点。他们觉得很难放松自己，也很难丢弃物品。他们与人的关系传统、冷漠。他们忠诚、负责任但不浪漫、缺乏感情。人们可能会觉得他们过于谨慎、小家子气。

强迫型经理要求做任何事都必须完美。他们深陷于细节，忘记方向与重点。他们可能成为专制的老板，极度关注时间、秩序与整洁。他们被"应该"与"必须"所驱赶，并且希望别人也能如此。他们为自己与他人制定规则，因为他们刻板、追求完美与掌控。他们就是商界中吹毛求疵的人。他们希望得到尊重与认可，希望控制自己与他人"危险的"冲动、欲望与情感。

非常矛盾的是，这些极度"精准"的领导者经常是丢了西瓜捡了芝麻。多特里克和凯罗（Dotlich and Cairo, 2003）指出，这类人毫无道理地挑毛病、沉迷于细节、到处插手。他们的目光总盯着细节及程序，关心形式超过实质。他们对不确定与模糊的状态感觉很不舒服，这使他们对所有事都组织规划过度。他们不能也不愿授权给他人，也无法让别人明白什么才是最重要的。因此，他们经常明显忽略最显而易见的东西。他们也容易陷入压力周期之中。

因此，多特里克和凯罗鼓励强迫型人格障碍者审视因自己的行事风格而付出的代价，如失去机会、效率下降、被压力击垮等。多特里克和凯罗建议他们尝试优先安排重要工作、放弃对完美的迷恋、忍耐不完美。显然，这一点说着容易做着难。

米勒（Miller, 2008）将强迫型商界领导者称为"脱轨者"。他们谨慎，对细节、秩序与完美着魔。高层级的、与认知相关的工作吸引着他们，如工程及金融业，他们也在这样的工作岗位上得到回报。他们主要的动力来自于"控制"：他们需要控制人与程序，保证事情做得合适，而且按照预定的程序进行。如果达不到这样的要求，他们会感到焦虑。

通常，"脱轨者"是勤奋的"微观"经理人。他们要求极高，总是把大道理挂在嘴边：做一件事就一定要做好。他们能够让员工做得很好，但代价也很大。他们的工作方式直接生硬，所以下属很明确他们的要求。米勒（Miller，2008）对强迫型的人提出了三条建议：第一，默默地树立起你想让下属模仿的榜样；第二，建立现实的目标与标准；第三，批评别人要谨慎。

奥德海姆和莫里斯（Oldham and Morris，2000）描述了对此类型的精神学标准：完美主义；着迷于细节、规则、秩序、组织及计划；不讲道理地坚持让别人按照特定的方法做事；过度敬业；犹豫不决；谨小慎微；道德观、职业操守、价值观刻板；感情表达受限甚至缺失；在时间、钱财或礼物上明显小气；无法舍弃各类垃圾。

霍根（Hogan，2001）将此类型称为"敬业型"，因为他们想干好工作、做好市民、取悦上级。霍根指出，敬业型的人工作努力、谨慎、有计划，对自己和他人的表现有很高标准。他们按照自己的规则生活，还要求别人也要遵守这些规则。如有违背，他们就会暴躁不安。他们最显著的特征是保守、仔细、回避风险，同时他们也很可靠、可以依赖、可以预测。他们通常都是组织喜欢的成员，因为组织总是能够依赖他们去维护标准，而且他们工作彻底、专业，对同事彬彬有礼。

霍根指出，他们是很好的榜样，因为他们总是表现出高度的专业标准。他们很受老板喜欢，因为他们非常可靠，而一般下属并非如此。但是，他们胆小怕事，还吹毛求疵，剥夺了下属员工对工作的所有选择与控制权。他们的问题在于管理太过微观，这就疏远了他们和员工的关系，员工们很快就会放弃任何创意，只等着他们告诉自己要干什么、该怎么做。勤奋、谨慎、强迫的特征也给他们自己带来了压力，而且他们对质量与最佳表现的极度在意使他们无法授权别人去做事。这也使他们无法突出工作的重点，很难有远见，看不到更广阔的前景。因此，他们的角色很矛盾，在某些环境中的特定层级上尚能发挥作用。

勤奋的强迫型人格障碍者会被重任压垮。他们应对增加的工作重任就只会延长工作时间、增加工作强度，而不会动脑筋。于是他们越落越远，而且觉得很难接受这一点。他们经常会成为工作效率的瓶颈，因为所有事都要经过他们的审核、修改、同意，未达到他们的标准是无法通过的。他们会严密地指导员工。如果他们能听取别人的意见，分清工作的优先和重点，将工作任务放到更大的视角去考虑，会对他们有所帮助。

奥德海姆和莫里斯（Oldham and Morris，2000）用通俗的语言描述了此类型的九个特点："勤奋"地投身到工作之中；遵循"强大的道德准则与价值观"；确保每件事都必须按照"正确、恰当、获准的方法"去做；"完美主义"；表现出"对细节的热爱"；强调"秩序与整洁"；崇尚"实用主义"；审慎；"积攒"大量各种无用的物品。勤奋谨慎的人在商界能够干得很出色，因为某些职业需要这种执着的强迫症状，如卫生与安全、质量控制等。但是，与其他类型的人格障碍一样，这种特质过多就会给其个人与身边员工带来严重的问题。

## 结论

看完我们对这些人格障碍类型的描述，大家可能会认为具有他们这样的特质、属性与趋势的人不可能升至高级管理职位。还有人指出，这些人格障碍类型在人群中所占的比例很低，仅有1%～3%。

我们需要重申两点：第一，个人的喜好在一定程度上决定了他们谋求的职业类型。好斗、警觉、偏执的人在间谍、军事或安全领域会做得很好。这种特点当然对黑手党成员或所谓的"关联组织"成员有好处。

同样，富有创意与想象力怪癖的人可能成为优秀的艺术家、发明家以及研发专家，当然他们同时也应具备相关领域的专业技能。他们可能会是不错的科幻小说作家，或者发起政治或宗教运动。他们在时尚或演艺圈甚至替代医学领域都可能大放异彩，但只有在一些极端的案例中，他们才可能接受高级管理职位的要求与责任。

矫揉造作、炫耀、渴望成为关注焦点的类型在销售或艺术方面可能做得不错。他们明显的自信和社交技巧，再加上天分，意味着他们最终可能成为成功的演说家或传教士。作为授课者或培训者，如果他们确实努力、讲解详尽，也能比较成功地展示自我。

被动攻击型领导者太普遍了，因而这一类型在《精神病学手册》中已然消失了。事实上，某些文化似乎鼓励这种类型的人。企业家中有这种人格障碍的不多，但在官僚中他们则可能属高级管理者。

最广为人知的要数强迫型。许多人的强迫症状受到各种形式的鼓励。毫无疑问有一些领域适合这类人，如质量控制、内部审计、卫生与安全。他们也可能成为优秀的审核员、复杂计划的制订者或证券监督员。一些职业确实需要关注细节与秩序的核查员。

第二,所有类型的问题道理都一样,这也是本书的主题。尽管许多研究者用"类型"说话,但实际上考虑的是"程度"。关键问题在于:某种特征要恰到好处,而不是过犹不及。一个人具备一定程度的某些特征,则对其很有益。事实上,某些特征程度高对特定行业来说很有好处,但是高得过了头则可能会无法达到高级管理职位,甚至造成管理脱轨。

# 第八章　另外六种类型的人格障碍

## 概要

正如之前所述，临床研究者探讨领导者脱轨以人格障碍作为有效且全面的研究框架来描述其失败的原因（Dotlich and Cairo, 2003; Miller, 2008）。研究基本明确了五种人格障碍可能在短期内"帮助"一个人成为领导者，它们按照次序分别是：精神分裂型、自恋型、偏执型、演献型与古怪型。但是，在特定条件下，另外一些类型则可能排位靠前。

再次回顾本领域研究的中心观点，我们可以发现，所有这些类型的行为属性都存在程度上的差别。一般程度的行为模式没有害处，还可能有好处。而通常由压力引发的人格障碍程度过高则会导致脱轨。

还有一个重要的问题就是这些人格障碍的列表随着《精神病学手册》的变化而改变。因此，某些类型（如被动攻击型）会消失，还会出现新的类型。所以，并非所有作品都认为人格障碍框架有助于描述领导者的脱轨特征。

## 分裂型（孤独型）

人格障碍者中有一类人很冷漠：疏远他人、情感冷漠、同动物比同人更亲近。他们是人格障碍者中的孤独者。他们很自闭，不需要他人羡慕、娱乐、指导或取悦自己。但他们却宣称自己并不孤单。他们看起来似乎没有情感。他们是执行者、是旁观者，但毫无感觉。面对痛苦和深情，他们表现得满不在乎。他们的人际关系如何呢？他们对他人是呼之即来，挥之即去，并不真地懂感情。

多特里克和凯罗（Dotlich and Cairo, 2003）将这一类型称为"冷漠型",这一类型的首席执行官就不愿与人往来。在困难局面下,他们会退缩,将自己与他人隔离开来。多特里克和凯罗认为,这一类型有五个特征:别人最需要他们时,他们会消失;他们忽略矛盾;造成别人工作不如以前努力;沟通不利与误解随处可见;致使情感匮乏的组织文化抬头。多特里克和凯罗提出三点建议以防止此类人失败:理清支持你的人际网络;信息复现;关注你对他人的影响。

米勒(Miller,2008)将分裂型领导者称做"古怪型"领导者,认为他们喜欢按自己的节奏、以自己的方式做事。他们不太容易成为领导者,除非其想象力、可靠性以及技能超群。他们倾向于无恶意地忽略同事。米勒(Miller,2008)认为他们应该制订一个有"人际交往时间"的计划表,使用适合自己的沟通方式,练习社交技巧。个性网站将他们的特点缩写成"DISTANT"。即:

D:疏远(或平面)效应;

I:不在乎批评或表扬;

S:对两性交往没有兴趣;

T:独自完成任务;

A:缺少亲密的朋友;

N:既不喜欢也不期待有亲密朋友;

T:很少对任何活动感兴趣。

此类型的经理或领导人际关系冷漠,经常在人际交往中不知如何表达感情。他们的情感似乎过于平淡,通常认为他们反应迟钝、情商极低。

他们不喜欢也不期望与人有亲密关系,无论在工作中还是在家庭里都是如此。他们厌恶也从不参与团队活动。他们几乎总是选择个人活动,即使在非正式聚会中也会感到不自在。他们对两性交往完全没有兴趣,这在工作中大概没有坏处。他们对活动几乎没一点儿兴趣。他们看起来没有乐趣,也没有感情。除了直系亲属之外,他们很少有朋友或知己。他们在工作中是孤立者,但是显然他们对此并不在意。他们对他人的表扬与批评表现得很不在乎,似乎就没什么事能影响他们。他们情感冷漠、疏远、平淡。

分裂型不喜欢团队活动,也不敏感,不善交往。他们对办公室政治缺乏意识，因此，他们在需独自完成的工作中表现得更加出色。他们并不反社会，只是"空洞的躯壳"：空虚、平淡、情感匮乏。他们的幻想世界可能很丰富，但感情生活非常乏味。

奥德海姆和莫里斯（Oldham and Morris, 2000）将孤癖型称做"孤独型"，根据他们的研究，《心理障碍诊断与数据手册》将此类型的诊断标准描述为：社会关系普遍冷漠、情感体验及表达受限的一种模式。他们既不期盼也不喜欢亲密的人际关系，经常选择一个人的活动。他们似乎无法体会强烈的情感，对批评与表扬都显得满不在乎。他们通常没有亲密的朋友或知己，这大概是因为他们太疏远、太冷漠了。

霍根（Hogan, 2001）称这种类型为"自我沉浸型"，认为他们只关注自身，不在意他人尤其是员工的情感与意见。他们很内向、厌世、理解力差、缺乏社会洞察。他们看起来脸皮挺厚，不在乎遭到拒绝或受到批评。他们喜欢独自工作，对数据与事物比对人更感兴趣。他们多在金融、财务、编程、信息工程领域工作，因为在这些行业中他们靠技能吃饭，而不必依靠社会洞察力。他们通常不善沟通，也不敏感，这使得他们不可预知，也不知回报，而且在建立、维系团队方面有困难。

他们在政治逆境中表现得坚韧不拔，因为他们有坚硬的"外壳"，不会像别人那样面对批评与拒绝瑟瑟发抖。他们还能够保持专注，将注意力放在工作上，不会被环境的喧嚣、情感的大起大落，以及给人加压的会议所干扰。面对这些纷扰，他们仍然会继续自己的工作。但是由于他们对他人的需要、情绪、感情毫不在意，就可能表现得粗鲁、不够老练、不敏感、笨拙。因此，他们作为经理人表现非常糟糕。面对每天的压力与工作重任，他们泰然自若。与此同时，他们也对员工受到的压力漠不关心。当压力来临时，他们就缩回办公室，停止沟通，一个人处理这些事务，让其他人摸不着头脑，不知道他们想怎样、需要什么。他们总是以自我为中心，依靠自己，不需要他人的精神支持，也不向别人提供支持。他们主要是不想被别人的问题所困扰，只想做自己的事。

和分裂型的人共事，向他们做汇报要公事公办，问题与评论要紧紧围绕工作。他们会拒绝别人提出的更多、更好进行沟通的要求，倾向于独自工作。员工们应该了解他们的做法，这样他们自己就不会犯同样的错误了。员工们还应找到与机构中其他人的沟通方法，以便在遇到麻烦时能够得到支持与建议。奥德海姆和莫里斯（Oldham and Morris, 2000）

指出：

下列五种特征与行为是孤独型的典型特征：

1. 孤独：有孤独型人格特征的人不太需要别人的陪伴，更喜欢独处；
2. 独立：他们很自持，不需要与他人互动去分享他们的体验；
3. 沉着冷静：孤独型的男人与女人一样，都脾气平和、冷静、没有感情、不容易激动；
4. 两性交往方面很冷静：他们不会被性需求所左右，他们享受性的欢乐，但如果缺乏也不会觉得痛苦；
5. 脚踏实地：他们不会随着表扬或批评而心情起伏，行为举止充满自信。

（第 264~265 页）

他们对与这一类型的人相处有六点建议：

让这些人随意吧……虽然他们可能无法与现实世界相融，也不会与人有深入交往，但他们能力很强，也很负责，而且他们的内心世界可能很有意思。

1. 不要认为孤独型的人独来独往就不舒服或不开心……
2. 不要认为你身边孤独型的人不要你的陪伴、一个人静静地坐着而不与你往来就会感到不自在……
3. 寻找那些不同于常用的"我需要你、我爱你"之外的点滴关切……
4. 保证这类人有足够的时间独处。哪怕只有一点儿孤独型特征的人也需要一些自己的时间，这样才能感到自己是正常的，状态良好，具有战斗力……
5. 当孤独型的人享受他自己的世界时，你也应该寻找自己的爱好与活动，让它们来丰富自己的生活……
6. 当你需要与不懂情感的孤独型的人共同解决一个问题时，请运用逻辑而不是情感。

（第 275~276 页）

同样，在某些行业中，孤独型的行事方法可能行得通。在不毛之地搞研发的科学家、地质学家，以及艺术家们都享受独处之乐。只有在他们被提升为团队管理者时，问题才会出现。

## 边界型（激动型、多变型）

这一类人"生活在边缘上"，大约2%的人具有这种人格障碍，其中女性多于男性。"边界"这一词汇原指神经官能症与精神病的界限。这类人经常会表现出其他人格障碍类型的一些特征，如情绪化、抑郁、矫揉造作等。如玛丽莲·梦露、阿道夫·希特勒以及"阿拉伯的劳伦斯"[①]，这样的人就被认为具有这类人格障碍，他们冲动、不可预测、不计后果。这一类型的人多数都存在自我意识问题，他们对自己的形象存在正反两方面的对立认识，这让他们在自我理想化与自我憎恶之间徘徊。

他们的人际关系、自我意识与情感长期不稳定。日常行为举止的冲动也是他们的特征之一。有时他们拼命努力去避免被经理或员工抛弃，但这种境地可能是真实的，也可能是他们想象出来的。他们的人际关系经常不稳定或很紧张，特点是在爱与恨、崇拜与厌恶的两个极端之间变换。他们多数被自我意识所困扰，因为他们的自我意识与自我感知摇摆不定。他们不太明白自己到底是什么样的人，而且对自己的想法时时在变。他们冲动地向往金钱、性欲、酗酒、驾驶以及所有容易出事故的活动。他们可能今天很慷慨，明天就非常吝啬。极端时，他们可能会反复出现自杀行为或以此相威胁。他们最显著的特征就是情绪的骤变，如间歇性的极度狂躁、易怒、焦虑等，每种情绪通常只能持续几个小时，极个别情况下能保持几天。他们就像坐上了情绪"过山车"，即使在同一天也要经历几番起伏。他们的下属不太走运，因为他们脾气急躁，而且很难控制自己的脾气，如经常发火、暴躁，多次与人打架。

这种多变的人格障碍类型者的生活本身也像过山车。他们情绪激烈、要求很高。其情感世界犹如地貌特征：到处都是火山爆发与板块运

---

[①] 译者注：托马斯·爱德华·劳伦斯，英国军人、学者。以"阿拉伯的劳伦斯"闻名于世，曾研究中世纪城堡学，第一次世界大战时，受命加入阿拉伯军队，从事间谍工作和游击战，经历极富传奇色彩。

动。他们忽冷忽热、冰火两重天。他们被情绪所驱使，看待任何事都非常情绪化。在他们眼中，别人可能在几天之内就从偶像蜕变成"坏东西"。由于无法控制自己的情绪，他们经常备受折磨。

他们任性而为，放纵自己。他们可能会轻易就改变自己的生活方式，没有强烈的自我意识。从这种意义上讲，他们在一定程度上对自己不太确定。在工作中，他们可能会与他人产生个人感情。当受到表扬时，他们可能会真的很喜欢自己的老板，但这只是一时的。他们一定要让别人对自己好，喜欢摆资历。作为经理，他们与员工关系密切，期待员工的绝对奉献。当他们不现实的期待得不到满足时，他们就会很急躁、很粗暴。

他们对自己的认识、对事物的看法以及对生活意义的观点都在不断改变之中。他们不喜欢复杂的感情、模糊不定或孤独的感觉。他们喜欢用好与坏来衡量事物，且很难保持专注。

多特里克和凯罗（Dotlich and Cairo, 2003）将此类领导者称做"善变者"，因为他们情绪变化突然、没有定数。他们可能会轻易就爆发出来，让其他人感到意外与不解。从某种意义上讲，他们往返于两个极端之间：忽而乐观忽而悲观；忽而充满能量与热情，忽而怯懦与萎靡。多特里克和凯罗指出了此类人的三个典型特征：首先，其他人会因担心他们的脾气而不愿与他们往来；其次，所有人似乎都因他们无法控制情绪所困扰；第三，其他人变得更加疏远他们。员工们不愿意为善变的领导付出。多特里克和凯罗建议善变的领导者提高自我意识并加强自我调整，如授权给自己信任的顾问，让其在特定情形下参与进来，提醒自己。这种英雄式的、灵感萌发、具有领袖气质但善变的领导者作为经理人经常会很糟糕。

米勒（Miller, 2008）将边界型领导者称做"应激型"老板。他指出，他们对人的看法存在由理想化到贬低的戏剧性变化。由于他们对他人正面或负面的感情都很饱满，所以非常难以预料。他们的自我意识不稳定，通常害怕独处。他们时常会突然狂怒，后悔自己说出的话，并且期待别人对自己的肯定。米勒（Miller, 2008）认为，改进边界型的唯一希望就是寻求专业帮助，允许别人存在疑虑。

一些专家认为，"人格障碍"这一词汇对这种类型再适合不过了，因为他们正是处于正常与不正常之间。奥德海姆和莫里斯（Oldham and

Morris，2000）将其诊断症状描述为：一种情绪、人际关系与自我意识普遍不稳定的类型。有这种人格障碍的人与他人的关系紧张且不稳定；在消费、性生活、物品使用、店铺偷扒、鲁莽驾驶、暴饮暴食方面都很任性；情绪变化快，一般只能持续几小时，个别情况也只能保持几天；不恰当地大发雷霆，并且很难控制住脾气；反复的自杀行为，以此相威胁或自残行为；在自我形象、性取向、长期目标、职业选择、择友以及价值观方面存在显著且持续的自我意识混乱；最后，他们还会发狂地努力避免真实或想象出的被别人抛弃的局面。

有关人格障碍的网站为方便大家记忆这种类型，将其归纳为：

A：抛弃

M：情绪不稳定（典型的应激型情绪）

S：自杀或自残行为

U：人际关系紧张而不稳定

I：冲动（存在两个会造成自我损害的方面）

C：控制怒气

I：自我意识混乱

D：与压力相关的瞬时分裂症状

E：持续感觉空虚

霍根（Hogan，2001）称这种类型为"激动型"。此类人认为人际关系令人失望；预感到会被拒绝、忽视、批评或不公平对待。他们小心地寻找别人对自己不好的迹象。他们会突然爆发，表现为大喊大叫、乱砸东西、摔门等等。由于他们过度警惕自己受虐的迹象，他们会觉得自己处处都受到不公平待遇，而别人可能根本看不出这样的情况。与他们相处，会觉得难以预料，而且没有回报。因此，他们通常会在建立并维系团队方面遇到困难，而此方面的能力正是作为领导者的基本功。

他们对别人的困难比较敏感，也有一定的同情心，因为他们知道生活并非总是公平的，因而能够真实地体会他人的痛苦。他们有时对新项目会充满热情、非常努力。但是，他们很难保持这种状态，需要别人一再确认鼓劲，而且相当难以取悦。

面对压力与工作重任他们应对不佳，轻易就会爆发。而且，人们很难与他们沟通或维持关系。因此，他们经常会换工作，身后留下一连串失败的人际关系。他们对工作关系很容易感到失望，这时他们的第一反应就是撤退、逃跑。他们完全以自我为中心，对待所有的信息与经历都从是否对他们个人有益去考虑，而且还认为他人的反应都是针对自己的。事实上，他们将所有的事都个人化，只是他们默默地这样想，而他人看到的是他们爆发的情绪与退缩。与激动型经理人共事，下属必须时刻准备不停地安抚他们，随时汇报以避免给他们任何"惊喜"，还必须将要发生的事预演好几次让他们有所准备。总之，想想该如何安慰一个烦躁的孩子吧！

奥德海姆和莫里斯（Oldham and Morris, 2000）用通俗的语言指出这种他们称为"多变型"的人具有下列特征：浪漫的属性；对所有的事都很在意；情感活跃、反应过激；缺乏控制、百无禁忌、本能反应、喜欢玩乐、不怕冒险；喜欢热闹、创意、投入的活动；充满想象力与好奇心，总想探索新的文化、角色与价值体系。

奥德海姆和莫里斯（Oldham and Morris, 2000）还对与边界型往来的人提出了六点建议。即准备好被接受或被抛弃；不要对其易变的情绪作出反应；让他们解释自己的行为与情感；留心不要让他们把工作放在一边不管；而且还要永远表现得有爱心、有奉献精神。

边界型经理人不大可能获得高级职位，但是他们很聪明，经常换工作，因此很可能被任命做一些他们无法胜任的领导工作。当然，发现这一类人相对比较容易，但为他们工作令人很不愉快。

## 回避型（谨慎型、敏感型）

此种类型在男性与女性中出现几率基本相当，一般认为分别占0.5%和1%。具有这种人格障碍的人似乎对社会有恐惧症，他们将自己与社会隔离，退缩到自己的世界里。由于担心遭到拒绝，他们就选择了逃避。他们寻求别人的接受、赞同与感情。

米勒（Miller, 2008）将回避型的人称做"退缩型"。他指出，由于他们不让自己接触社会，一般会选择低层级的工作以便将人际交往的可能降到最低。但是，他们的才智与技能却可能将他们推到聚光灯下，推上管理职位。他们会表现出许多缺点，如不能够确定明确的目标，或提供建设性的意见。而且，工作不仔细的员工会认为回避型老板软弱可欺，因为他们不愿与人接触，这会让员工心怀侥幸、屡次逃脱。

米勒（Miller，2008）认为，回避型老板可以通过制订常规计划与标准程序来更好地履职。这样有助于降低他们的焦虑，从而改善其表现。由于他们回避接触他人而缺乏实践机会，他们通常社交技巧不足。因此，他们应该更近距离地倾听、观察他人。

人格障碍网站将其特征总结为"CRINGES"，以方便记忆。即：

C：确定（在与他人打交道之前要确定他人的确喜欢并需要他们）

R：拒绝（或批评）代表了他们对社交场合的所有预期

I：亲密关系（由于担心被羞辱而抑制自己，不与他人有亲密关系）

N：新的人际关系（禁止自己发展新的人际关系）

G：回避工作中的活动（可能涉及重要的人际交往）

E：尴尬（阻止了他们参与新的活动，或冒个人风险）

S：认为自己不讨人喜欢、不称职或低人一头

这类人表现为回避社会，自我感觉不佳，对负面评价过度敏感。他们是那种极为敏感、纤弱的"花朵"。

他们回避工作中涉及重要人际交往的活动，担心批评、反对与拒绝。他们会回避任何可能出现的负面意见。他们不愿意与人打交道，除非确定别人喜欢自己，而这一点在工作中非常难以实现，事实上在任何场合都很难。由于担心受到羞辱或取笑，他们对亲密关系也持保守态度。他们很冷漠，看起来总是沉浸在工作中的批评与拒绝中。因为感觉自己不称职，他们总是回避新的人际关系。他们认为自己社交方面不灵光、缺乏个人魅力、低人一头。人们可能想不通这样的人如何成了管理者。当然，这种自信不足的人很少成为商界的高级管理者。

这类极为敏感的人需要安全感，他们在自己熟悉并信任的人或环境中寻求安全感。他们很容易产生焦虑或者变得警觉。在他们冷静而且礼貌的外表下，是不安的心。他们应对焦虑的办法就是所有事都准备妥当。他们希望生活、朋友以及工作都安安稳稳、尽在掌握。他们不喜欢

新鲜的东西，包括陌生人以及新的工作思路。他们更喜欢自己熟悉的东西，希望工作时如同在家一样熟悉和稳定。他们工作高效、可靠、表现稳定，不需要花样与挑战。他们喜欢惯例，乐于帮助上级。但是他们在机构中不懂政治，会用自己的专业来寻求"避难所"。他们在需要常规、反复与惯例的技术领域做得不错。

但是由于回避型的人担心遭到拒绝，他们的社交生活非常贫乏。矛盾的是，他们最回避的亲密人际关系恰恰能给他们带来他们最需要的接受与赞同。由于他们感到孤立、无能、不被别人需要，因此他们确信别人会拒绝他们。事实上，他们确实经常会遭到拒绝，而这是因为他们对人表现得冷漠、疏远。他们对负面反应非常敏感，渴望无条件的爱，但他们相信除非一个人完美无缺才可能真正得到爱。他们的自我意识非常强，经常贬低自我，对他人心怀怒气。他们有社会焦虑感，因此将自己保护在一个全部符合常规的安全世界里。

多特里克和凯罗（Dotlich and Cairo, 2003）将他们归为"过度谨慎型"，认为很多首席执行官都是如此，因为他们经常处于严密检查的过程中，才会对事情分析过度、耽搁过度。决策之前再二、再三、再四的考虑可能会产生严重的负面影响，因为这样会造成拖延、耽搁，一直不作出指示，直到来不及为止。多特里克和凯罗认为这种类型的人表现出三种微妙的特征：第一，不愿解聘任何员工；第二，管理委员会磋商、制订时间表等方式耗费其很多精力，但成效不高；第三，在辩论中严重缺乏有力的意见。多特里克和凯罗建议，这种"好好先生"型的领导者需要确定工作的优先级、学习过去成功的经验、直面自己的焦虑、尝试新的工作方法。办事拖沓、过度谨慎是其管理脱轨的重要原因之一。奥德海姆和莫里斯（Oldham and Morris, 2000）将其诊断症状描述为：一种对社会交往感到不适、担忧负面评价、胆怯的类型。他们很容易被批评或反对意见伤害；没有亲密的朋友或知己；似乎不愿意与人交往，除非十分确定对方喜欢自己；回避涉及人际交往的社会活动或职业活动；由于担心自己说出不合时宜或愚蠢的话，他们在社交场合看起来总是沉默寡言；担心自己脸红、流泪而感到尴尬；夸大常规工作之外的一些普通事务的难度、危险性以及风险。

霍根（Hogan, 2001）称这种类型为"谨慎型"，强调他们担心批评、羞辱、责备或以某种方式丢脸。"他们对失败、拒绝、批评处理不佳，因此他们总是很谨慎，避免出现失误或犯错，免得因此在大家面前感到尴尬。"由于他们对可能会有的批评非常警觉，他们会觉得到处都是危险，而别人一点儿也感觉不到。为防止受到批评，他们的方法是：手写记录、保留意见、一言不发、格外小心或者干脆什么都不做。当他们感到有受批评的风险时，他们还会要求其员工不要轻举妄动。这类经理人不受欢迎，因为他们太过于谨慎、犹豫不决、制约他人了。

回避型的人对评价风险也非常小心。他们很少会在考虑不周的情况下匆忙行动，而是会对未来的行动方向提出谨慎有理的建议。他们回避创新、反对改变，即使很明显需要立即做些什么的时候也是如此。他们对新鲜、不同、陌生的事物似乎格外警惕，他们宁愿选择等待也不愿做出头鸟。如果他们的工作环境很稳定，就能发展得不错，但如果不稳定，他们就不能适应。

面对压力，回避型的人依赖于已确定的程序、尝试过的方法来解决问题，而不会选择新技术或通过其他程序来做事。他们可能会试图控制自己的员工，担心某个员工犯错从而让自己难堪，尤其是在其上级面前。他们完全按照上级的指示办事，并要求其下属员工以及所有他们有权管理的人执行标准程序与规则。他们厌恶被人批评。别人看到的是他们谨慎、刻板、遵守标准程序、反对创新与改变。

与谨慎型的人共事，下属员工需要随时向他们汇报与其相关的活动，尤其是那些可能对其产生负面影响的事，并向他们请示下一步该做些什么。如果事务紧急需要马上办理，或是需要推行某些创新的方法，最好能回避他们，或者书面说明你建议采取行动或推广创新的情况，以备不时之需。

奥德海姆和莫里斯（Oldham and Morris, 2000）称此类型为"敏感型"，并指出其下列五点特征：第一，他们喜欢熟悉的东西，因此只对惯例与常规感到舒服。第二，他们喜欢同与其家庭关系密切的人或少数几个密友来往。第三，他们非常在意别人对自己的看法。第四，他们表现得很谨慎，与他人打交道小心翼翼。第五，他们总是刻意保持礼貌、自制的举止。

奥德海姆和莫里斯为应对这类人提出了七点建议：第一，希望你走运，能确实了解这类人；第二，接受他们的缺点；第三，避免让他们去做其不想做的事，免得引发他们的情感焦虑；第四，让步；第五，对他们不熟悉的东西进行指导；第六，努力让他们确认每个人都会喜欢他们；第七，直接坦率地阐述问题。坦率地讲，在这类谨慎、敏感的回避型人格障碍者中很少有人能做到高级职位。即使有些人到了高级职位，也会很快发现他们"搞不定"，只能放弃。

## 依赖型（依附型）

具有这一类型人格障碍的人比其他类型更依赖于他人的支持与指导。他们就像小孩子一样，在所有人际关系中依附、顺从、屈从别人，害怕别人不管他们。依赖型的人关心别人，非常乐意让别人高兴，因为别人给了他们生活的意义。他们替别人担忧，也需要别人。他们在这种依附中得到满足，并通过别人来证明自己。他们不擅长批评别人，也不善于接受批评，不知如何应对负面反馈。工作中，他们非常合作，支持、关心、鼓励他人。他们在某些行业做得相当出色，如护士、社工、志愿者。

多特里克和凯罗（Dotlich and Cairo, 2003）指出，不少首席执行官乐于取悦他人，努力猜测并达到他人的预期。这并不是说他们这样做就存在问题，但确实可能会引发问题，因为他们会制止争论、异议或可能引起不安的主张。他们可能会过于灵活，使其他人不知道他们的想法究竟是怎样的。他们似乎过于在意快乐与否，认为愉快的工作能够带来满足感，而不是工作的满足感带给人快乐。因此，与其他类型的人一样，他们的行为将造成自我溃败、自我破坏。

讽刺的是，他们最终失去他人的支持与忠诚恰恰是因为一个人是不可能让所有人都高兴的。他们为了避免不愉快与失望所做的努力恰恰增加了不快与失望。而且，更重要的是，他们似乎不愿意为他人出头。他们拒绝作出重大的、救公司于水火的铁腕决策。他们对压力的担忧使得企业文化缺乏能量、优势与活力。应该有人教会他们果断行事的能力，以及坚决捍卫自己信仰的重要性。

米勒（Miller, 2008）将依赖型领导者称做"附着型"老板。他们担心别人不喜欢或不尊敬自己。他们能当上领导多数是由于自身的技能与知识，或者有时只是简单地因为轮到他们出任而已。如果他们得到支持，就会很忠诚很公正，但是他们过度依赖于上级的指示与确认来采取大胆、有勇气的行动。他们应该明白一点，那就是"并非所有的事都是人气竞赛"（第27页）。

人格特征研究网站（http://www.personalityresearch.org/pd.html）认为，"RELIANCE"（缩写）是确定依赖型人格障碍的主要诊断标准。即：

R：需要再三确认才能作出决策
E：对表达不同意见感到困难（害怕失去支持与赞同）
L：生活的责任（需要别人来承担这些责任）
I：对启动项目感到困难（缺乏自信）
A：孤独（独处时感到孤单无助）
N：安抚（竭尽全力去争取别人的安抚与支持）
C：陪伴（当一段亲密关系结束后急切地寻找另一段关系）
E：非常害怕别人不管他们，需要自己照顾自己

这类的经理人极度需要别人的关照，并且害怕分离，这导致了他们的屈从与附着行为。

这些经理人深受思维停滞之苦。他们不能独立作出决策，需要别人不断给予确认和建议。他们应该对自己的生活承担起责任。很明显，他们很擅长委托别人做事，而他们自己则总是需要帮助与确认。此类人多数感到难以表达与他人不同的意见，担心失去他们的支持与赞同，因此他们会表面同意但暗中反对。这自然让他们变得很难理解。此类人都对发起项目或独立完成任务感到困难，他们并非缺少动力与精力，只是他们在判断力与能力方面缺乏自信。因此，他们反对改变，尤其是那些会使自己陷入孤立或受到威胁的改变。还有些人更是竭尽全力以获得他人的关照与支持，为此不惜牺牲自己的尊严。他们对独处感到不适与无助，因为他们极度害怕自己无法照顾好自己，无论是在工作中还是在家庭里都是如此。

依赖型的人不会成为好的经理人，因为他们很快就表现得卑躬屈膝。他们依附于别人，这样别人就能轻而易举利用他们。他们善良、温和、大度、谦卑，不信任自己。他们在生活的各方面都缺少自信，需要通过依赖别人获得自尊。尽管他们脸上带着微笑，但内心深处经常感到抑郁与沮丧。而且，由于他们过于依附别人，急于取悦别人，可能会毁

掉自己非常重视的关系。

奥德海姆和莫里斯（Oldham and Morris，2000）指出对这种类型的非精神病学诊断标准为：一种普遍存在依赖屈从行为的类型。依赖型在没有得到极多的建议与确认时就无法作出一些日常决定；他们允许甚至鼓励别人替他们作出重大的决策；即使他们知道别人错了的时候也对其表示"赞同"；他们对发起项目或独立完成任务感到困难；对令人不快或自我贬低的事情，他们也会主动要求去做；独处时感到孤独无助；一段亲密关系的终止总是让他们崩溃；他们经常害怕被人抛弃；而且他们很容易为批评或不同意见所伤害。

霍根（Hogan，2001）指出依赖型非常关心是否能被接受、受人喜欢、与人相处融洽，尤其是在权威人物面前。他们对不赞同的迹象相当警觉，处处寻找机会讨好别人、取悦别人，向组织表达忠诚。如果他们认为自己触怒了别人，他们就会以双倍的努力来弥补，做个好公民。人们会发现他们本性善良、彬彬有礼、热情诚恳，但犹豫不决。作为经理人，他们会完全按照老板的指示去做，这意味着他们不愿为自己的员工出头，或者挑战权威，而这不可避免地损害了他们作为领导者的形象。

他们很有礼貌、遵规守纪、取悦别人。他们很少树敌，因而在组织内呈上升趋势。但他们的困难在于：无法决策、缺乏首创精神、面对难题不能坚定不移。因此，他们的部门就会像一盘散沙，团队很难维系。

面对压力，他们只会发呆、被动等待，希望其他人能够接手、决策、分配任务、让工作继续下去。他们过于依赖他人的主导作用，是工作效率的瓶颈，会造成拖延、浪费时间。

他们很注意取悦上级，这当然让上级领导很高兴，但他们对下属则没有发挥任何领导作用。为这类人工作，下属要对决策不力、措施不到位、缺乏领导力做好心理准备。下属还要随时准备好：当工作进程受阻，自己要想办法承担起来，还得明白如果自己的办法行不通也不要指望得到此类领导的支持。霍根（Hogan，2001）认为，为此类人工作，你必须准备好奉承他们、赞同他们、被他们利用、将你的成绩归功于他们、允许他们因你的失误而批评你。但在此过程中，你能够有机会欣赏到他们如何运用自己的勇气、精力与能力来将别人利用到极致。

奥德海姆和莫里斯（Oldham and Morris，1997）指出了这种他们称为"奉献型"的七种特征：对他人负责，并为他们生活中的各种关系全力奉献；喜欢与人共处；喜欢团队活动，因为他们很合作、尊重上级及所在机构；乐于服从，希望征求他人意见、听取他人建议；创造和谐，培养自己与身边重要人物的感情；关心他人，替他人着想，擅长取悦他人；面对批评会自我改正。

奥德海姆和莫里斯还提出了四点建议以应对这类人：第一，接受他们的帮助，而且不必感到内疚；第二，不要把这些人的服从当成理所当然；第三，当你需要化解冲突或解决不愉快的个人问题时，要尽可能多地给予他们肯定；最后，听取这类人意见时要多想一层，因为他们会努力表达他们认为你想听的意见。此类型的人格障碍者在各种关系中总是处于从属地位。不管怎样，此类人总是不可避免地不知道如何管理员工。

## 自我挫败型（自我牺牲型）

这种类型的人格障碍者是牺牲自我的利他主义者。他们人生的目的与满足感在于为他人服务和牺牲。他们觉得自己不值得别人关注、不配享受乐趣、不配得到爱，因此他们只能靠自己的努力去赢得这一切。他们每天为别人努力工作很长时间，在人际关系中奉献出自己的一切。但是，他们并不要求感谢与关注，对表扬与恭维感到不舒服。他们似乎很自责，经常被严重忽视、得不到认可，这当然也让他们很痛苦、很困惑。他们自身的需求一般都得不到满足。他们认为生活很艰难、不公、无望，他们工作的目的在于帮助那些比自己更加不幸的人。他们抗压能力很强，但如果总是被忽视也会感到怨恨。

从很大程度上讲，自我挫败型在工作中是理想的员工。他们勤奋、有礼、随和，对工作的价值与意义非常在意。他们能够成为可靠、忠诚、无欲无求、不擅作主张的好员工。但是，他们很少会意识到自己的潜力，因此会拒绝提升，把机会让给他人。

自我挫败的人很难成为经理人或领导者，但他们的奉献与忠诚可能意味着他们会成为中层管理者。但是，他们不可避免地会存在授权他人做事的困难，会存在自身承担过度的问题。他们可能会很自然地觉得自己的员工不知感恩，表现不够好。此类人中有一小部分可能会要求下属员工同自己一样能够自我牺牲。

由于他们的成功遇到困难,他们可能深受"欺骗综合症"① 之苦,有意无意地走向自我毁灭。当然,他们也很容易受到利用。他们的慷慨大度使他们成了"受虐狂",这一词汇也是此类型最初的称谓。奥德海姆和莫里斯(Oldham and Morris,2000)认为他们自我挫败的行为具备八个诊断性特征。他们经常回避或破坏娱乐体验,而被可能让他/她受苦的环境或关系所吸引,还阻止别人帮助自己。首先,矛盾的是,他们经常选择那些会给自己带来失望、造成失败或虐待自己的人或环境;第二,他们总是拒绝别人帮助自己,或者让他们的帮助起不了作用;第三,在对其个人有利的情况下,他们总是感到抑郁、内疚,或者作出的反应会让自己产生痛苦;第四,他们主动刺激别人,以使其对自己产生愤怒的情绪或拒绝的反应,然后又觉得受到伤害、挫败、屈辱;第五,他们拒绝享受的机会;第六,尽管他们的能力允许,但却不会去做那些对实现自己个人目的至关重要的事;第七,对他们好的人,他们似乎不感兴趣,甚至更糟的是,还可能拒绝这些人的美意;最后,他们会过于自我牺牲,而且这种牺牲的接受方并没有要求他们这样做。

奥德海姆和莫里斯(Oldham and Morris,2000)用通俗的语言指出了自我牺牲型的七个特点:第一,过度大方,根本不需要别人提出要求;第二,奉献,因为他们的首要任务就是帮助别人;第三,考虑周到,总是诚实、值得信赖;第四,被他人所接受,他们不评价别人,对他人的小缺点很容忍,从不严厉地责备别人;第五,谦恭,既不吹嘘也不骄傲;第六,长期受苦使他们表现出非凡的耐力;最后,朴实,非常天真质朴。

奥德海姆和莫里斯还提出了七点与此类人相处的建议:第一,记住要承认这些人的努力;第二,努力找到一种让大家都舒服的付出—索取模式;第三,学会理解他们自我牺牲的真正含义;第四,努力不拒绝这些人的付出,不要因为他们持续的关注而感到不自在;第五,小心不要占他们的便宜;第六,你自己也要更努力去帮助他们;最后,与他们交

---

① 译者注:所谓"欺骗综合症",是用来描述人们(尤其是有成就者)内心自我疑虑的一种通俗的表达方式。指的是由于这些人对自己所做的事不自信,只好糊弄别人,让人相信他们很有才能。

流，因为如果你不说明白，他们可能不会意识到他们对你付出的不是你想要的。坦率地讲，自我挫败的人可能永远都不可能升任高级管理职务。

## 虐待型（好斗型）

虐待型人格障碍者具有攻击性。他们强大、有力量、有勇气、好斗、自信、想做领导、想当"头儿"。他们有一种统治别人的需求，因此表现得专制独裁，还可能不道德。他们发号施令、制定规则、掌控局面。

在工作中，他们野心勃勃、目的明确，具有权力欲。他们在充斥着成功与失败、沟壑起伏、"狗咬狗"的商业世界里如鱼得水。他们既不矫揉作态，也不多愁善感，因而非常强硬。当他们具备了明确的目标与方向时，就会游刃有余。他们认为结果能够证明手段这一哲学是正确的，所以问题就出现了。

他们能够成为出色的经理人，因为他们目标明确、有组织计划、严于律己。但是他们关注结果而不是情感。他们要求别人绝对效忠于自己、工作勤奋，而对错误、低效、浪费以及任何形式的失败毫无耐心。他们还不喜欢厌倦的感觉。对他们来说，最大的压力来源于失去权力。他们应该懂得如何使用权力。

他们的情感很热烈，但控制力也极强。与外在的攻击性相比，他们更加诡计多端。他们会欺负、伤害、羞辱他们的下属或依赖他们的人。他们是轻易就给人造成伤害的"卫道士"，因此他们是恶意的。

根据奥德海姆和莫里斯（Oldham and Morris, 2000）的观点，虐待型的诊断标准是：一种具有残酷、贬低性、攻击性行为的人格障碍。虐待型使用暴力来达到其在人际关系中的统治地位；当众羞辱或贬低别人；过分严厉地要求和对待自己管理的人；不知羞愧地对他人（以及动物）身体或精神上的痛苦感到有趣，甚至是快乐；出于伤害别人的目的说谎；通过威吓来让别人做他们不想做的事；即使在亲密的关系中都不允许对方有自主权；喜欢暴力、武器、武术、伤害或折磨。

奥德海姆和莫里斯（Oldham and Morris, 2000）指出了这种他们称为攻击型人格障碍的六个特点：第一，"指挥"，他们要说了算；第二，他们喜欢等级制度这种传统的权力结构;第三,他们要求很严格,强化规则与秩序;第四,他们喜欢有利于自己的决策,目的性极强;第五,他们有胆识,既不缩手缩脚也有很强的心理承受力;第六,他们越挫越勇,喜欢行动与冒险。

奥德海姆和莫里斯提出了七点与此类型的人相处的建议:了解你自己;与他们竞争要小心;明确你自己工作的职责范围,这样就不至于越界;挺直腰杆、保持自信;不要希望赢过他们;依靠自己的理智而非情感去寻找能够应对他们苛刻规则的方法;接受他们脾气不好的现实,避免触及使他们"开火"的机关。攻击虐待型的人经常能够依靠他们的尖牙利爪爬上高位。与他们共事非常困难,因此他们很快就会使原有的工作团队脱轨。

## 结论

在研究上述六种类型的人格障碍时,必须记住两点。第一,如果这些人很聪明、很有教养,那么具备一定程度的上述症状并不一定会影响他们成为优秀的领导者。这些特征的"好处"与他们的年龄、工作领域或野心没有关系。但是,如果他们受到极端或长期的压力,他们阴暗的一面可能就会显现出来。

第二,本章提到的六种类型中,只有攻击型与边界型可能成为领导者。同时,考虑到领导力与下属的作用相关,因此下属的精神健康状况自然会对领导者的成功与否产生影响。

每一个经理人都有阴暗的一面,只是他们的人格障碍程度可能存在高、中、低的差别。当然,他们的人格障碍程度可能很高,而且可能不只一种类型的特征程度高,这潜在地增加了脱轨的可能性。多种类型特征同时出现会使一个人更加脆弱。我们也要注意,这些黑暗特质在这个人没有压力的情况下,可能并不具有威胁性,实际上还可能表现得很正常。只有当他们受到威胁时这些特征才会表现出来。当然,让他们感到威胁的情况本身可能也是这些障碍特征作用的结果。而且,我们不能否认,高级管理工作本身就是风险职业。

我们可以用能力、特征与人格障碍来描述一个人,这是他们独特而且相对稳定的特征。这些特征使我们能够预测他们,这既是他们的优点，也是他们的劣势。正如前几章所述，黑暗三要素与管理失败的联系最为明显。读过本章对几种类型人格障碍的描述，毫无疑问很多人都能在自己的经理身上找到部分我们介绍的特征，而且他们还可以描述出在各种环境条件下这些特征为什么，又是如何让这些人脱轨甚至被解职的。

# 第四部分

## 第九章 | 认知有缺陷的领导者

**概要**

　　一些领导者失败的原因在于他们不胜任该工作。对此有不少委婉的说法，如"他就相当于香肠只煎了一面"；"电梯不到顶层"；"灯亮着，但没人在家"；"她还差几个像素才能达到宽屏"；他们"电压不足"、有些"暗淡"、"零钱不够"、有点愚钝、不太聪明等等。所有这些表达方式指的都是领导者不能胜任工作。他们的分析与推理能力、处理问题的能力、及时作出明智决策的能力都不够。这样的人能成为领导是因为其所在的机构提拔人员看的是忠诚度而不是能力，或是所在环境的社会、政治或技术变革让世界变得完全无法预测。

　　本章将探讨智力研究领域中的主要观点以及此领域中的几个重要课题。我们将得到的结论是：如果不对可能的领导者能力、智力水平进行评估，或者忽略、忽视这种评估的作用，这些人得以被选拔、任用、提升，后来则不可避免地会失败。

　　领导者必须懂得审时度势。这与对数据与形势进行分析判断密切相关。领导者还要能够制订计划，有时这些计划相当复杂。在商业领域，领导者必须擅长"摆弄数字"，看得懂各种报表，还要理解并掌握最新科技。更重要的是，他们必须作出明智、及时、有根据的，而且经常是冒险的决策。他们需要准确地评估复杂、模糊、崭新的问题；需要探究数据与人；需要了解问题的已知与未知条件；要明白虽然存在不同的哲学问题与角度，但自己必须有确切的结论；需要擅长解决问题，而且要高效精准；需要阐明自己的立场，借鉴过去的经验；需要懂得如何去学习，应该记住什么东西，以及如何积累经验。总之，他们必须非常睿智，要能够处理工作中方方面面的问题。

任务越是复杂，事物变化就越多；问题越是前所未遇，领导者就必须越聪明。领袖气质也好，谨慎仔细也罢，都不能替代领导者的认知与分析能力。

经理人要不断地学习新知识、新技能，这不仅包括人际技巧，也包括专业技能。但是每个人的学习能力不同，人们的自律（认真谨慎）、自信（精神状态）程度不同，洞察能力与理性水平（智商）也不同。一些人学习技能更容易、更顺畅，也就是霍根和沃伦菲尔兹（Hogan and Warrenfeltz, 2003）所说的"如何去做"的知识，这与"是什么"的概念性知识相对。经理人需要有学习如何做领导的意愿与能力，意愿与个性和动机相关，能力与智商相关。当然，智商测试在心理学研究中颇有争议。但是，很多国家、很多领域、很多学者过去近一个世纪的研究表明，智商对生活的各个方面都有普遍影响，从健康与快乐到财富与幸福，无不与之相关。它是心理学研究的基石，是个体区别中最容易，也最能准确测量的变量，信度与效度都很高。

研究认知能力与工作表现关系的学者多次对这些数据的基础表示赞同。首先，数据有效性，智商测试分数与商务工作表现的相关性在 0.3 至 0.5 之间，其中与工作培训的相关性高于工作表现；第二，智商对工作表现预测的有效性随着工作复杂程度的增加而增加；第三，这种有效性对不同国家、不同标准、不同工作、不同环境、不同行业具有普遍性，即不管在哪一行业、从事哪一种工作或在哪一个国家，智商的预测能力都很好；第四，智商是所有工作及其表现的最佳预测变量；第五，对于某种特定能力（如语言或数字能力），智商的预测能力并不会高于总体水平，因为某种特定能力与总体能力相关，只需对 10 种能力进行综合评定就足够了。

有许多关于智商的心理研究基础问题，我们一起来看以下十个问题：

1. 智商测试是否有信度？是的。只有焦虑或由环境引发的积极性降低会使测试与再次测试的相关度降至 $r = 0.90$。
2. 智商得分是否终生稳定呢？是的。在儿童期即将结束的时候进行的测试基本可以预测 50 年内的成人智商水平。
3. 智商测试是否有效？是的。测试可以预测人们在校的学业成绩（大约达到 $r = 0.50$），在校接受教育时间（$r = 0.70$），以及很多教育、组织及社会变量，甚至可以预测寿命。
4. 智商测试是否可预测工作表现与学术成就？是的。还可以预测领导者的表现有多好。
5. 智商是多层次的吗？不是。人们不会在某些认知型任务上做得好，另一些则做得不好。智商并不能分出这样的层次。总体上讲，我们发现所有好的智商测试得分都是明显正相关的。也就是说，人们会在所有题目上都大致处于类似的水平（如词汇、数学等等）。
6. 是否所有的智商测试都一样好？不是。开发、改进并生成这样的测试需要付出很多努力，才能全面展现人们的认知水平。
7. 既然如此，为什么不对领导者进行智商测试呢？问得好。回答这个问题要考虑三个方面：首先，选拔者的忽视与偏见；其次，认为学术成绩、自信与社会阶层是智商的代名词；再次，担心如果告诉领导者他对工作不称职，会非常尴尬或有不良结果。
8. 智商测试对特定群体，如少数民族、诵读障碍者等等，是否存在歧视呢？不会。有很多证据可以说明歧视不存在。
9. 领导者到底需要有多高的智商呢？也就是说，他们得多聪明才够呢？这要取决于特定的工作。但是，对于高级管理职位，领导者的智商需要位于前 10%～20% 的人中。
10. 能否通过教育使人更加聪明呢？也就是说，是否智商从青春期后期开始就是固定不变的，还是可以改进呢？一部分可以说是，一部分应该说否。智商一般由两部分组成，灵活或有效解决问题的能力与知识/词汇。数据显示，后者比前者更容易习得。练习可以提高智商测试的得分，但程度有限。

多数人对有关智商测试的反对意见都很熟悉，请看下面列举的一些错误认识：

- 所有的智商测试都是计时的，但思考速度快并不一定就说明考虑周全；

- 所有的智商测试都与文化相关，都是由中产阶级的白人（和男人）设计的，也都是为他们设计的；
- 智商测试要测的只是一个人的父母有多富有，他们受过多少教育；
- 现在有许多不同种类的智商测试，可没有任何一个方法能够对这些测试进行准确评估；
- 对于智商测试，你练习越多，得分就越高。因此，这些测试得到的结果只是努力的水平而不是能力水平；
- 我们都知道一些人特别聪明，但他们从未在学校或工作中表现出色。因此智商测试根本就起不到预测的作用；
- 智商测试的得分会发生变化，你可以提高自己的智商，因此测试应该针对一个人的潜能，而不是你现在的表现。

埃森克（Eysenck，1998）在他最近一部著作中列举并同时评论了对智商广泛存在的五个错误认识：

1. 心理学家对智商的本质与定义意见不统一。埃森克指出，心理学家对智商某些方面的争论与对其基本问题的一致意见没有关系。而且，除了个别情况，此领域所有专家大体上意见都一致。
2. 智商测试只能看出一个人做测试的水平，并不能预测任何有价值的方面。"这种令人气愤的话连对智商测试最不了解的人都说不出来"（第8页）。
3. 智商水平主要由遗传因素决定这一观点尚未得到证实。"事实恰恰相反"，实际上，在智商研究方面，环境主义观点已经站不住脚，在心理学研究其他领域也是如此。
4. 智商测试被用来维持现状，强化统治阶级的地位。埃森克认为，智商测试有助于推进学术水平与社会能动性。也就是说，智商测试的效果与上述认识恰恰相反，因为它发现了一个人的潜能，不管其社会背景如何，都给其提供了一个意识到自己潜能的机会。
5. 智商测试得到应用，是因为它有助于白人阶层获得优势地位。埃森克指出，事实上数据表明，在智商测试中，日本人和中国人比美国或欧洲的白种人得分要高。

正是上述这些疑问使研究者以及努力选拔最优秀候选人的人力资源工作者感到困惑。

## 智力与智商：经理人需要了解些什么

耐特尔贝克和威尔逊（Nettlebeck and Wilson, 2005）最近发表了一篇清晰、有益的论文，讲述了教师对智商应该了解的问题。这些问题对经理人来说也同样适用。他们用通俗的语言进行了清晰、全面的阐述。

他们承认，智商测试曾经、正在、将来也无疑会被滥用和误解。但是，他们认为，只需要投入一两个小时进行测试就可能收获长期脱轨研究所不能达到的效果。而且，他们对智商的定义感到满意，即"理解复杂观点、有效适应环境、借鉴经验、进行各种形式的推理，并通过思考克服困难的能力"（纳塞尔，1967，第7页）。

他们的基本观点与所有研究者都一致，即智商测试的得分说明了它能用来在各种文化环境、各个时代预测决定其终生成就的总体能力水平。智商测试同医疗检测（如乳腺 X 光片、家庭测孕）一样有效。而且，尽管尚未得到完全确认，智商的某些生物基础已经被广为接受，也就是说，"聪明"是跨越环境、时间与文化的能力。智商得分能够解释一个人在学校及工作中 25% 的表现。没有比这一稳定的个人特征更好的预测指标了，而智商在 10 岁时就可以准确测试了。

耐特尔贝克和威尔逊（Nettlebeck and Wilson, 2005）认为，智商得分与智力水平不是一回事。"智力的定义涉及多个方面，以其在各个方面不同程度的表现来反映各方面的共同点与不同之处。而智商则一直表示的只是在各方面的平均表现水平，这一点直到最近才有所改变"（第 613 页）。

一个人的智商一生之中基本保持稳定，但有证据表明智商水平在世界人口范围内呈上升趋势（弗莱恩效应，参见稍后的介绍）。这大概与一系列综合因素相关，如教育条件改善、竞争加强、工作要求提高、科技进步、健康保障改善、营养加强、婴幼儿养育方法的改进等等。弗莱恩认为，人们现在运用他们的智力能力解决更抽象的问题，喜欢更有知识含量的挑战。因此，只要智商测试结果在上升，就应该（事实上已经）对测试进行调整。

耐特尔贝克和威尔逊（Nettlebeck and Wilson, 2005）还强调了总体智力理论与多重智力理论，这些理论可以追溯到19世纪20年代，当时此领域中有不少伟大的学者，如斯皮尔曼、桑代克和塞斯通。耐特尔贝克与威尔逊完全不同意戈第纳（Gardner, 1999）的理论（一个人在某领域中出色，在其他领域也会出色），但对卡罗尔（Carroll, 1993）的模式表示接受，该模式包括了一个主体智力因素与八九种附加的广义智力因素。他们认为，对智力定义的心理计量研究依赖于对所有方面认知能力的大量实验。是否将某一方面的认知能力作为智力水平的衡量标准，要看实验结果是否能证明它增强了主体智力因素，即是否与其高度相关，而且还为其增添了特性。这种研究的核心在于努力扩展智力的内涵、计量及其理论，使其不只是作为预测学术成就的工具，不再只是认同诸多环境因素对其的影响。应用领域的研究学者对此基本都无异议。

耐特尔贝克和威尔逊对情商的看法是，它只是有助于解释与预测智商所产生的实际结果之外的部分，而这一点也有待证明。

应用研究学者们感兴趣的一点就是，新兴的电子与神经学技术是否能为评估智力水平提供新方法或改进原有的方法，即显示出大脑功能与结构的生物指标。这既是该领域研究的希望，也是目标，但这是个漫长的过程。目前来看，此方面的进展更多地体现在现有实验的改进上，而且只是初步进展，还做不到设计预测效力很高的新实验。

那么正规教育与培训以及工作经验是否能提高智商呢？目前有充分的证据表明，智商在人的一生中是稳定的。但是，这并不是说智商从幼年开始就一成不变，并且对后天的教育完全没有反应。当然，受教育时间与成年人的智商、收入及组织内的层级相关，但这只能说明聪明的孩子在校受教育时间更长。有证据表明，教育对智商的影响明显有益，且可以量度。教育与培训的作用在于提供与智商相关的知识、传授特定的思维方式、培养自律意识。

耐特尔贝克和威尔逊（Nettlebeck and Wilson, 2005）在其作品的结束语中强调了智商测试的作用。他们认为：首先，智商测试可以用来澄清"特例"的存在，这一点可能有积极作用，也可能有消极作用。其次，测试可以用来分辨特定困难产生的原因。耐特尔贝克和威尔逊提醒到，智商测评应该与测评中心的其他活动结合起来。他们总结说："我们对这些测试的支持建立在两个前提条件的基础上。第一，测试必须与目前多方面、分层次的智商理论相一致，以涵盖综合能力。第二，接受测试的儿童的文化背景应与测试设计的文化背景相同"（第626页）。这对测试职场环境中的成年人也是很好的建议。

## 识别愚钝的领导者

有哪些迹象可以说明一个人不够聪明呢？我们如何准确地判断这一问题呢？许多领导者挺"聪明"地意识到自己确实不够聪明，因而他们很巧妙地掩饰自己的缺点，依赖别人来帮助自己。事实上，那些被他们找来助其一臂之力的人比他们更聪明，经常会篡夺他们的权力。

那么能力不足的迹象与症状都有哪些呢？

- 速度：愚钝的领导者反应迟缓，看不到全局。他们中的一些人容易冲动，这比迟缓还糟糕。他们理解工作程序、解决问题以及分辨风险与机遇的速度很慢。他们就是低效的"数据处理器"。
- 精度：愚钝的领导者经常犯错。他们对问题的分析思维简单化、表面化，推理完全不合逻辑。他们经常无法容忍不明确的问题，看不到其细致入微的部分。他们忽视、搁置重要问题，仅仅因为这些问题太难处理了。
- 学习：他们不善于学习，无法从过去的经验中受益，接受能力差。事实上，他们中的许多人会回避任何形式的学习与培训，因为这些学习会让他们低于一般水平的能力状况以及学习能力差的问题显现出来。
- 改变/风险：由于他们学习困难，他们就会讨厌新事物，如新观点、新技术、新程序，因为他们觉得这些东西很难掌握。
- 表达：他们的表达能力通常很差。尽管他们可能会掌握一些煽动性的语言，或以激情赢得他人的支持，但是一旦问题变得复杂，他们的说服力就下降了。这一点在书写方面表现得更为突出。

- 智慧：吉卜林①曾谈及人应该保持头脑冷静。尽管幽默并不是好领导的一个重要标准，但这自然是一种优势。但是，逗乐与机智的幽默不是一回事：前者可以学得到，而后者则不能。即使愚钝的领导者中确实存在机智的人，也是凤毛麟角。

## 管理智商

商业心理学家已经开始关注心理计量数据了。曼科斯（Menkes, 2005）为哈佛商务博览《哈佛商业评论》撰文，描述了"管理智商"这一概念。他指出了一个大家都熟悉的情况：一个在学术上成功的管理者，但由于决策力差而造成低效。他的核心观点在杂志上发表时在文章主标题旁边被突出标示出来，即"作为领导者善良、有同情心、具备领袖气质等等都很好，但管理成功最主要的指标与管理者的个性或风格无关"。曼科斯认为，所有的管理工作可以分归三类：任务、人员与自我。这与艾戴尔（Adair, 2002）著名的"三环模型"很相像，即任务、团队与个人。曼科斯（Menkes, 2005）列举了聪明领导者的各种做法，分别归于上述三个方面的七个层次。比如，他认为管理者应该：

1. 完成任务。此方面涉及各种核心的认知技能，这包括：
   ——严格审查基本假定；
   ——确定那些可能出现却不希望出现的结果；
   ——区分主要目标与次要目标；
   ——预测可能产生的结果；
   ——识别人们潜在的想法。
2. 与别人共事，通过别人完成任务。指的是人际技巧，这包括：
   ——识别人们潜在的想法；
   ——思考某一行动所能产生的效果；
   ——意识到个人的偏见与观点的局限性；
   ——寻求反馈意见，以暴露出自身判断可能存在的失误，然后进行相应的调整。

---

① 译者注：吉卜林（1865—1936），英国小说家、诗人，作品表现英帝国的扩张精神，有"帝国主义诗人"之称。

3. 评价自己并相应地调整自己的行为。这包括：
   ——寻求反馈意见并加以采纳；
   ——意识到何时应该坚持自己的立场、抵制别人的争议；
   ——承认个人的失误与错误。

曼科斯（Menkes，2005）认同心理计量学者们争论若干年的观点，即"尽管智商测试的确存在缺点，但对于管理成功的预测来讲，它仍然比其他评估方法更胜一筹。商界不愿意使用任何形式的智商测试……这使得企业失去了评估受聘人以及被提升者的有力工具"（第106页）。

曼科斯还睿智地指出，即使再完备的面试也比不上测试的效果好，因为主持面试的人对参加测试者的评价主要依赖于他们的自信与口才，而不会去探究其能力。曼科斯赞同"情景分析"，这种方法是设定某些典型的商业问题，让管理者来解决。但是，他同时也意识到使用这种方法来测量认知能力在确保可靠性方面有难度，并且需要付出成本。因此，他认为这种分析可以通过面对面、口头的方式进行，而不必采用书面问答或计算机答题的方式。

霍根（Hogan，2007）的方法与此类似。他设计了一种商业问题解答测试，称之为"商业推理测试"（HBRI）。这一测试考察三种类型的推理。

1. 战略推理：指的是从战略角度评估目前的经营方式，理解近期趋势与技术创新会对未来经营发展产生怎样的影响。得分高的人关注长期事务，能够整合业务部门间的不同需要。他们能够迅速发现新问题，对不清楚的情况有创意思维，好奇且宽容，并对反馈意见很感兴趣。
2. 战术推理：指能够利用现有的数据与信息得出合理的、有据可依的结论。高分者关注短期事务，一一解决这些问题。他们的优势在于对决策结果及执行难度的预期。他们会确保决策形成过程的严密性，很坚定、精准、注重细节，也很专业。
3. 批判思维：指解释与解决复杂问题的能力。高分者能够平衡短期与长期目标，将创新与执行的实际结合起来，能够认识基本假定、理解计划、评价争议。批判思维的得分由战术与战略推理两方面表现构成，能够预测多种工作的整体表现。

这种测试得到三种类型的数据：（1）以对话、电子邮件、书面报告为基础形成的文字信息；（2）来自表格、金融报告数据与统计分析的量化信息；（3）来自图表的图形信息。商业推理测试（HBRI）的总体结构如下表所示。这一测试还可以用来显示认知风格。所谓认知风格指的是一个人在职场中思考与解决问题的特色方式。它是战略与战术推理相互作用的反映。下表描述了这种相互作用下产生的四种认知风格。

| 战术 | 高 | （Ⅲ)"激光式"思维者 | （Ⅳ）批判思维者 | Ⅰ机会主义思维者：倾向于从机会主义角度分析问题，解决问题的方式速度快但过于简单，不会经过深思熟虑，解决效果很差。 |
|---|---|---|---|---|
| | | | | Ⅱ自由思维者：能够发现重要问题，但倾向于忽视其解决难度，从而减少了解决这些问题必要细致的步骤。 |
| | 低 | （Ⅰ）机会主义思维者 | （Ⅱ）自由思维者 | Ⅲ"激光式"思维者：倾向于只关注某个问题及其解决的难度，但不会将其放在更大的背景中去考虑，也不会评估解决此问题的紧迫性。 |
| | | | | Ⅳ批判思维者：能够准确地评估问题解决方案的长期与短期收益，并且有效地加以解决。 |
| | | 低　战略　高 | | |

资料来源：《霍根评估》。感谢他的支持。

上述研究是典型的霍根式创意研究，他本人也是研究领导者脱轨领域的专家。多年来，对管理人员选拔时的能力问题，人们连提及都感到不舒服。现在，数据充分证明高智商是预测管理成功的重要指标，同样低智商也是预测管理失败的重要指标。难怪时尚商务杂志与测试发布者都如此强调这一问题。霍根和巴拉特（Hogan and Barrett, 2009）认为，良好的（经营）判断力是个性与智力两者共同作用的结果。他们将智力细分成两个要件，即发现问题与解决问题，它们在商务领域同样重要。前者指的是发现失误、空白以及矛盾，后者则是确定严重问题后尽快解决。但是个性会影响思维方式，比如，焦虑的人分析问题前后不一、倾向于保护自己。而谨慎的完美主义者反应迟缓，甚至使问题更加复杂化。那些过于自信与热情的人易于粗心大意，过高估计自己的计划与野心。

## 专家的观点

最近出版了一部颇具争议的关于智力的书（《钟形曲线》，赫尔斯坦与莫里，1994），引发了激烈的争论，促使全世界智力研究领域的50多名专家纷纷于1994年12月15日致函《华尔街日报》。他们将心理学家对智力的观点进行了清晰出色的总结，概括出了25点。以下我们列举了其中与本书最相关的一些观点。

### 智力的含义与测量

1. 智力是非常全面的思维能力，包括推理、计划、解决问题、抽象思维、理解复杂观点、快速学习，以及借鉴经验的能力。它指的不只是书本学习，也不是狭义的学术能力或是考试的技巧。它更多反映的是我们更广泛、更深入理解周围事物的能力，即理解弄通一件事，而且想出该怎么做。

2. 智力是可以测量的，智力测试能够很好地测量智力水平。这种测试是心理学所有的测试与评估中最为精准的，用术语来说，就是具备信度与效度。它们测量的对象不是创造力、性格、个性或其他人与人之间的区别，这也不是测试的目的。

3. 尽管存在不同类型的智力测试，但它们测量的都是同一个东西：智力水平。一些测试使用语言或数字，并且要求对特定的文化背景有所了解（比如语汇）。还有一些测试则没有这样的要求，它们使用图形，只需要懂得一些简单、通用的概念就可以（如许多与很少、开与关、上与下等等）。

4. 人们不同的智商水平由低到高的分布可以用钟形曲线（统计学术语为"正态曲线"）很好地表示出来。多数人的智商水平在100这一平均线左右。少数人高于或低于这个值：大约3%的美洲人智商高于130（这通常被看做"天才"的门槛数值），智商低于70的人的比例与此相近（智商在70~75通常被认为是智障）。

5. 智商测试对非裔美洲人以及其他在美洲本土出生、讲英语的民族都没有文化歧视。事实上，智商得分对所有这些美洲人的预测效果都同样准确，不管其属于哪一种族或社会阶层。那些不会英语的人可以进行非语言类型的测试，也可以进行母语测试。

6. 人们对决定智力水平的大脑思考过程了解还很少。目前此类研究关注的内容包括神经传输的速度、需要的能量以及大脑电波的活动等等。

   **实践意义**

7. 智商与许多重要的教育、职业、经济及社会结果联系非常密切,大概比人类任何其他可测量的特性联系得都密切。智商与个人的幸福及成就的关系在人生某些方面表现得非常紧密(如教育、军事训练),在某些方面表现一般但很强烈(如社交能力),在某些方面表现一般却始终如一(如遵纪守法)。无论智商测试测量的是哪一方面,都具有很强的实践与社会意义。

8. 高智商在生活中是一种优势,因为实际上所有的活动都要求一定的推理与决策能力。与之相反,低智商通常是一种劣势,尤其是在混乱的环境中。当然,高智商并不能确保一定成功,正如低智商也并不一定就意味着生活的失败。例外情况并不少见,但在我们的社会中高智商者的成功几率更高。

9. 具备高智商的实际优势在于:生活环境越复杂(如新奇、含糊、变换、不可预知或多层次),其优势越大。比如,特别复杂多变的工作(专业工作或管理工作)要求高智商的人;高智商在复杂程度中等的工作中(如工艺、办事员、警察工作)也具备相当的优势;但高智商在只需要按惯例决策或解决简单问题的工作(如非技术性工作)中,优势则要小得多。

10. 当然,智商的区别并不是影响一个人在教育、培训以及高度复杂工作中表现的唯一因素。没有人认为智商是唯一因素,但它通常都是最重要的因素。如果人们已经因高智商(或低智商)而入选,在智商上没有太大的差别,就像在大学(或特殊教育学校)中那样,那么影响人们表现的其他因素相对就会更加重要。

11. 某些个性特征、特殊才能、天资、生理能力、经验等等在许多工作中对人们的成功发挥着重要(有时甚至是决定性)的作用,但是它们在不同任务中的应用或者说传导性同智商相比要小得多。一些学者将人的这些其他特征称为其他"智能"。

**对社会政策的意义**

12. 相关研究的这些发现并没有规定或限制实行任何特定的社会政策，因为它们无法决定我们的目标。但是，当我们用不同方法实现这些目标时，它们都可以帮助我们估计成功与副作用的可能性。

## 价值观的冲突

赞成在工作中评价、提升或选拔员工时使用认知能力/智商测试的人指出，测试得分是工作表现（如效率、产出、利润）的最佳预测指标（Hulsheger, Maier and Stumpp, 2007）。不赞成测试的人则强调种族或少数民族歧视、不平等与不公正。这说明了价值观之间强烈的，也许是无法妥协的冲突（Murphy, 2002）。

认知能力测试的确也存在负面影响。测试分数的种族差别要大于工作表现评价中的差别。因此，基于实际工作表现的能力评价要比能力测试基础上的评价种族成分少。但是，在应用中仍然存在困惑：

如果你强调的是工作效率，并且愿意容忍认知测试的负面影响，那么你的选择就很简单，也就是说，你可以完全依靠认知能力测试。如果你强调平等标准，并且愿意容忍工作表现水平低、培训时间长、失误更多等等问题，那么你的选择也很容易，即不使用认知测试或其他具备强有力认知要素的选拔工具（如认知能力测试分数与结构性面试及评估中心的评分是相关的）。但是，许多决策者既关心工作效率，又在意人际平等，则他们面对的选择就会更加复杂。

（Murphy, 2002，第178页）

解决这一难题的一个方法就是努力找到一种非认知类、非歧视性测试来预测工作表现。事实上，这一问题非常难处理，因此墨菲（Murphy, 2002）认为，人们无法避免价值观的折中方案，只能学会在价值观基础上，作出折中的决策。他提醒人们不要掩饰价值观，建议当某机构决定使用或不使用认知测试时，都要明示这一决定形成的价值基础。

豪格、奥斯瓦尔德和普莱格尔特（Hough, Oswald and Pleghart, 2001）回顾了围绕负面影响这一课题的所有问题、证据与观点。相关工作性质越明确，选择的工具越有效，评估效果就越好。固化的智力（即语言能力、量化能力、科学成就）与可变能力（空间能力、记忆力、思维速度）两方面的数据显示，不同种族、性别与年龄的人存在系统性、复现性的差别。这些群体之间还存在个性与生理差别。这些学者提出了各种减小负面影响的方法，包括对测试实施者进行指导；改进测试方法；激励测试实施者；区分要评估的表现所面对的任务与环境，对不同的群体采用不同的标准进行测试。他们还详尽地思考了用统计学方法来发现并减小负面影响，如测试结果波段法、预测指标或标准加权法。

我们知道什么是职场成功最有力的预测指标，但让我们吃惊的是，我们不能更多地使用这种方法。与愚钝的领导者或管理者共事的人最清楚这些人糟糕而且迟缓的解决问题与决策能力会付出怎样的代价。

## 可变与固化的智力

2000年，卡特尔（Cattell, 1987）将智力区分为可变智力与固化智力，这一区分非常重要，已经被广泛接受。这一定义的产生是将智力与水进行了类比：液态的水可以是任何形状的，而冰的晶体则是固定不变的。可变智力就是指推理与信息处理能力，包括理解事物关系、处理不熟悉的问题以及学习新知识的能力。固化智力由习得的技能及依靠个人经验而得的特定知识构成，包括作为会计与律师或者技工与销售员所需的技能。

可变智力在20岁之前达到顶峰，并保持稳定，在年龄变大之后稍有下降。另一方面，固化智力则只要一个人积极学习就能持续增长。因此，在面对不熟悉的问题时，学生比退休的人解决速度更快。但是如果要解决他/她自己退休之前的专业领域内的问题，即使智力最普通的年老者都很优秀。

有时，人们会努力用自己熟悉的用语来思考要解决的问题，也就是使用固化智力。尽管智商测试更倾向于使用可变智力，但多数的智商测试两种类型的智力都要用到。请看下面的两个例题：

（1）请找出与其他数字不同类的数字：
625　361　256　193　144

（2）请找出与其他城市不同类的城市：
奥斯陆　伦敦　纽约　开罗　孟买　加拉加斯　马德里

第一道题测试的是可变智力，第二道则是固化智力。

这两种智力类型尽管概念不同，但它们之间高度相关。通常你所学到的知识（固化智力）是由你能够学习得多好的能力（可变智力）决定的。其他因素，如个性等也有一定作用：内向的人喜欢读书、研究、学习，而同样智力水平的外向者则喜欢社交活动、娱乐与实验。因此，内向且喜欢学习的人通常在需要固化智力的测试中比外向者表现得好。而且很明显，动力非常重要，一个有很强动力的成年人比对学习不太感兴趣的成年人学习更快更有效。

对固化智力进行测试的一个很好的理由就是，具备努力工作的趋势是学术或商业成功的指标之一，而努力则会使固化智力测试得分更高。另一个理由就是，即使很简短的词汇测试结果也很可靠。

随着科技的进步，固化智力的价值可能会降低。固化智力与年龄和经验有关，来自于知识的积累。但是，如果知识既能够被电脑低成本、精确又高效地贮存起来，又能被可变智力高的年轻人所接受，那么经年累月的经验又有什么用处呢？

怀疑主义者可能会认为电脑也能够帮助解决一些需要可变智力的问题，这样会使可变智力也无用武之地。但是在商界，这种情况越来越不可能。

弗恩汉姆（Furnham, 2001b）认为，首席执行官的可变智力、个性与动力应该是成功的关键所在。在以前那个依靠学徒这种方法来学习的时代，固化智力的价值格外显著。现在某些特定行业情况仍然如此，作为品酒师、古董专家或优秀的乐器演奏者都意味着要长时间地积累经验。他们的技能非常实用，相关知识总是在不断增加。而在瞬息万变的商界的枪林弹雨中，固化智力的作用较小，当然对以前问题曾没能解决好的原因要记得很清楚，这一点除外。未来属于那些机智、头脑灵活、应变能力强的人，而不是那些思维一成不变、就像钟乳石那样附着在崖壁上逐渐生长的人。

有一点非常明显，那就是尽管还有不少需要克服的问题，如对测试偏颇性的争论等等，但是通过对雇主与雇员的智商进行仔细评估，企业心理学还是能为智商测试增加不少有益的经验。

在过去这些年里，艾克曼及其同事以系统的研究方法努力理清并解释智力、兴趣、知识、个性这些概念之间的关系。通过一项重要的历史及概念回顾研究，艾克曼和海盖斯塔德（Ackerman and Heggestad, 1997）发现了"特征综合体"，即具备显著重叠或共同点的个性、能力特征与兴趣的集合。它们分别具有社会、宗教、常规、科学/数学或者智力/文化特征。他们认为，能力、兴趣与个性可能呈线性发展，因为能力与个性可以预测一个人在特定任务领域内的成功或失败，而兴趣决定了此人承担该任务的动力。因此，成功会增加动力与兴趣，反之亦然。

艾克曼及其同事将学术与职业知识作为理解能力特征与非能力特征相互作用的途径。他们提出了PPIK理论，这一理论将智力看做过程、个性、兴趣与知识（这四方面的英文词头缩写成PPIK）的综合。知识只有经过长期的努力才能获得积累；个性特征影响知识习得的过程。艾克曼和鲁芙斯（Ackerman and Rolfhus, 1999）发现，20个领域的知识（从天文学、生物学到物理学以及世界文学）都可以通过总体智力、固化的能力、个性、兴趣与自我认知的综合体来预测。鲁芙斯和艾克曼（Rolfhus and Ackerman, 1999）为PPIK理论又找到了进一步的证据。某领域的知识（如生物学或商务管理、音乐或物理学）从逻辑上、统计上都与总体智力、语言能力、特征开放程度、典型的智力参与度以及特定的职业兴趣相关。

贝尔和艾克曼（Beier and Ackerman, 2001）又提供了进一步的证据，呼吁人们扩展那些成年人智商评估中包括的知识，尤其是那些对工作以及生活非常重要的知识。这也是"投资理论"的实质，即一个人的知识代表了他/她如何选择"投资"自己的认知资源、精力与时间，来习得有关这个世界的知识。

从某种意义上讲，争论对智力研究者来讲是件好事，因为它给研究者提供了机会，用直接的语言来澄清研究数据显示出的东西。

## 智商研究与职场测试

多数人对智商的理解就是，它与学习、适应以及解决问题有关。其实它还与抽象思维、决策与反应速度有关。对智商定义的根本争论就是它究竟应该范围多大，包括哪些内容。一些研究者希望将社交能力、创造力、解决所有实际问题的能力都纳入智商的定义之中。还有一些研究者甚至希望完全抛弃这一概念，转而使用一些不太热烈或更加有政治含义的词，如认知能力、才能等等。

外行的人会用这一概念来描述别人，尽管他们不太理解如何应用这一概念形成的机制与过程来推断或测量一个人比他人更聪明。许多人都关注智商测试的应用及其分数的意义。但是，很难否认智商得分确实具有预测意义，也就是说，先是测试、得分，然后是预测行为、教育与工作成绩（Mackintosh, 1998; Deary, 2000; 2001）。

研究者指出有许多概念与智商得分相关联。瑞、艾尔利斯和提驰奥特（Ree, Earles and Teachout, 1994）列举了心理测试的十个方面：

- 能力（反应时间、分析风格、突出方面）
- 创造力/艺术能力（工艺技术、音乐能力）
- 健康状况（婴儿死亡率、饮食偏好、寿命）
- 兴趣/选择（配偶、体育运动、兴趣的广度与深度）
- 道德水平（青少年犯罪、种族歧视、价值观）
- 职业（社会经济地位、职业地位、收入）
- 感观能力（近视、场独立性①、对简短刺激的感知）
- 个性（取得成绩的动力、利他主义、犬儒主义）
- 实践能力（社交技巧、实践知识）与其他能力（运动能力）
- 语速、出事故的趋势

20世纪60和70年代的许多研究认为，智商（与个性）测试对机构的发展预测不力。而且，当时的社会及政治思潮让许多想尝试智商测试的人都打了退堂鼓。有关智商与种族的争论暗示着测试存在偏颇，预测的有效性不足。

但是，亨特（Hunter, 1984）的论文使上述局面发生了根本性改变。他们对以前的数据进行了重新分析，又增加了新的数据。他们在分析中考虑了影响相关程度的统计因素，如样本规模、范围限制、数据信

---

① 译者注：场独立性与场依存性这两个概念来源于美国心理学家威特金对知觉的研究。场独立性指的是很容易地将一个目标从它的背景中分离出来的能力。

度。他们的研究数据以 3 万人的样本中 425 个相关案例为基础，得出管理层对某人作出的工作表现评价与某智商的最低相关度为 $r = 0.53$。他们又进一步将分析扩展到各种工作类型。相关度最高的类型为销售人员 ($r = 0.62$)，其他类型的相关度也几乎都超过 $r = 0.40$。服务行业 $r = 0.49$，贸易与手工艺技师 $r = 0.50$，驾驶员 $r = 0.46$。

布洛迪（Brody，1992）指出，尽管亨特（Hunter，1984）的方法遭到不少批评，但他们却相当清晰地证明了智商得分在逻辑上与许多类型工作的表现普遍相关。20 世纪末期，瑞和卡莱塔（Ree and Carretta，1998）等学者进行了这样的总结："学习某种工作所需的知识与技能是职业表现的开始，然后就是工作实践中的表现。我们与其他研究者都证明了智商能够预测教育表现、工作表现、毕生贡献以及寿命"（第 179 页）。近期的研究对智商在生活各方面的作用持更加积极的观点。

## 智商与职业表现

智商测试能否预测职场行为呢？如果能，我们如何解释这一点？还有什么能够预测与工作相关的行为与成败呢？对智商与教育的研究由来已久，也非常重要，涉及了职场培训这一概念。通过培训进行学习的效率、速度与可推广性事实上都与智商相关。据估计，其相关度在 $r = 0.30$ 与 $r = 0.60$ 之间（Ree and Carretta，1998）。

瑞和卡莱塔（Ree and Carretta，1998）指出，智商能够预测表现与升迁。也就是说，历时研究表明聪明的人能够达到更高的职位层级。智商预测了职业知识水平，从而预测了工作表现。

早在第一次世界大战期间，研究者就对这一问题产生了兴趣。各种研究与元分析从逻辑上大致可以分成三个阶段：20 世纪 20 年代到 70 年代；20 世纪 80 年代到 90 年代；21 世纪。在这一过程中，研究的工作量、数据的质量与分析的深度都得到了系统性的改善。

一个未决的核心问题是，智商如何预测工作总体及特定方面的表现？这首先可以通过路径分析来解决。亨特（Hunter，1986）指出，智商能够有力预测职业知识水平，从而既能预测客观的工作表现，也能预测管理者对其工作表现的评价。

波尔曼等学者（Borman et al.，1993）对下列模型进行了实验：智商（能力）给予一个人获得管理层工作经验的机会。它还能预测职业知识的增长，因为经验的增加可以继而带来职业知识的增长。而经验、能力与知识可以预测工作效能。因此，智商就这样预测了工作表现。瑞、卡莱塔和提驰奥特（Ree, Carretta and Teachout, 1995）还认为，智商可以预测培训前的职业知识水平与通过培训获得的职业知识水平。

因此，看起来智商可以预测学习、知识与效率，继而通常就可以预测经验学习的水平。也就是说，聪明人学习速度快，显现突出的技能，因而得到提升。这就更进一步增加了他们的知识与经验，而所有这些都会影响上级管理者以及其他任何评价方式对这些人工作表现的评价。

早期一些重要的研究由于测量工具与分析工具落后，给人们造成一种错觉：个性与智商测试对预测职场行为效度很低。但是这种情况已经发生了转变。在过去的20年中，已经出现了十几个优秀的大规模元分析研究，探讨认知能力测试的效度。

尽管这些分析使用了不同种类的测试，但他们的结果都是可靠并且高度相关的（Hulsheger, Maier and Stumpp, 2007）。这些测试可以分成两类，即总体思维能力测试与特定认知能力测试。

20世纪80年代最著名的元分析要数亨特（Hunter）的研究了。尽管在他们之前其他学者也尝试过类似研究，但他的研究更为著名。研究发现了一些趋势，最为显著的是智商测试分数与工作表现之间相关度的可变性：相关度有高也有低，由此产生了"环境特性原则"。该原则认为，智商测试得分与工作表现之间的关系与特定的职业、工作表现的标准以及智商测试本身有关。这继而带来了元分析的发展，希望通过各种统计与"校正"方法，来展示总体思维能力（GMA）与工作成果之间真正的实践效度（Hunter, 1986; Hunter, 1984; Hunter and Smidt, 1976, 1990; Schmidt and Hunter, 1977, 1984, 1998）。

万斯、威斯维斯瓦伦和迪尔凯尔特（Ones, Viswesvaran and Dilchert, 2006）对之前的元分析进行了全面的、时新的回顾，关注了认知能力、选拔决策与职场成功。在研究过程中，他们考察了许多不同的领域，得出了如下一些清晰的结论：

- 在以超过一百万名学生为样本的数据基础上，他们指出，总体思维能力对考试成绩、初中级学校以及大学的学习成绩有很强的预测能力，无论对哪一专业或学科都是如此。

- 工作培训的效果，经常通过主管人员的评价以及获得的职业技能来评定。总体思维能力可以对此进行预测，并且工作的复杂程度越高，其预测力越强。
- 在工作表现方面，认知能力测试能够预测不同行业、不同环境下的不同结果，也就是说，其效度在不同的职业群体与文化环境中具有可推广性。
- 特定能力测试结果的效度并未超过总体思维能力测试，尽管求职者对此类结果更乐于接受，但这些能力的重要性随着时间的推移会发生变化。
- 智商对工作表现有良好的预测能力，这是因为它与学习的速度与质量、适应性以及解决问题的能力密切相关。
- 认知能力测试的预测力对少数群体来讲也是公平的，却可能产生负面影响，而这是个敏感的政治问题。
- 简而言之，对应用环境中成功的预测，总体思维能力测试即使不是最好的手段，也是最好的手段之一。

在过去的五年中，各种元分析都尝试全面评估智商测试（通常称做总体思维能力或认知能力测试）对工作成绩的预测作用。

一些学者倾向于关注来自某一国家的数据，如美国（Schmidt and Hunter, 2004）、英国（Bertua et al., 2005）、德国（Hulsheger et al., 2007）或欧洲（Salgado et al., 2003）。尽管存在地域差别，但结果实际上是相同的，而且所有的学者都认为认知能力测试具有实际作用，对整体工作表现以及培训效果都是很好的预测指标。

塞尔戈多及其同事（Salgado and colleagues, 2003）探讨了总体思维能力与特定认知能力（如语言、数字、空间—机械、理解、记忆能力）在预测工作表现与培训效果方面的效度。他们认为，由于美洲与欧洲在人力资源选拔与任用方面存在实践区别，会使两地域的数据产生比较差异。在对25 000个欧洲人进行的250项研究进行了元分析之后，他们发现，总体思维能力测试的预测效度为0.62。他们称，这意味着"总体思维能力是预测工作表现的良好指标"（第585页），而且"总体思维能力是预测工作表现的最好指标"（第585页）。五项特定认知能力的效度从语言能力的0.35到记忆能力的0.56不等。它们对培训效果的预测效度略低，且基本相近（总体思维能力为0.54；语言能力为0.44；

记忆能力为 0.34）。

表 9.1　　总体与特定能力测试效度的元分析结果

|  | 工作表现 | 培训 |
|---|---|---|
| 总体思维能力 | 0.62 | 0.54 |
| 语言能力 | 0.35 | 0.44 |
| 数字能力 | 0.52 | 0.48 |
| 空间/机械能力 | 0.51 | 0.40 |
| 理解能力 | 0.52 | 0.25 |
| 记忆能力 | 0.56 | 0.43 |

塞尔戈多及其同事的结论是，在世界范围内，总体思维能力测试都是工作表现的最佳预测指标。也就是说，尽管运用的具体测试不同，对工作表现与培训效果的理解不同，失业率不同，文化价值观不同，人口数量也不同，总体思维能力测试作为个体心理差异的量度仍然是最佳指标。的确，他们的研究结果与早期以美洲数据为基础研究的结果惊人地相似（Hunter，1986；Hunter，1984；Kuncel et al.，2001；Viswesvaran et al.，1996）。他们总结说，由于总体思维能力测试对工作具有跨文化的预测意义，因此人们可以很容易地推论出科学可行的人力资源选拔综合理论。他们还指出："……特定能力的测试，如语言、数字、空间—机械、理解以及记忆能力，其效度不及总体思维能力。因此，我们可以很慎重地重申一点：这一发现的实际意义在于，总体思维能力测试能够更成功地预测工作表现与培训效果"（第 594 页）。

另一项元分析关注的数据完全来自英国。其 283 个样本采自 13 000 多个人（Bertua et al.，2005）。这一分析探讨了特定能力（语言、数字能力等等）与总体思维能力在七个主要群体（职员、工程师、专业人士、司机、接线员、经理、销售人员）中的预测效度。与其他的元分析一样，他们发现总体思维能力与特定认知能力都可以作为工作表现与培训效果的有效预测指标（工作表现 $r=0.48$；培训效果 $r=0.50$）。

他们还发现，正如大家预期的那样，工作复杂程度越高，认知能力测试对工作表现及培训效果的预测效度越高。

表 9.2　总体思维和特定 IQ 测试与工作表现及培训的相关性

|  | 工作表现 | 培训 |
| --- | --- | --- |
| 总体思维能力 | 0.48 | 0.50 |
| 语言能力 | 0.39 | 0.49 |
| 数字能力 | 0.42 | 0.54 |
| 理解能力 | 0.50 | 0.50 |
| 空间能力 | 0.35 | 0.42 |
| 平均水平 | 0.42 | 0.49 |

表 9.3　总体思维能力测试与八种职业群体相关性的元分析结果

|  | 工作表现 | 培训 |
| --- | --- | --- |
| 职员 | 0.32 | 0.55 |
| 工程师 | 0.70 | 0.64 |
| 专业人士 | 0.74 | 0.59 |
| 司机 | 0.37 | 0.47 |
| 接线员 | 0.53 | 0.34 |
| 经理 | 0.69 | — |
| 销售人员 | 0.55 | — |
| 其他 | 0.40 | 0.55 |

上述结论与欧洲及美洲的研究结果总体一致。研究结论再一次表明，总体思维能力测试可以说是所有职业人力资源选拔的最佳单项指标。他们建议在人力资源选拔中，"不管其工作类型、职位高低、将来工作职责可能发生哪些变化，也不管这些测试主要针对总体能力还是特定能力"（第 403 页），都要使用经心理测量方法证明的总体思维能力测试方法。

赫尔舍格、梅尔和斯登普（Hulgsheger, Maier and Stumpp, 2007）用来自德国的数据对培训效果（11 969 个人）与工作表现（746 个人）进行了元分析，他们发现测试对培训效果的效度为 0.47，对工作表现的效度为 0.53。他们还发现，与他们预期相同，工作复杂程度的增加强化了相关性。因此，他们的结论与以其他国家数据为基础的分析结果惊人地相似。

在过去的 25 年中，大量的研究都表明智商是工作表现与培训效果的最佳指标（Dragow，2002）。众多元分析研究都显示智商是工作表现的最佳预测者，尤其对复杂的工作更是如此。尽管也不无争议，但研究者普遍认为，智商与工作表现的相关度在 $r = 0.50$ 左右（Schimidt and Hunter，1998）。关键问题在于，其他因素如个性与社交技能/情商（有时称做"社交技巧"）如何解释其他不相关的部分。德拉高（Dragow，2002）提到了"g"，即综合能力。他不得不总结说，"要理解在职场上的表现，综合能力是关键……它能够解释智商测试在预测培训效果与工作表现时的绝大部分变化"（第126页）。

近期对700多名美国应用心理学家进行的一项调查表明，该领域专家对认知能力（智商）测试的观点一致，认为它们"有效且公平，提供了非常好但并不完全的方法来说明不同的工作需要不同的能力，同时说明能力多样化是非常难能可贵的"（第660页）。

斯皮尔曼（Spearman，1904）一百多年前在《美国心理期刊》上发表了题为综合智力：客观的决定与测量的论文。一百多年后的今天，各种各样的庆祝会、研讨会以及特别命题都在回应这一事实。一篇题为学术成就、职业潜能、创造能力、工作表现：是否能由同一种东西来预测的论文得出了结论：是的！（Kuncel，Hezlett and Ones，2004）。

作为本领域的领军学者，斯科米特和亨特（Schimidt and Hunter，2004）也在百年的学术研究成果基础上得出了以下结论：

> 研究表明，总体思维能力能够预测可以获得的职位高低以及在此职业领域中的表现，其预测能力要优于其他个人能力、特点、属性或工作经验。总体思维能力与工作上述方面的相关性也要比心理学研究中发现的其他因素要强。有证据表明，针对个别工作而进行的对各种特定能力加权计算而得的综合数据的预测能力不及总体思维能力测试，这与特定能力理论不一致。有关工作表现的理论可以说明总体思维能力在职场中的作用。这些发现支持了斯皮尔曼的观点，即总体思维能力在人力资源问题上的重要性。

（第162页）

对于复杂的高级职位工作，总体思维能力与工作表现的相关性约为0.50。智商比个性能更好地预测工作表现，这是因为总体思维能力水平高的人能够更高效（更快、更多）地获取工作所需的知识，而这正是职业成功的指标之一。工作经验的确与工作表现相关,但它会随着时间的推移而相关性下降,与此同时,智商与工作表现的相关性则不断加强。

进行21世纪以来,出现了一些研究职场中有关智商命题的优秀作品。下面是从这些研究中引用的观点:

有证据充分表明,总体思维能力与各种职业及环境广泛相关,其测试也许是职业表现的最佳指标。能力与表现之间的关系是线性的,并且在不同行业的工作中表现相似,尽管这些工作在内涵上可能极为不同。也有证据表明,这种能力表现的关系随着工作复杂程度的增加而增强,而有关减弱其相关性的因素却少有证据支持。最后,特定能力(即与总体能力无关的能力因素)对工作表现以及培训效果的预测作用则不太大。

[墨菲(Murphy,2002),第175页]

既然已有大量研究证明总体认知能力与工作表现存在很强的相关性,行业—组织领域的心理学家已不可能再对此存在激烈的争论。即使在行业—组织心理学领域不存在此类证据,其他心理学领域对总体认知能力的本质与关联性的研究结果也充分证明了它与工作表现密切相关。从我们希望生活的世界是怎样的,或是希望相信我们生活在怎样的世界这个角度出发,有关总体认知能力的研究结果并非多数人所希望看到的,因此并不受欢迎。但是,如果我们从科学角度出发,就不能为了我们想要看到的东西而摒弃真实的东西。

[斯科米特(Schmidt,2002),第187页]

……综合能力的作用就是,综合能力(具有高于其他能力的水平)在各种不同工作中以及不同工作需要的特定经验水平上都有意义,而且其作用随着下列因素的强化而增大:1)工作的复杂程度;2)工作表现标准被当做核心要素(即良好的履职表现比做个"好市民"更重要);3)工作表现的衡量更为客观(如通过工作范例而非上级的评价来衡量)。当其预测效度受到各类数据校正时,在非军事职业中从0.2到0.8不等,平均数约为0.5。在中等层级的军事职业中,如果未受到校正,大约在0.3至0.6之间。这表明相关很充分。也就是说,这样的预测效度可以达到员工总体表现水平的30%至60%,其实现方式就是进行具有完美效度的测试（这样的测试并不存在）而非任意聘用员工。

［哥特弗莱德逊（Gottfredson，2003a）］

## 智商测试的深度研究

哥特弗莱德逊（Gottfredson，2003a）认为，生活是脑力大比拼的过程。她的意思是说，人活着要解决各种各样的问题，完成各种各样的任务。就像优秀的智商测试一样，工作包括了许多具体任务，并且按照既定的标准进行评价。工作要求越高，从事这项工作的人就越聪明。工作中面对的问题正如不同程度的综合能力思维测试，因为员工在工作中的表现差异同时也会反映出其智力的差异。如果能够更加聪明，就会让自己在履行工作核心的职责时具备更大的竞争优势。她认为，高级的知识与大量的工作经验有时会掩盖智商水平低下的事实，但却不能否认也无法弥补这一缺失。聪明的员工能够更有效地运用过去的知识，更有效地和高效率地应对新的问题。

哥特弗莱德逊（Gottfredson，1997；1998；2002；2003a；2003b）在她的一系列重要且全面的研究中，对综合能力进行了深度研究，将其纳入日常管理决策中进行考虑。

她指出，智商在人们的生活中非常重要。这一点在职场中表现得尤为突出。"智商在预测工作表现方面的作用比二十年前人力资源领域心理学家们想象得还要重要"［哥特弗莱德逊（Gottfredson，1997），第81页］。有趣的是，正是旨在削减歧视的人权法规鼓励学者们更加关注此领域的研究。通过这一研究，她得出了以下重要的结论：

1. 智商的预测效度普遍存在。综观各种职业、各种业绩评价机制，智商都非常重要。
2. 智商的预测能力随着工作的复杂程度而增加。相关工作对智力与技术的要求越高，智商对于其成功的作用越大。
3. 与其他因素如个性、天分或职业兴趣等相比，智商的效度要高得多。
4. 智商的重要性在于其随机性。个体之间惊人的差异不会因培训（改善不太好的方面，而好的方面依然不变）而缩减，相反还可能扩大。智商是工作表现差异的一个持久的、结论性的解释因素。

5. 当人们一步步获得升职，就需要更高的智商水平。一种职业会吸引并接纳不同智商水平的人，但已从事该职业的人相对会比应聘者的水平更为接近。当然，同工作职位上升相应，也存在一个最低智商门槛。
6. 高智商意味着高度的可培训性，也就是说，智商能够预测一个人学习的能力，即可培训性。
7. 智商在职场中的实质反应就是应对复杂问题的能力，也就是一个人获得、应用、组织、认识、选择和更新与工作高度相关的信息的能力，即思维操控信息的能力。
8. 复杂性是职场的主要特征，也是区别不同工作的主要因素。其核心在于对信息的处理。
9. 随着社会、文化与职业生活变得更加复杂，智商的作用不可避免地增大。
10. 如果人们学习的时间与能力有限，那么最好就集中精力针对个别技能进行特定的培训。

哥特弗莱德逊（Gottfredson，2002）认为，让人力资源领域的心理学家与经理人理解智商在职场中的作用这一点非常重要。她在自己一部重要的作品中清晰地描述了综合智力（"g"）在职场中的重要性（Gottfredson，2002，第44页第6段）。她的论述非常值得我们全文引用：

**有关综合智力对工作表现的影响：综合智力的作用**

1. 高水平的综合智力将导向高水平的工作表现，在所有的职业，以及工作表现的各个方面都是如此。思维测试与整体工作表现的相关度为0.5左右（经其他因素数据校正）。
2. 在增强工作表现方面，综合智力没有上限。其效果是线性的：综合智力的连续增强会带来工作表现的连续增强。
3. 1）高水平的综合智力不会因工作时间和经验增加而减弱。其标准效度即使对于经验非常丰富的员工也很高；2）综合智力水平有时似乎看起来与经验一同增长，这是由于经验最低的群体趋于表现得经验水平不一，让人非常迷惑，因而模糊了综合智力的优势。

4. 综合智力对复杂工作中的表现预测更佳。其校正的标准效度从最简单工作的 0.2 到最复杂工作的 0.8 不等。
5. 综合智力对工作表现的核心技术部分的预测要好于其对非核心的"好市民"表现的预测。
6. 因此,综合智力的预测力对客观评价(比如职业知识或工作范例)工作表现的预测能力要强于对主观评价(比如上级主管的评价)工作表现的预测能力。

**综合智力相对于其他能力因素的作用**

7. 特定的思维能力,如空间、机械或语言能力,对综合智力所能预测的工作表现基本上没有任何增益。综合智力对工作表现与培训效果的预测能力至少占全部思维测试的 85%~95%。
8. 特定的思维能力(如办事能力)有时在综合智力的基础上对预测有一定作用,但是仅限于某些行业的工作。因此,不具有普遍意义。
9. 整体的心理活动水平经常也有一定作用,但主要是在不太复杂的工作中。其预测效度随着工作复杂程度的增大而降低,而综合智力则随之上升。

**综合智力相对于心理因素的作用**

10. 综合智力对核心表现的预测能力大大优于非认知特征,如职业兴趣以及各种个性特征。后者事实上在综合智力预测的表现之外,没有任何预测作用。
11. 在对非核心工作表现(如自律性以及忍受力)的预测方面,综合智力比个性与性格等非认知性特征差得多。而对核心与非核心两方面工作表现(如付出努力与领导力)的预测上,综合智力与非认知性特征的作用相近。
12. 不同的非认知性特征在不同的工作中对综合智力似乎是有益的补充,比如,特定能力有时对某些行业内的工作表现有预测作用。只有一种非认知性特征具备类似综合智力的普遍预测能力,那就是诚信的个性特征。但是,它对核心工作表现的预测作用远远小于综合智力。

**综合智力相对于职业知识的作用**

13. 综合智力对工作表现的作用主要通过其对与此工作相关的知识的作用而间接传递。
14. 在工作常规性较低、培训不完备、员工有较大酌量权的情况下，综合智力对工作表现的作用更大。
15. 与工作相关的知识通常能够预测经验丰富员工的工作表现，其预测力与综合智力一样强。但是，职业知识除了其综合智力因素外，不具备普遍作用，即使在经验丰富的员工中也是如此。职业知识的价值在于某些特定的工作，而综合智力的作用则不受限制。

**综合智力相对于经验的作用**

16. 如员工的职业知识水平接近，与某项工作相关的经验有时作用也很显著，但不具备普遍意义。
17. 事实上，如果所有的员工都经验丰富，则经验对工作表现的预测力就不那么强了。与此相反，高水平的综合智力无论员工经验多少都作用显著。
18. 当工作复杂程度增加时，经验对工作表现的预测力也下降，这也与综合智力的作用相反。如整体心理活动水平一样，在综合智力对个人与组织作用最强的时候，经验的作用最弱。

对哥特弗莱德逊（Gottfredson，2005）来说，人生就是思维测试。从这一意义上讲，高智商就意味着人生的最大优势。那些薪酬更诱人、要求更严格、更受欢迎的工作招收的都是智商高的人。智商给人们的工作表现提供了竞争优势，尤其那些高层级、技术要求高的工作更是如此。聪明给人以很大的优势，但并非决定性的优势。智商对一个人职业生涯的影响是发散性的。

哥特弗莱德逊（Gottfredson，2005）认为，工作就是我们理解日常生活中智商作用的一个模板。智商与生活的许多方面有关，包括教育、健康与社交关系等方方面面。的确，哥特弗莱德逊和迪亚里（Gottfredson and Deary，2004）向人们描述了智商是健康与寿命的良好预测者。当然，关键的问题是，为什么？这似乎是因为智商低的人较少听从治疗建议；对如何保持健康学习理解得更少；即使在空闲时也很少保养自己；也很少尝试一些健康的做法来减缓或预防慢性疾病。

## 智商测试在职场中的应用及其意义

是否应该在进行人力资源选拔、培训以及晋升时使用认知测试呢？如果是，那么应该对哪些人采用什么样的测试，目的又是什么呢？潜在的消极影响是否会大过其收效？是否可以从经济实用的角度，而不是从法律的角度来考虑职场中智商测试的应用呢？

威斯维斯芙兰和万斯（Viswesvaran and Ones, 2002）探讨了职场中应用能力测试的八个相关问题。这些问题综合了十一篇优秀作品的精华（Murphy, 2002；Schmidt, 2002；Reeve and Hakel, 2002；Tenopyr, 2002）。

智商（总思维能力）测试对现实生活与工作表现的预测价值如何？

研究结果表明，智商与教育水平、收入、健康生活呈正相关，与青少年犯罪、守纪障碍及健康问题呈负相关。要在某一特定的工作环境中得到发展，人们需要具备一定的能力。这种环境对认知的要求越高，需要的能力越强。对许多人来说，这是不言自明的。

但是对此也有三方面的批评意见。第一，智商与工作成果相关性的大小，也就是说，两者之间关联的强度以及智商能在多大程度上解释实际工作成果。一些学者认为，两者之间的关系很弱，智商对实际工作成果的不同表现只能解释25%左右。因此，努力、诚实与培训在竞争性工作环境中能够轻易地弥补较低的智商水平。第二方面的批评意见针对的是与智商相关的对象。如果你审视智商与任职人员工作成果之间的关系，就会发现其相关程度不高。这没什么可惊讶的，因为如果对这些人的选拔程序没有问题，他们之间的差别就不会太大，也就是说，他们应该在大致相当的智商水平上。另一方面，如果所有的应聘者都接受智商测试，则结果就会显示出更理想的相关性。同样，我们需要考虑所谓工作成果的评价标准的可靠性如何。评论认为，如果我们纠正了某一工作对智商水平的设定，及其对工作成果的评价方法，则智商与此工作之间的相关程度会相当可观。第三种批评意见认为，职场中与智商相关的行为产生原因比智商测试所能量度的范围要大。这种观点没有得到威斯维斯芙兰与万斯（Viswesvaran and Ones, 2002）的认同。

综合智商测试比特定能力测试的预测力更强吗？

这个问题在于是否对语言、数学、空间能力的特定测试与工作成果之间的关系要比综合智商测试更强、更有逻辑性。普遍认为，除总体思维能力之外，某些非认知因素确实也能预测工作表现。但是否有些特定能力能够预测所有工作的成果，而非只能预测某些特定的工作呢？

尽管使用特定能力测试很有道理，比如，语言逻辑能力或数学能力测试能够为总体思维能力测试增加效度，但是有证据表明其优势很小。理由是多方面的：在某些职业样本中，其应用受限；另外也缺乏标准等等。以目前的数据很难证明特定能力测试优于总体思维能力测试。

（工作/培训表现）的评价标准是否合理？

这一问题的核心是传统成果评价标准的可靠性与代表性如何？对这些标准的局限性，人们一直心存疑虑，比如，它们是否会忽略团队以及整个组织的效率。几乎没有人对这些标准完全满意，却又很难找到更好的标准。

总思维能力测试是否经济实用？

应用智商测试与工作表现之间的关系来选拔高、中、低水平智商的员工能带来怎样的经济价值呢？我们能否从这一角度来进行思考呢？这就不再是方法问题，而是一个机构在健康和谐发展的同时要考虑的生产效率问题。因此，所谓实用性其实在于经济价值。实际应用的结果令人吃惊，它表明应用测试通常能够带来很大的经济价值。

对总思维能力测试的负面反应是否源于群体差异？

换言之，是否黑白种族差异及其与有关概念（如负面影响、偏见、歧视、公正）的联系导致了公众对测试的猜疑与不满？或者说，如果不存在种族差异，是否有关智商的争论就不那么激烈了呢？

这是一个逻辑问题：总体思维能力比特定能力测试对工作表现的预测力更强，但是种族差异在智商方面确实能够体现出来，而这并非仅仅源于测试的偏颇。但是，似乎对测试的消极观点已超出了种族或性别范畴。这些观点可能来源于历史上某些测试的不合理性，也有可能是因为依据能力选拔任用的方法与人际平等、机会平等的理念不符。另一个原因是多数人认为智商并非教育、工作与人生成功的唯一重要指标，也并非最重要的指标。

有关总思维能力的理论知识是否充分？

这一问题的核心在于总体思维能力的概念。也就是说，研究者似乎并不理解产生总体思维能力测试的过程与机制，及其与工作成果的关系。人们可能知道与总体思维能力测试得分相关的行为及生物学统计数据，但关于总体思维能力的运作方式却不明确。有人认为，我们对此了解得与其他心理学概念一样多，但是也有人认为，在此领域研究中存在理论"黑洞"。

总思维能力测试的新方法是否有发展空间？

换言之，是否使用不同的技术，如生物、计算机、视频等等，我们就能更加可靠地测量智商，或称总体思维能力呢？问题在于是否改变测量方法就改变了测量内容？某些人希望使用不同的方法能够减少群体差异，但是，也有人认为这样只会增加测量的误差。正如威斯维斯芙兰和万斯（Viswesvaran and Ones, 2002）指出的那样，"是否能够找到更完备的测试方法并加以应用，这取决于社会如何平衡个人的隐私权与机构的需要"（第224页）。

目前非总思维能力预测指标及其他替代或补充指标的情况如何？

长久以来就有研究者努力找寻其他好的预测指标。个性区别、工作类型、动力不同等是否能够代替或作为总体思维能力的补充而成为准确的预测指标呢？我们是否能找到增强预测力又减少群体差异的因素呢？不少人提出一些其他指标，包括必备知识、工作记忆能力、心理动力能力等。问题是很少有研究对比替代测试与总体思维能力测试的预测效度，优秀的就更少。威斯维斯芙兰和万斯（Viswesvaran and Ones, 2002）认为有两点很重要：第一，不应混淆构想与方法；第二，应该研究这些预测指标之间的相关性。而且，使用替代或补充指标来选拔员工的结果也很重要。如果我们把"认真"当做优于总体思维能力的指标的话，那么以此选拔人员的机构中就会满是野心勃勃、努力工作、执着不懈、认真负责、或许也可信的人，而不是工作高效、精准、能有效解决问题的人。

## 结论

心理学领域中很少有像智商这个议题这样能吸引如此之多的讨论与争论。不少学者因其撰写的有关智商的论文而受到身体攻击、被烦扰、解雇或诽谤。争议最集中的方面要数智商涉及的性别与群体差异。智商测试在教育环境中的作用也引发了不少争论。

问题主要存在于两个方面：实证与社会政策。争论的焦点集中在后者而非前者，当然对智商测试的预测能力仍然存在颇多争议。

数据明确显示了综合智商是与工作相关行为的预测指标。智商是工作成果的最佳预测指标（尤其对复杂的高层级工作），对这一点所有研究过近期元分析结果的学者几乎没有任何人质疑。当然，我们也不否认还有其他一些重要因素在起作用，而且也不是所有高智商的人都在工作中表现格外优秀。相对来讲，智商更容易得到可靠准确的测量。智商测试得分的确会受到其他因素（如个性）的影响，但影响不大。智商指的是认知能力，包括有效解决问题与积累知识的能力。

但是，由于历史上的误解、不当应用以及政治差别，智商测试的理论与实践相去甚远。但是未来的前景是乐观的，心理学家以及职场上工作的人们都能够从这种百里挑一的可靠的预测方法中受益。

很多人都遇到过认知能力不足的领导者。他们一般存在于那些传统的、拒绝改变的机构、垄断企业或腐败社会里。通过灵活多变、竞争的优秀选拔机制，他们就无处栖身了。

但是，著名的彼得定律描述了一个众所周知的事实。彼得本人也是一位心理学家，他指出很多职位非常高的领导者都不称职。他觉得问题在于他们受到了过度提升。由于称职的领导者不断升职，直至升到他们不再称职的岗位为止，因而这些职位上只能看到不称职的领导者。

这个问题有多普遍呢？许多脱轨的领导者都是聪明人，甚至通常相当聪明。而且，他们仪表堂堂、自信、有魅力。是他们的个性特征而非能力造成了他们的失败。

当我们变老，我们的认知能力下降，我们会反应变慢、好忘事、依赖于别人。看到那么聪明的人走下坡路很让人伤感，而这恰恰印证了他们的智商在促使他们成为优秀的领导者过程中是多么重要。

当然，在判断领导者脱轨原因时一定要考虑认知能力的作用。所有的领导者都需达到一定的智商水平，才能应对各行业高级领导职务的复杂角色。

# 第十章 领导者脱轨的预防与管理

## 概要

预防应重于治疗。对一些机构来讲，诊断比治疗还要难，它们需要花很长时间才能意识到一些高级管理者和领导者正将他们引上绝境。尤其当这些领导者前程似锦、做什么都赚钱、似乎能点石成金时，更是难以分辨。因为这种状态下的领导者如同有魔力一般。

我们有必要再次重申，不要犯典型的归因错误，不要将问题的产生原因一概归结为这些领导者的个性、价值观与能力。正如我们在第一章（"有毒型三角"）中指出的那样，在某一领导者脱颖而出、步步高升直至失败的过程背后总是存在三个要素。某些领导者被人算计而失败，还有一些人领导的机构腐败、低能、拒绝正确程序，这样的任务根本无法完成。另一方面，在经济、政治与社会因素的共同作用下，可以说，没有哪个领导者能真正取得成功。而且，机构的文化、办事程序与治理方式也发挥着不可忽视的作用。

但是，失败的领导者有别于脱轨的领导者。前者一般与判断力不足或能力不够有关，即失败通常意味着某种特质的缺失。而脱轨领导者通常与具备某种特质有关。

奥德海姆和莫里斯（Oldham and Morris，2000）在他们一部有关人格障碍的优秀自助型研究中指出人们具备不同的性格特征。

1. 活动水平：每一个婴儿都具备不同的活动水平，从缓慢到快速不等。
2. 生活规律：有些人吃饭、睡觉以及其他生物功能都很规律；也有些人则随意性很强。
3. 接近/回避：当看到一个新玩具、一种新食物、一个陌生人或其他新鲜的事物时，婴儿的反应是感兴趣、积极接近，还是消极惧怕呢？
4. 适应性：孩子学习以及适应新环境、新任务是否容易？他/她是否很难适应改变？
5. 反应力的门槛：如何能让一个孩子或一位领导产生强烈的反应呢？是需要很强的感观刺激还是温和的刺激，如轻言慢语。也就是说，这个人是否容易受到感官体验的刺激。
6. 反应强度：一些人对任何事的反应都是大呼小叫，而另一些人的正面与负面反应则都不那么强烈。
7. 情绪：即使是婴儿也有独特的情绪特征，从总是乐呵呵到经常不开心，不一而足。一些成年人很情绪化，不稳定、易变。
8. 注意力分散：孩子对手头的任务是否能集中注意力，还是很容易精力分散？
9. 注意力时间及执着力：婴儿进行某一项活动能坚持的时间有多长？他/她是否能在遇到困难时仍然坚持不懈？

（第386页）

奥德海姆和莫里斯指出，可以对这些性格特征进行简单的分类，如拘谨与无拘无束，还有灵活与不灵活、寻求变化与单一反复、善于调整与压力过度。他们强调遗传因素的重要性，同时也看重早期环境的作用。个性风格与人格障碍对生活的方方面面都有影响，如自我意识、人际关系、工作等等。这是一个有用的方法，这对不太懂得心理学思维负责物色领导者人选的人有一些帮助，让他们知道应该在高级领导者身上寻找或回避哪些特点。试想用上述九个方面的性格特点来给将来的高级主管评分而不是用一般的业务能力。这样是否能够更好地预警领导者脱轨呢？

米勒（Miller, 2008）指出，每一个工作场所都相当于由各色人等组成的社区、家庭、部落或村庄。他认为事后的认识、洞察力与预见性都有助于防止任用那些异常的领导者。他指出，一个人的性格、能力与价值观决定了其对工作的选择。他对可分成五类的十种人格障碍进行了研究：

1. 退缩者与依附者：回避型与依赖型人格障碍

2. 容易激动、反应强烈的人：演献型与边界型人格障碍
3. "爱惜羽翼者"与"猎食者"：自恋型与反社会型人格障碍
4. 关注细节、警觉的人：强迫型与偏执型人格障碍
5. 怪癖者与破坏者：分裂型与消极攻击型人格障碍

米勒（Miller, 2008）在自己一系列实用性很强的论著中就如何应对使人困扰的不正常领导者及员工提出了建议。一般来说，人们需要面对某些明显的问题：职场敌对行为、不端行为的动作。有不少相对标准的建议，包括选择与筛选、教育与培训、指导与顾问、规章与纪律，还有通过心理辅导进行心理评价。同其他学者一样，米勒（Miller, 2008）提供给承受着压力的经理们的建议简单且言之有理：

- 让别人看到你，并且能够接近你；
- 公正地对待大家，给予别人尊重，以获得别人的尊重；
- 要求员工表现优秀，相信他们能够做到，并且进行褒奖；
- 寻求并应用得到的反馈；
- 保持求知的文化氛围；
- 选取合适的机会，进行机智的周旋。

防止领导者脱轨需要对个体的能力与个性进行心理学范畴的思考。仔细地选取心理测试工具或寻求具有相应教育背景或技能的专家提供帮助，就可以推动这一进程。考虑到领导者脱轨的代价，这样的投资非常值得。

## 决策方面的不称职

很多人都知道这句名言："权力会带来腐败，绝对权力绝对会带来腐败。"的确，一个领导者的权力越大、影响力与控制力越强，则潜在的脱轨领导者越容易脱轨。

一些机构对某些工作、职位给予高级或初级工作人员相当大的决策空间。同时，大多数机构都有很好的管理程序，来限制领导者某些不恰当的行为，如追求个人的权力与利益。管理规定（包括非执行董事在内的）董事会以及股东投票等等这些机制都是用来减弱首席执行官的过度权力。

科萨和霍根（Kaiser and Hogan, 2007）指出，领导者的决策空间缓解了其性格特点与机构成果的关系。决策空间小会减弱领导者阴暗面的负面作用。他们认为，机构对领导者决策空间的有关政策会影响他们在机构中的行为、决策乃至其对机构的领导力。

决策空间大会更凸显领导者的个性，增强其价值观与风格的影响力。于是他们的阴暗面就会更加明显。科萨和霍根（Kaiser and Hogan, 2007）强调，如果决策空间过大，领导者就会很容易表现出三方面的特点：第一是胁迫他人的趋势。他们表现得冷漠疏远、不敏感、不灵活或压制他人，极不擅长建设与维系团队，作为优秀领导必备的社交技能低下。这种人对别人的意见置若罔闻，强权暴虐。第二是轻佻。他们通常很有个人气质与魅力，但他们傲慢、过于自信、鲁莽从事。第三是勤奋、有责任感、喜欢高标准与完美。他们的问题在于看不到全局。

科萨和霍根（Kaiser and Hogan, 2007）指出，所有的机构都要警惕并且努力控制领导者的私欲。要做到这一点，最好的办法是借助于对领导者敏锐的选拔、良好的管理技巧以及严格的应急补救措施。这样做是将酬劳与长期的收益而非短期的增效挂钩。其目的在于限制而非禁止，不是要束缚领导者的手脚，而是要确保他们有足够的决策能力来作出明智的选择。这种做法被称之为尽职调查，目的是确保良好管理。

## 公司治理

应对领导者脱轨最简单、最有效的预防措施就是良好的公司治理。所谓公司治理，指的就是一套规章制度、程序规矩，规定了该机构如何管理、控制与领导，目的在于让身居要位的个人对所有股东的利益负责。

夏皮罗和冯·格力诺（Shapiro and Von Glinow, 2007）提出了一个被忽略的问题："为什么糟糕的领导者会占据那么好的位置呢？"也就是说，那些腐败、低能或异常的领导者是如何在这些原本不错的机构里得到权力的？他们认为，要发现这些人的不良行为，须依赖于其他人（尤其是高级经理）的意识与意愿。他们认为，解释之一就在于，机构中总是通过表扬单向地告诉下属员工，他们应该怎样做、做什么，而不会反向传递这样的信息。也就是说，没有"表扬"上级的机制。第二个解释，缺乏允许员工报告领导者脱轨迹象的相关内部机制。另外，我们还需要某种方法来了解领导者如何使用其合法的强制权，让那些愿意将其不良行为上报的员工闭口不谈、受到胁迫与排挤。

多数机构都有董事会，当然名称可能各不相同，如"顶层团队"之类。他们的工作就是在首席执行官的领导下确保机构的生存与发展。董事会的健康运行过程及其成果是其所遵循的机构政策与程序的职能之一。但是，回顾研究显示，董事与非执行董事经常表现出与脱轨领导者同样的症状。同样，也有证据表明，聪明的领导者经常会巧妙地利用董事会来达到自己的目的。

传统上讲，确保领导者与董事会尊重所有股东的权益等等是公司治理的核心原则。公司治理决定了董事会的作用、规章以及职责。最重要的是，公司治理的目的在于确保公司的统一性与职业操守，这关乎责任与透明度。

公司治理通过一定的方式来实现，如采用内部审计来监督董事会，确保有关各项事务的权力在公司内部得到分享。尽管有关数据指向不一，但公司治理与公司表现都在系统上、逻辑上明确相关。

一个常见的问题就是如何在过度管理与管理不足之间找到平衡点。获取为保障良好的公司治理所需的信息不得不付出一定的成本，如监督成本。但如果过度关注内部审计，就会给公司带来沉重负担。

某些领导者觉得自己被公司治理的要求束缚了手脚，甚至被套上了枷锁。他们的看法有一定道理，因为他们因此而不能够对应该做的事作出迅速大胆的反应。他们认为公司治理不是一种明智的制衡体系，而是令人窒息的官僚作风，从长远看会导致失败。当然，恰当但有效的治理程序可以在一定程度上控制住过于反社会或自恋的领导者。

商界及政治领导者经常会有很大的决策与行动空间。这种决策余地或空间是否会成为重要的脱轨诱因呢？决策空间是一种自由，自由就是权力，而权力就可能产生腐败。某些高层级的工作涉及很多责任，却没有太大的决策空间。规章制度、股东与媒体的监督，乃至金融及其他限制，都减少了他们犯错或"跑偏"的机会。

限制越多，空间越小，高级领导者的个性与价值观的作用最小。这一点对优秀与糟糕的领导者同样适用。也就是说,工作的自治性调和了个性与表现之间的关系。但是,随着工作职能的自治性与工作空间的增加,工作自身的角色以及所有与工作表现有关的标准就会变得很模糊。这一模式如下图所示:

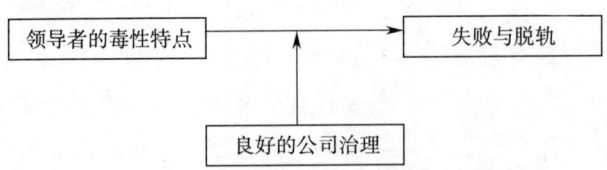

也就是说,如果那些简单、合理的公司治理政策与程序得到执行,并受到外部非利益群体的监督,那么就能有效地控制与发现怪癖、非传统、有毒型领导者的那些可能轻易导致公司的失败与不稳定的动机、风格与特点。

某些公司试图通过制衡与控制来限制它们的领导者。某些公司将薪酬与实际表现挂钩,还有些公司努力确保由董事会任命的人选(如非执行董事)来监督首席执行官,要他们对自己的行为负责。

某些组织机构非常关注那些妄自尊大的首席执行官自大、自私的观点。他们需要更强的联盟、更强的合作。因此,他们对公司治理兴趣浓厚。他们鼓励股东积极参与,依据公司及行业类型尝试各种不同的制约方式。一些机构针对过度贪婪或超级低能的领导者制定了严厉的惩罚措施。

因此矛盾就产生了,通常正是公司给予首席执行官的决策空间决定了其影响力。如果绑住他们的手脚,他们的能力、价值观以及风格就无关紧要了。如果让他们自由思考,真正能够去做事,那么他们的个人风格就体现出来了,但是这可能是有代价的。

对某些行业来说,如计算机、电信与生物科技行业,其中规模不大的新型公司自身文化往往较弱,内控机制不足。其首席执行官的工作说起来容易,但做起来很难。其首要任务就是建立、激励并指导团队正常运作。第二,就是要确立方向、目标与战略。第三,要确保公司结构与程序的正确性,要做到精简、平衡、有效,这样才能执行符合逻辑的、灵活的资源配置政策。

有一点看起来似乎不言自明:首席执行官的个性、能力与价值观的差异会给公司的命运带来完全不同的结果。的确，个性比知识、能力、价值观或经验更重要，因为个性更多变。领导者的主要差异在于个性，而不是教育程度、眼界，甚至也不是能力。

个性对领导者风格有影响，而且领导者拥有的决策空间越大，其个性与风格的影响越强。有些领导者喜欢集体决议，有些喜欢听取专家意见，还有些喜欢自己拿主意。有些领导者善于交流，也有些神神秘秘。有些领导者喜欢研究战略，具有发散性思维，着眼更远大的图景。有些则强调细节。

领导者的弱点（虚荣、微观管理、偏执等等）在对他们限制很少的时候表现得最明显。对人冷漠、压服他人、不在意别人感受的领导者可能是灾难性的。这一类人的身边常常围绕着唯唯诺诺的人，他们要求员工完全服从于自己，喜欢玩弄权术。为什么股东、投票人、公司治理的监管者会容许他们这样呢？到底应该责怪谁呢？很明显，糟糕的公司治理是脱轨过程中最主要的因素。

还有的领导者受人欢迎、有领导气质、充满自大的妄想，他们表现得自己好像摇滚歌星。他们关注的是自己而不是机构的事务。这样的自我提升需要控制与制衡。还有一类领导者勤奋、尽职、要求完美，是控制狂人，他们的目光盯着内部，而不会放眼外部。他们回避战略思考，"如果"思维方式使他们给机构带来不可估量的损失。

有一种治理机制多数股东都掌握，但明显应用不足，那就是"试用期"以及定期续聘合约的制度。其次还应该建立真正的治理机制。既要让董事会既对首席执行官的总体表现负有责任，又具备在必要的时候对其进行处罚的权利与义务。这只有在董事会并非由首席执行官亲自任命的情况下才有可能实现。

当然，束缚首席执行官的手脚使其完全成为别人的代言人，与给予其完全的自由决策空间来寻求自我，这两者之间应该有一个平衡点。要知道图腾之上有许多的诱惑。因此，一定要意识到过度的决策空间可能带来的灾难后果。

## 异常董事会、毒性团队与领导者

长期"带病"管理的高级团队并不少见，他们的问题可能很严重且由来已久。这些团队本应由受过良好教育、具备丰富经验、充满理性的成年人组成，旨在作出明智敏锐的商业决策，却成了充满虚伪欺骗、密谋拆台以及恐惧厌恶情绪的地方。对某些董事会来讲，要恢复应有的"健康"非常难，除非采取迅速而理性的严厉措施。

正如政客有内阁相助一样，企业有董事会负责管理。他们由代表企业各主要部门（市场、金融等等）的资深人士组成，其主要任务是进行决策、支持领导者。其领导者的能力应至少高出董事会成员的平均水平。一名董事会成员升任领导者职位，不亚于红衣主教中选出了一位教皇。因此，董事会成员为了得到这个位置通常会使用很多不良竞争手段。

董事会的健康、专注与正常运转至关重要。异常的团队会在极短的时间内将一个企业引入致命的歧途。股东们很了解他们在此情况下将付出怎样的代价。

那么管理团队的典型问题有哪些呢？又该如何应对这些问题呢？我们可以立刻指出不少此类问题。

**成员过多**

有人说，唯一比不能加入董事会更糟糕的事就是加入了董事会。每个人都想进入董事会，成为最高级团队的一员。但是，这样的团队想有效率就要保持最佳人员配置，即 7 到 12 人。如果人数过多，则会出现分化，一些人会保持沉默，只能听到某些人的声音。任何首席执行官都需要明确了解董事会的每一个成员，明白他们在此团队中的价值，同时抵制成员人数的恶性膨胀，不能因为某些人觉得、希望或认为他们应该在权力中心就满足他们这样的愿望。解决方案：了解团队成员，将人数控制在最佳范围内。问题是，这一点由谁来做？何时、以何种方式促成这样的改变？问题的根本原因在于，董事会的成员被权力、名誉与金钱所围绕。

有一点非常重要，那就是董事会成员应该发挥自己的专长与能力，同时应该具备通过合作获得成功的动力。能够保持最佳人员配置当然不错，但是如果他们不能团结一致，也无法取得成功。在此方面，他们通常需要团队程序的帮助。

**赤裸裸的野心**

许多董事会成员都渴望当"一把手"。他们听到耳畔时钟"滴答滴答"地响着，迫切地感到一种对最高职位上金钱、权力与声望的渴求。应对这种病态的野心，没有什么简单易行的好办法。但至少提高职位轮换计划的透明度有助于控制这种盲目的野心。管理团队需要确定时间表、任命"一把手"的个人标准以及程序。这里的问题仍然是：谁来实施？

上述程序的透明与公正是最重要的。裙带关系、领导者的懦弱甚至懒惰都可能造成董事会的矛盾。"长刀之夜"① 对谁都没有好处。

**沉默非金**

有一点可能很令人吃惊，那就是高级管理者应对问题的方式经常就是绝口不提。这就是著名的"董事会上的大象"综合症。就像在某些圈子里谈论金钱与死亡是一种禁忌一样，高管团队处理事务经常采取回避的态度。如同父母面对五岁孩子的吵闹撒泼装做听不见一样，董事会经常会拒绝讨论某些议题。这些议题可能包括事业计划、个人病症、职场关系、企业发展企划等等。拥有如此大权力的成年人却经常用如此初级的办法来处理问题，真是令人吃惊。

阻止管理团队集体缄默的方法是在需要的时候将问题摆在桌面上。对能讨论什么、不能讨论什么、何时讨论、如何讨论应该有成形的规定。通常情况下，首席执行官的喜好决定了议题的禁忌。研究高管团队病症以及董事会异常的顾问们经常对那些不可讨论的话题感到惊诧。有趣的是，通常女强人们能将此问题处理得很好，也因此董事会罕见这样的女强人。这一问题与情商而不是智商相关，也就是说需要真正的胆识来解决。

**抵御离心力**

董事会成员可能会朝不同方向"用力"。因此，他们不同的价值观

---

① 译者注："长刀之夜"，指 1934 年 6 月 30 日阿道夫·希特勒实施了其使用暴力消除政敌的行动。

及对优先事项的不同选择很快就会让高管团队失去合力。这种问题多见于不能正常授权他人做事的人群之中。于是，领导者成了管理人员，管理人员成了监督人员，监督人员又成了实际执行者。董事会成员应该授权他人做事，将自己解放出来做该做的事：谋划战略、放眼大局。

首席执行官必须意识到这种离心力的存在及其对董事会成员的影响，明白确保方向一致的必要性。要将他们从各个不同方向拉回，帮助他们统一认识、积极联手。

**角色模糊**

这个问题不是高管团队特有的，但却具有很强的破坏力。高管团队要对企业很多不同的部门负责。更重要的是，决策如何产生通常不是很明确。主管们需要准确界定决策产生的机制，而且要坚决遵守。

决策是董事会的核心任务，需要相当明确的程序。这包括多方面的内容，如目标分析、决策方式（由个人还是团队作出决策？是否需要外部专家的意见）、备选意见的产生、备选意见的选择等等。某些决策相对次要，可以由领导者自己或董事会特邀专家作出；某些决策则需要所有董事会成员共同商议。但是应该明确哪一种类型的决策需要什么样的方式，由谁来作出？何时来作出？

**个人计划**

有人认为，董事会是个人消遣的理想去处，以个人喜好为依托。这种想法可能是由意识形态决定的，或由自我膨胀的思想意识催生的。对某些领导者来说，让一群重要的实权人物关注其个人需要实在是非常吸引人的想法，于是他们就会为了满足自己的政治以及社会哲学"议程"而霸占董事会议的时间。这个问题的解决方式非常简单：制订明确的议事日程，并严格按日程安排进行。应该定期提醒董事会成员想想自身的责任。

我们很容易看到董事会、首席执行官以及个别成员的异常。某些人确实能力平平却进入了董事会，也有些自恋或偏执等人格障碍者利用自己的特点在机构中平步青云。我们希望此类人只是少数，但其实在一些企业里，这一点的确很难讲。

董事会主席的责任是要通过最佳人员配置、恰当的管理与开放度将董事会的作用发挥到最好。他要让成员们专心一致，明确自己的职责与董事会集体的计划，但面对这些自以为是的成年人，这一点说起来容易，做起来很难。然而，想让董事会有效运作，这一点必不可少。有时，董事会主席的能力高于平均水平。但多数时候他们要么太霸道，要么太软弱，无法将董事会用到最好。

董事会也是一个团队，同其他团队无异。如果其所在的企业具备良好的治理程序，能确保企业的长期成果，那是再好不过的了。但是，通向董事会的路途通常漫长又艰辛，伴随着变化无常的政治因素与机会因素，与达尔文的生物进化过程类似。对不了解情况的天真旁观者来说，董事会风平浪静，是进行理性高级决策的地方。而对业内人士来说，这里则是充满赤裸裸的野心与权力欲望的战场。

问题在于具有潜在阴暗面的领导者如何建立并利用自己的团队？如果出了状况，该如何帮助他们呢？许多有脱轨风险的领导者都是霸道的人或是有魅力的人，他们或忽略、或强迫、或威吓董事会成员，使之唯自己马首是瞻。对那些胆敢反对他们的人，他们还会压服或干脆忽略其意见。一旦领导者负责任命这些职位，他们就会将挑战自己权威的人撤换成奉承自己的人。因此，董事会的任命不仅应有规章制度，还应由独立、专业、了解情况的外部人士来执行。

另一方面，专业顾问也可以帮助遇到困难的董事会来理解并调整状态。有些人在此方面非常专业，他们通常受过系统的心理学培训，能够帮助董事会成员面对并改变自己的病态行为。很自然，有毒型领导者会抵制向这些专家求助的做法，因此需要建立一种机制让他们不能阻止专家的介入。

## 六种预防措施

在组织或执行程序方面，至少有六种措施应该有助于发现或避免领导者脱轨问题。这包括：

1. 招聘：必须承认某些病态的机构会让其中所有人脱轨，同时，某些个人或多或少也存在脱轨的趋势。有一些已知的脱轨标志，可能对人力资源招聘有帮助。某些背景的人可能会具备特有的价值观与想法，这些观点可能与后来发生的脱轨有关。极富野心、社会化不足、愤世嫉俗的人可能来自特定的文化环境。意识到这一点将有助于避免某些领导者脱轨现象的发生。同时，意识到某些机构对脱轨者格外具有吸引力也非常重要。

2. 选拔：包括选择与淘汰。不少发生脱轨的领导者最初之所以被选拔任命，就是因为没有人负责将那些可能脱轨的人淘汰出去。当然，我们现在了解这些脱轨的标志。而且，我们也有可靠手段来帮助我们发现具有脱轨趋势的人。过犹不及而形成的矛盾（好得过分反而可能导致失败）让许多负责选拔的人意识到相关能力、特点与才智并非越多越好，而是要恰到好处。

3. 就职：一些机构的就职过程通常非常简单，流于表面化。对某些机构来讲，就只是测试一下，弄清最基本的问题：是谁？干什么？在哪里？这就算完成了。一些愤世嫉俗的老员工喜欢看着新人出问题。这是一种有益的达尔文进化过程还是浪费时间呢？这需要设定工作预期，并阐明工作事项。如果没有人引路，新就职的人只能依靠道听途说来理解并开始自己的新工作。这会从一开始就引发非专业行为，加速脱轨的出现。

康格尔和费舍尔（Conger and Fishel, 2007）强调了就职过程的重要性。这一被忽略了的过程包括：设定明确的目标、学习明文规定及未见纸端的规定、确定对其工作的预期、了解该机构的网络及重要关系如何运作等等。

4. 发展规划：多数人获得任命后要做的工作自身变化很快。很多人都认为，既然他们到这个机构来工作，那么自己自然就会沿着某条路发展。尽管在招聘与选拔的过程中人们投入了很多努力，但是却经常会忘记恰恰在这个阶段就应对其将来的发展进行规划。于是机会就这样溜走了。问题在于究竟该由谁来完成规划？获任命者个人、他/她的老板还是人力资源部？答案可能是以上三者都包括在内。有趣的是，多数年轻的经理人都有自己的规划，但很少有人去确认这些规划是否现实。很多人脱轨正是因为机构中没有人负责规划他们的发展。

5. 工作表现管理：指的是设定明确、可实现的目标；对其各方面工作表现进行（定期并真实的）讨论，并合理奖励。对他们的工作表现，需要进行良好的反馈，必要时还需要帮助其进行新技能培训。大多数经理人讨厌、不信任人力资源体系的官僚作风。这意味着他们对自己的员工并未实施真正的管理，而是建立起一种与管理不善相对应的无管理文化。其实，运用正常程序虽然无法修正脱轨问题，但至少可以发现潜在脱轨的可能。

6. 职业路径：当今社会人们仍然盼望能在机构里拓展自己的职业生涯。他们期待着认真履职并获得提升，期待着勤奋与忠诚得到回报。这里的核心问题在于：对每个人来说什么样的职业路径是最好的？这样的职业路径是否应该或是否能够从个案走向共享？他们的巅峰或最佳位置是什么呢？什么样的工作最有利于他们的发展呢？他们对职业路径的期望是否现实呢？

上述六个方面应该看做标准的管理措施。回顾一下那些亚临床精神障碍者、自恋者、不择手段者，他们的负面因素为什么没能被早些发现，这始终是个谜。这类人总是会漏网。有胆量、有口才、有自信的人在选拔与评价过程中总是能瞒天过海。他们会以魅力、甜言蜜语掩盖自己很多脱轨、违规与怯懦的行为。

## 缓解领导者脱轨

有很多方法可以尝试防止领导者脱轨，或帮助脱轨的经理人。一般来说，这些方法包括选拔、指导、培训与过渡。

### 选拔

本书的主题之一，也是本领域研究的命题之一就是多数脱轨经理人在其早期职业生涯中都是踌躇满志、潜力无限的人才。多数都得到了正确的评价：能力很强、雄心勃勃。而且，他们经常在早期工作中具有良好的职业记录，尽管这些记录可能并不完整。

但是，他们后期的问题显示，他们非常自我，对自己的错误极为护短。正如我们之前所述，由于大多数选拔人员都只负责选择，而不是淘汰，他们的问题就被忽略了。

脱轨的领导者可能会导致机构破产。人力资源选拔者经常会用特定的公式来计算自己所使用的选拔方法的成本收益。

有一点很矛盾，除非雇用了"猎头"去挖掘合适的领导者，否则我们用在招聘毕业生上的钱通常比选拔首席执行官还要多。这些"猎头"会很快"用完了所有预算",然后交出一张很短的名单,上面写着几个合格的人选,但是他们究竟用什么样的标准确定了名单,我们并不清楚。这些猎头对有毒型、反社会的领导者是否有辨识能力?

所谓成本就是简单地将选拔出合适的领导者所能产生的效益与任命了错误的领导者会付出的代价进行对比。有时快速、廉价的方法带来的所谓经济收益只是表面的,花费多少本身并不能保证任何事情。相反,我们应该理智地使用充足的时间及费用来做这件事。

猎头们的收费标准是被选拔者第一年薪水的10%~25%,这与房地产经纪人的收费方式类似。领导者的身价越高,挖掘或说选拔他们所需的费用越多。但是,猎头们实际上做的是招募而非选拔。因此将钱花在如何从候选人名单中找出合适人选更为明智。而且,应该同时关注选拔与淘汰两个方面。

选拔者有多少时间与费用花在候选人潜在的脱轨因素上呢?这是一个很重要的问题,也是那些选拔了领导者之后发现其脱轨给自身造成了巨大损失的机构股东们提出的问题。

以下是有关领导者选拔的一些简单但很重要的建议。

推荐人或访谈人的意见如果能被恰当地使用将是非常宝贵的。这些意见与评价成本低,且来自那些对候选人很了解的人。但愿推荐者了解候选人在各种情况下的表现:如面对威胁与压力时,需要作出道德评判时,如何面对胜利与困境,如何表白自己的目的与雄心。简而言之,推荐者应掌握关于候选人的最佳历史资料。

但是,对这些推荐意见通常的使用方法却使其完全失去了应有的价值。原因有三:第一,候选人自己确定推荐者,因此经常都会选择自己的朋友与知己;第二,推荐人通常不愿将自己朋友的情况和盘托出;第三,推荐人很少会被问到一些有洞察力的问题,他们会依自己的意愿随便写上几段介绍。

下列四个步骤可能有助于克服这些问题,获得有价值的资料:

1. 由选拔者而不是候选人根据其工作经历来选择推荐者。你不要依赖候选人给出的名单,应该选择那些在不同情况下结识他们的人。还要尽量小心不要选择那些心怀不满、嫉妒他们的人或者他们的密友。你的任务是找到有关他们既往行为的可靠、准确、有预测力的证据，以作为对其未来可能出现的行为的最佳预测指标。

2. 选择六到十个推荐者。此类资料采集成本很低，如果通过电话进行就更是如此。所谓 360 度反馈或多来源的信息说明不同的人由于与候选人关系不同，对其了解也不同。他/她的老板、同事/同龄人、下属会掌握有关他/她的不同信息。下属了解他们的管理风格，同龄人知道他们的价值观与能力，老板掌握他们带领团队工作的效率等情况。应该从不同群体特别是不同机构中选取人员进行询问。

3. 明确推荐者对候选人了解哪些、了解多少。不同人反馈的信息质量与数量可能会相差很大。比如说，候选人的前两任老板可能对其毫无了解，只知道一些关于此人的流言或段子。因此，第一个要问的问题就是这个人与候选人的关系。

4. 仔细准备与推荐者的交谈。事先想好他们了解哪些情况，以及你想从他们那里获得哪些信息。比如，要谈其应对压力的能力状况或诚信度等等，都要明确自己想提出哪些有针对性的问题。从这一意义上讲，从受访人那里得到的信息应该是精心准备的访谈的结果。仅仅让受访人看一些对相关能力的一般描述，或干脆就是工作介绍还远远不够。受访人通常并不理解人力资源行业的说话方式，他们需要的是有关候选人相关行为的明确、具体的问题。比如，他们是否能描述当遇到某个道德问题、受到挫折或面对重要客户时，候选人会怎样做？最好在与受访人交谈前就将这些问题准备好。

总之，采取这种方式收集资料的过程中存在一个简单但核心的问题，即受访人是否愿意吐露实情。这就是为什么约谈比书面材料更可取，为什么让候选人指定自己想要的推荐者不可取的原因。候选人的朋友会对自己的反馈非常小心，以便帮助自己的朋友得到这份工作。他们会觉得这是自己能够帮朋友的机会。同样，越来越多的机构努力避免推荐人提供书面材料，因为这些文件事后可以作为诉讼证据使用。如果人们确认自己的话不会被记录下来，而且他们的意见会被保密，他们就更可能对候选人的情况据实以告。

经常会有这种情况，当某个领导者出现严重问题或者脱轨时，媒体可以轻易地找到一大批人,他们都会对此人目前的状况毫不吃惊,因为他们之前就了解相关情况但却没人问过他们。通常,他们曾为此人效力,对他/她的过失与偏好非常了解。更重要的一点,正如我们在第一章中所述,应该对选拔领导者这一工作有一套"淘汰"标准,应该有人专门负责收集资料,确定候选人身上有哪些作为领导者不应有的因素。

**指导、顾问与培训**

所有的领导者都需要有这样的自我意识:对自己的才干与能力应该有正确的评价。脱轨领导者经常会高估自己的能力。低估自己的人一般会缺乏自信,因此成为高层领导的可能性比较小。

有脱轨趋势的领导者会发现,高估自己的能力是要付出代价的。实际上,形成自我意识包括以下内容:

- 了解真实的能力,这可以通过在评价或开发中心进行测试获得;
- 了解其他人如何看待他们,尤其是同龄人与下属的意见,这可以通过360度反馈进行评估;
- 了解他们面对压力时如何应对,这可以通过为职场设计的"阴暗面"方法来评估。

[霍根(Hogan,2001)]

因此,提倡运用开发中心、360度反馈、指导以及认知行为疗法等经典方法。但矛盾在于,由于脱轨经理人经常沉浸在自我的世界里,急于因自己的短处而责备别人,而且不吸取教训,因此他们无法从上述方法中受益。

是否使用指导能防止领导者脱轨的产生呢?职业指导者能否及时发现脱轨迹象呢?职业指导者通常都是在领导者被任命之后承担此任务的。他们之中各色人等都有,此行业规范不足。指导者能够帮助那些能力不够的领导者,但对受到人格障碍困扰的领导者作用则不显著。几乎所有的人都会经历自我疑虑、面对压力、犹豫不决,优秀的指导者在这些情况下能够发挥回音壁的作用,帮助领导者建立自我意识、减小压力、鼓励他们用健康、灵活多变的方式面对这一切。

尽管多数指导者都声称他们能防止能力不足或受到困扰的领导者出

现脱轨，但对如何做到这一点还不明确。仅靠劝解是不能够解决问题的。增强自我意识、自我效能以及更好的处事技巧都是可取的，但仍然不足以克服能力不足的缺点。

而且，还有三个原因能说明为什么指导者对受到困扰、人格障碍以及有毒型的领导者没有作用。第一就是抵制。那些最需要指导的人往往也是对此最抵制的人。人们无法强迫首席执行官去接受指导，也不能强迫他们听从指示或建议。尽管一些首席执行官可能把接受指导当做一种娱乐，还有些则无论如此都不接受指导。第二，有关反社会与自恋型人格障碍的研究表明，这些人的症状很难预测。指导者不太可能受过相关的训练，或具备相关的技能来判断并面对这些人。这些领导者唯一可能接受指导者的情形就是，指导者能够奉承并提升他们。也就是说，指导者不太可能达到目的，因为他们的客户是大权在握的首席执行官，他们会阻止指导者做应该做的事。第三是现实证据问题：似乎还没有指导者成功阻止脱轨的案例。事实上，所有针对不良领导者的案例研究都恰恰指向反面：这些领导者拒绝听从任何人的意见。

纳尔森和霍根（Nelson and Hogan，2009）认为，了解领导者的个性对指导者和领导者都有帮助。因为这样可能预测到谁会很快幻灭，谁会伪装自己的热情，谁会自我挫败。全面了解领导者的"阴暗面"特征有助于指导者设计更好、更为合理的策略，并且更为准确地预测他们指导的特定领导者会作出怎样的反应。

**过渡**

这一概念与降职甚至淘汰有关，是一种好听的说法。几乎所有脱轨领导者都曾获得高效、能力强、有才干等评价。他们的职位意味着更多的责任、更细致的监督。

高管工作更加复杂，要求从事这项工作的人具有更微妙的影响力与说服力。高管需要形成战略联盟，授权委托他人去做事。他们之前较低层级的工作不需要这些能力，而作为高管则要求更高。最好能够为这些高管设定"实习期"，可以试试达尔文的进化理论：要么拼命游，要么沉底，或是要么使劲爬要么坠落，借此可以评价他们未来发展的潜力。他们成功则意味着留任，失败则被淘汰。但是，这种方法对中层可能适用，而对高管并非如此。

那么什么样的过渡方式才是最好的呢？除了明显的选拔层面的问题，还有融合的问题。一般情况下，都提倡经理人对技术细节采用"放手"的方式，而集中精力于整体战略。他们在软技能方面可能会需要特别帮助，如自我表达、谈判以及对员工工作表现的管理。

在同现有团队及组织融合方面，他们需要帮助。在内部网络建设方面，他们也需要帮助，以建立主要社会资本及社交联盟。

卡布里塔等人（Capretta et al., 2008）通过各种案例研究，列举了一系列"干预型"发展计划与任务，来帮助潜在的脱轨高管。包括：

- 让他们完成各种特定的、挑战性任务；
- 反复进行360度全方位反馈；
- 坚持进行有效且专业的指导；
- 定期与首席执行官进行接触。

他们列举了个人以及机构两方面对预防脱轨所应负的责任。对个人而言，其责任包括：

- 通过寻求反馈增强自我意识；
- 做一个敏锐、灵活、自觉的"学生"；
- 密切注意别人的反应，来观察自己的影响；
- 寻求适合的指导。

更有趣的是，卡布里塔等人列举了机构在预防领导者脱轨方面应该做的八件事：

1. 不只关注每个人对每个任务应该或能够做什么，而是应该系统地将经理人的工作与其发展结合在一起；
2. 确保领导者的发展是长期的而不是一次性任务；
3. 支持领导者冒一定风险，同时也要包容他们在积累经验过程中出现的过失；
4. 在领导者换任之前确保他们完成了之前的工作；
5. 建立一种反馈的组织文化与机制，确保定期进行正式与非正式的信息反馈；
6. 投资聘请优秀的指导者；
7. 授权有才能的人（如人力资源或特别专家），让他们能够更好地开展工作；
8. 寻找脱轨因素，对其进行排序，确定战略及优先级。

## 员工视角

一些作者与出版商发现，人们对那些能告诉他们如何判断并应对老板的半自助类书籍很有兴趣，因此觉得这样的书籍必然有市场。在这类书籍中，失败或脱轨的领导被当做肮脏的坏人。它们讲述的都是如果遇到这样的领导，如何对付他们，如何生存。这些书属于"受害者"学派，认为员工对自己的坏运气没有任何责任。

有趣的是，这些作者发现他们可以从两个完全相反的角度写出类似的书。斯科特（Scott，2005）出版了《为坏老板打工之生存手册》之后，又写了《管理坏员工之生存手册》（Scott，2007）。

斯科特（Scott，2005）在她写给为"坏老板"打工者的自助手册中称，她可以判断各种类型的"坏老板"。她列举了下列类型，但并未得出结论：

1. 过于好斗　　　　　　　　　攻击性不足（软弱无力）
2. 控制过度　　　　　　　　　控制不足
3. 组织计划性过强　　　　　　组织计划性不足
4. 过于刻板、不够灵活　　　　过于不确定、犹豫不决
5. 过于情绪化　　　　　　　　缺乏感情与同情心
6. 微观管理过度　　　　　　　完全没有指导性意见
7. 决策不佳、冲动　　　　　　缺乏决策
8. 过度干涉　　　　　　　　　关心不够

她还指出了"坏老板"的其他特点，包括：

9. 大嚷大叫，经常很粗鲁，傲慢无礼；
10. 办公室性骚扰行为，或与员工之间有两性关系。这一点包括各种形式的骚扰；
11. 牵涉到刑事犯罪行为之中，并要求员工为其作掩护或参与其活动；
12. 不兑现承诺，完全不可信任；

13. 不公正、有偏见、腐败，搞办公室政治，不给予员工应得的认可与荣誉；
14. 在所有的事情上都过于要求完美。

实际上，从领导者角度进行描述的书籍越来越多。劳伊德（Lloyd, 1999）的《职场怪人》以问答的形式就领导者如何选拔、培训与管理员工提出了建议。但是，与此学派的其他学者一样，他也免不了列举各种（用他的话来讲）"无法理解的人"。这包括恶意散布者、叫嚣者、历史痴、心理学爱好者、冷嘲热讽者、吹毛求疵者、媒体狂人、自吹自擂者、慢性子、消极怠工者、小气鬼、打小报告者、完美主义者、工作狂、夸夸其谈者。

品克斯（Pincus, 2005）在他的《管理难对付的人》一书中列举了十种负面类型。包括欺凌弱小者、抱怨诉苦者、拖延误事者、无所不知者、缄口不言者、社交老手、一无所长者、满口谎言者、过度敏感者以及操纵他人者。

凯其尔（Katcher, 2007）的研究也写给领导者，希望给他们提供帮助。他的书名很引人注目：《员工恨老板的三十个理由》。为了方便起见，三十个理由被分成五个部分：员工被当做小孩子（不受欣赏、不敢说话）；员工得不到尊重（没有人听他们的意见，还会对他们说谎）；员工得不到需要的认可（人手不足、培训不足、备受繁文缛节的限制）；员工感到不受赏识（得不到肯定）；员工对工作没有责任感。

此类畅销书籍中有些较为深入，但他们也是一样的定式：第一，声称糟糕、可恶、病态、低能的老板普遍存在；第二，列举各种类型，并提出应对他们的建议；最后，给出总体建议。卡特（Carter, 2004）著作的简写本就很有代表性。他列举的类型包括：游手好闲者、两面老板、阿谀奉承者、好斗者、愚钝的老板、心计阴险者、违规者、搅局者、无可救药者、偏好分析者、自我中心的老板。卡特从不同的心理状态去研究这些人，他认为，有些老板喜欢大男子主义的行事方式，有些认知类的老板好争论，爱说些高深莫测的话。总之，这些令人厌恶的老板是索取者、吝啬鬼与虐待狂。

斯科特（Scott, 2005）将她自己的自助型书籍分成五个部分。第一，她研究了不适合做领导者的人。她提到"算不上领导者的领导者"、"回避责任的领导者"与"精力分散的领导者"等等。她还描述了玩弄权术以及品德不端的领导者等等。

斯科特（Scott，2005）对如何应对各种类型的领导者提出了合理建议，这些建议综合考虑了以下方面：机构规模、文化环境与标准；老板的个性；员工自己的个性；员工的需求与职业目标；老板的权力与职位；更重要的是，员工对老板行为的想法。

斯科特（Scott，2005）列举了许多"需要考虑的因素以及需要提出的问题"：

- 为什么老板会有这样的行为方式？是他的个性风格使然吗？他对每个人都如此，还是只有对我这样？是因为我做了什么事才让老板如此对我吗？对他交办的任务，我表现出了不确定吗？
- 在此情况下，我自己的目标是什么，希望出现的结果是怎样的呢？我想改变局面吗？我想充分利用不利的局面吗？我想摆脱出来，得到良好的推荐吗？我该如何对不同的目标设定优先级呢？
- 受到同样待遇的其他同事怎样看待老板呢？他们有怎样的目标呢？他们想让我代言吗？我是否该联络其他人，以团队的形式应对老板呢？
- 我的老板喜欢如何应对办公室的矛盾与问题呢？他是否公开讨论这些问题？如果是，下列哪一种方式最常用也最有效：一对一面谈、电话交流、发送备忘、电子邮件？与此相对，他是否一般都回避直接处理这些问题？他是否希望员工们自己去解决？
- 我自己的个性风格是怎样的？我最喜欢的行事方式是什么？我最喜欢哪种方式：开会、电话交谈、发送备忘还是电子邮件？
- 此问题的重要性如何？是否有需要马上处理的理由，比如，它会影响团队士气与效率？是否只影响到我自己？如果是，何时处理这一问题更为合适？
- 我有几分成功的把握？有多少可能让老板改变主意？
- 办公室政治环境如何？老板权威性如何？我的职位有多大的权力与影响？我的工作价值多大，是否容易被人替换？老板能得到其他人多少支持？他是否是公司的所有者？是否有外界因素能够影响我的老板，比如，他的配偶、社会影响或政府规章？
- 如果情况没有变化，我的感受如何？对我来说，这种形势能否改变有多重要？我是否能够暂时忍受目前的问题？
- 对老板或公司中其他人提起这个问题有多大的风险？如果情况恶化，能变成什么样？
- 这一问题是否根源于交流障碍或是误解？

此类作品共有的问题在于他们忽略了这样一个事实：机构文化或者领导者本身才是问题产生的真正原因。这些书籍还会长篇累牍地描述糟糕领导令人发笑的类型，但如何应对的建议则很少。

## 有毒型的下属

历史见证了"好领导"如何被下属操纵而误入歧途。下属可以将提供给领导者的信息进行重新检视、改装，也可能奉承领导以满足他们的虚荣心。还有的下属只字不提会引发集体思考的批评意见。

因此，360度全方位反馈与指导者的出现与流行，及其努力为领导者提供真实的反馈绝非偶然。认为所有层级的下属都对领导者没有太大的影响力这种想法很天真。影响不可避免地是一个双向过程，不同的个性会对不同类型的影响产生反应。

奥弗曼（Offerman，2004）的观点令人难忘，"在下属众口一声与阿谀奉承中，领导者可能不得不与他们保持一定的距离"（第59页）。问题在于领导者如何能透过被粉饰过的信息看到真实的情况。因此，领导者应该谨慎，知道对哪些工作进行授权、授权给谁。

奥弗曼（Offerman，2004）在他那篇有关有毒型下属的论文中提出了以下建议（第58页）：

**六种方法让你远离将你引入歧途的影响**

没有什么办法能保证你不被下属误导，但如果坚守下列原则，可能对你有所帮助：

1. 坚定自己的看法与价值观：如果不了解什么才是正路，自然就容易误入歧途。
2. 确保有人提出反对意见：要记住我们大多数人都趋向于很快产生想法，又很快放弃。
3. 培养实话实说的人：确保身边有你信任的人告诉你实话，不管这些话是多么让你不悦。
4. 以身作责：下属会看你如何做，而不是如何说。为你的团队建立良好的道德氛围，这样下属才明白自己行为的界限。
5. 相信直觉：如果你觉得自己被利用了，你的感觉可能是对的。
6. 授权但不能撒手不管：对员工要管理与授权并重，要记住谁才是对最终结果负责的人。正如政客们常说的那样："信任，但也要确认。"

## 领导者的自助

潜在的脱轨领导者如何帮助自己呢？在某种程度上讲这很矛盾，因为很多脱轨的领导者，尤其是那些有精神病症或自恋倾向的人，根本就不相信自己需要任何帮助。事实上，他们的自我感觉恰恰相反，他们觉得自己自信、有能力、有天分，能够帮助其他需要帮助的人。但是，那些有足够洞察力、会偶尔质疑自己的人，该如何帮助自己呢？

凯勒曼（Kellerman，2004）将所有糟糕的领导者置于一个二维（低效与无德）的框架中，他对那些可能"变坏的好领导"提出了如下简单的自助建议：

- 缩短自己的任期
- 与他人分享权力
- 不要相信自己的宣传
- 同他人保持接触，让自己生活在现实中
- 弥补自己的弱点
- 保持工作与生活的平衡
- 牢记机构的宗旨
- 保持身心健康
- 构建一个由家庭、朋友与同事组成的支持自己的网络
- 全面考虑各种选择，积极创意
- 了解并控制自己的欲望与冲动
- 反省自己，强调自我认识与自控

凯勒曼对领导者与他人共事提出了进一步的建议：

- 建立开放的文化氛围，鼓励大家各抒己见
- 设立巡视员，监督标准的执行
- 咨询并指定专业、独立的顾问
- 鼓励不同意见，避免众口一词
- 努力获得完整可靠的信息，并广而告之
- 邀请研究历史与职业道德的人参与讨论
- 建立制衡体系
- 努力保持所有核心人物的平衡，与所有关联人都保持联系

## 体制问题

所有的自助书籍都认为，所谓糟糕的领导并不都是低能的经理人或病态的员工。从某种程度上讲，其问题在于无效的企业政策与程序。劳伊德（Lloyd，1999）就曾指出了由低质培训及奖惩体系带来的问题。同样，品克斯（Pincus，2005）也指出，企业政策与程序可能成为问题的诱因。也就是说，领导者的失败是因为他们遵循了企业制定的不当、低效、十分愚蠢的政策。因此，领导者或高管们必须改变这些程序。

这一体系通常被称做组织文化。指的是人们遵循的正式或非正式、明示或暗示的规则。有时也指团队内的程序。

"集体思维"（Janis，1972）指的是凝聚力很强的团队要求其成员必须接受一致观点以及决策所施加的压力，它会减弱其有效决策的能力。集体思维这一概念最初的产生是为了解释美国政府的无效决策。这些决策导致了入侵古巴的猪猡湾事件、珍珠港遭受日军攻击、越南战争的惨败。针对这些案例的研究表明，在上述每一件事情上，总统顾问都阻止了有效决策的产生。高凝聚力团队中的人员更相信其团队的决策，而不是自己的观点。结果，他们保留了自己的重要想法，听从了团队的意见。当团队成员对彼此非常忠诚时，他们就可能会忽略其他来源的信息，就因为这些信息挑战了团队的决策。这一过程的结果就是团队决策信息不足、不合理甚至不道德（Greenberg and Baron，2003）。

通常认为集体思维有八个指标或八种迹象。第一，忽视明显的危险信号，过于乐观，冒着极度风险；第二，不信任或忽略与集体思维不一致的警示信号；第三，认为本团队的立场才是符合职业及社会道德的，

其他人都天生邪恶；第四，认为与自己不同的意见过于消极，不值一提；第五，不容许表达不同意见，否则会被视为对团队不忠诚；第六，抑制不同意见及争论，让其保留个人意见；第七，自欺欺人地认为团队中每个人都同意团队的决策；第八，保护团队，使其远离负面、有威胁性的信息。集体思维的部分后果包括：

- 解决问题时几乎不考虑其他方式，只按照团队喜欢并接受的方式执行；
- 很少邀请外部专家，事实上，不信任外部专家；
- 完全不可能重新考虑已被其驳回的其他备选方案；
- 忽略不支持团队意见或挑战其准确性的事实；
- 忽略风险，或一带而过。事实上，很少会评估风险。

要防止或减少集体思维的影响，经理人可以使用下列方法：

- 鼓励团队人员公开评论或批评自己及他人的意见；
- 请团队重要成员采用外部立场（甚至离开团队一段时间）来评价本团队的方案；
- 同利益不相关的外部人员讨论团队意见，以获得反馈；
- 请专家顾问重新设计决策程序；
- 指定一个或多个团队人员扮演"恶人"来挑毛病；
- 挖掘其他备选方案，寻求外部反馈；
- 使用分组（或建立委员会）来形成备选方案；
- 决策执行前对其进行再次讨论。

## 结论

好领导有很多特点。他们在整个职业生涯中，通常都会主动从可信任的、诚实的旁观者那里寻求反馈，了解对自己的评价；其次，他们还会寻找机会培养、发展、学习或更新重要技能。他们还会在关键的过渡期或变革期寻求正式与非正式的指导。总之，他们会探求能够评价、挑战及支持自己的资源。

而那些可能会脱轨的领导则不会这样做。他们傲慢、焦虑或缺乏洞察力，只能做阶段性工作，被迫往前走。他们或许能够完成短期、他人授意的工作，但没有人会把这些工作当做他们发展过程中可圈可点的事件。他们需要机会来审视自己的风格、优势与劣势，需要集中的反馈和诚实的意见。

有一点可能很矛盾，那就是职业生涯早期的失败与错误是非常好的经历，让人从中吸取教训避免再犯相同的错误。

对高管进行指导很有帮助。一些机构预设了对经理人的辅导过程，让每一个经理人在特定阶层都能得到来自上级的指导。

并非所有的领导者脱轨都能被阻止。但是，要帮助面对压力的领导者，避免其跨过管理不善与精神病症的微妙界限，还是可以做很多事情的。

领导者脱轨的代价是高昂的，对领导者自己、他/她的家人、同事、下属以及整个企业都是如此。领导者脱轨通常都是意想不到的。但是，如果用细致挑剔的眼光来审察脱轨领导者履历的话，几乎总能发现其中包含了所有其将要脱轨的线索。但这时已经太晚了。

通过良好的公司治理与强有力的管理程序，机构虽不能完成阻止高级领导者或经理人脱轨，但可以减少其脱轨的可能。领导者需要的是运作的自由，但不是无限制的权力。

所有的领导者都与高层团队一起工作，如董事会、内阁等等。这些高层团队很容易变得相当异常，并成为管理者脱轨的原因。最好能有人实时监督董事会的健康运作。

在很多阶段都需要重视领导者脱轨问题，最明显的就是招聘与选拔阶段。目前这一问题得到了广泛关注，也有优秀的心理测试来帮助评估人格中的阴暗因素。这些有助于揭示领导者在面对压力时可能会出现的问题，要知道他们不可避免地要面对压力。

对领导者进行指导也有帮助。矛盾的是，那些最需要指导的人往往对其最为抵制，也因此受益最少。这就要求指导者有高超的技巧，才能面对级别很高的领导者，帮助他们避免领导者脱轨。

但是，既然领导者脱轨已是不争的事实，应该也是时候承认"董事会上的大象"了。